范文 ★ 精选

品味公文

新时代公文写作关键技巧及范文精选

焦予衡 知乎大V 你一直在玩儿 ◎著

中国友谊出版公司

图书在版编目（ＣＩＰ）数据

品味公文：新时代公文写作关键技巧及范文精选 /

焦予衡著 . —— 北京：中国友谊出版公司，2018.9（2019.10 重印）

ISBN 978-7-5057-4395-3

Ⅰ.①品… Ⅱ.①焦… Ⅲ.①公文－写作 Ⅳ.

① H152.3

中国版本图书馆 CIP 数据核字 (2018) 第 110807 号

书名	**品味公文：新时代公文写作关键技巧及范文精选**
作者	焦予衡
出版	中国友谊出版公司
发行	中国友谊出版公司
经销	新华书店
印刷	天津中印联印务有限公司
规格	710×1000 毫米　16 开
	20 印张　256 千字
版次	2018 年 9 月第 1 版
印次	2019 年 10 月第 2 次印刷
书号	ISBN 978-7-5057-4395-3
定价	49.00 元
地址	北京市朝阳区西坝河南里 17 号楼
邮编	100028
电话	(010) 64678009

序

各位朋友：

大家好！

本人焦予衡（网名：你一直在玩儿），曾先后在中直单位、地市市委组织部、省政府办公厅从事机关文字工作。闲暇之余，在知乎、荔枝微课等平台为体制内朋友零零散散讲授一些公文写作知识，得到了许多同志的肯定，在此本人表示衷心感谢。

为更好地帮助朋友们理解公文写作的基本方法，本人从以往写作的材料中，精心选取了66篇范文，囊括了领导讲话、理论调研、述职报告、交流发言、个人发言、心得体会、工作总结、事迹材料、政务信息、演讲稿等10类常见题材，汇编成这本书。通过本书，朋友们既可以通过借鉴模仿这些范文帮助自己提升公文写作水平，也可以进一步加深对公文写作的理解，快速掌握写好公文的方法。

职涯漫漫，愿此书助你找对方向；文海茫茫，愿大家携手乘风破浪！

焦予衡

2018 年 6 月于南京

目录

第一章

领导讲话 7 篇

在市政府务虚会上的发言

（× 地级市政府党组成员、副市长）

1

根据会议安排，现就我分管的工作强调几点意见，供同志们参考：

今年以来，我分管的部门同志紧紧围绕市委、市政府中心工作，锐意进取，开拓创新，各项工作均取得较明显进步。城乡一体化综合配套改革稳步推进，户籍制度改革和农村产权制度改革取得新进展；美好乡村建设在市委、市政府的高度重视下，坚持一手抓迎检，一手抓建设，呈现出梯次推进、扩面提质、健康发展的良好势头，取得了阶段性成效。其中 A 县被授予全省 2016 年度美好乡村建设先进县称号；农业生产总体平稳，粮食生产全面丰收，前三季度农村常住人口可支配收入 11305 元，位居全省第一，同比增幅 10.6%；城乡供水一体化建设全省领先，农村饮水安全覆盖率全省第一；污水管网建设继续推进，基本实现老城区干支管网雨污分流；"放心粮油"和"主食厨房"工程走在全省前列，放心粮油示范店、主食厨房配送中心和直营店顺利投入运营，得到省粮食局充分肯定；全国质量示范城市创建工作成效明显，已通过省局专家组的预验收，正在申报国家质检总局验收；注册资本登记制度改革顺利实施，"先照后证"试点工作扎实推进，市场主体创业门槛进一步降低。

一、"三农"工作方面

今年的"三农"工作,在市直部门和县、区政府的共同努力下,成效明显。

一是美好乡村建设扎实推进。首批10个省级中心村已全面建成并顺利通过省级考核验收,第二批16个省级中心村建设任务基本完成;2017年中心村建设即将启动。A县被授予全省2016年度美好乡村建设先进县称号,并被确定为全国首批25个美丽乡村建设标准化试点之一。在工作机制上,各级领导干部高度重视、亲力亲为,形成了一级抓一级、层层抓落实的工作格局;各级各部门普遍建立了结对共建、多元投入、驻点指导等工作机制,有效推动了工作落实。在工作重点上,大力推进"三清四拆一改"(清垃圾、杂物、污泥;拆危房、厕所、猪圈、破旧院墙,改造房屋外立面),共完成"三清"约11.32万吨,"四拆"约5.85万平方米,外立面改造73万平方米,绿化栽植3313亩,农村人居环境得到明显改观。在资金投入上,坚持"项目跟着规划走,资金跟着项目走"的原则,做到"握紧拳头办大事"。今年共投入资金13290.26万元,其中16个省级中心村投入9438.47万元、7条综合示范带投入2420.06万元、20个一般中心村投入1431.76万元,有力保障了美好乡村建设。

二是农业生产总体平稳发展。农业固定资金投资完成18亿元,投资增速29.1%,在全市分行业排第三。全市夏粮总产2.5万吨,增幅4.7%,位居全省第三,实现"十年增"。预计全年粮食面积42.9万亩,总产15.6万吨,增长2%。新建的2000亩标准化蔬菜基地已建成并投入使用,新增3家省级蔬菜标准园,1个合作社入列国家级蔬菜标准园候选单位。预计今年专业菜地产量8.4万吨,同比增长5%;畜产品生产受禽流感影响较大,预计肉类总产1.45万吨,下降7%,禽蛋总产0.9万吨,增长17%;水产养殖面积7.39万亩,预计总产2.4万吨,同比增长3.4%。

三是城乡一体化改革持续推进。户籍制度改革相关配套政策进一步完善,基本完成户改工作任务，全市 71 万户籍人口已全部登记为"B 市居民户口"，完成农村集体经济组织成员认定和户口本换发工作。农村集体土地确认颁证、农房测绘工作全部完成，农村房屋登记颁证工作进入常态化；全市农村土地承包经营权确权登记颁证试点工作已进入外业测绘和内业整理公示阶段；农村产权抵押融资保证保险试点工作顺利开展。

四是国家林业示范市建设顺利实施。完成造林绿化面积 29582 亩，计划完成率 110.7%。其中，完成人工造林 21332 亩，占省下达任务的 111.2%；完成森林长廊示范段建设 25.7 公里，占省下达任务的 112.4%；创建省级森林城镇 2 个、省级森林村庄 12 个。

五是××产业发展势头良好。全市 2016 年度××种植面积 6801 亩、种苗繁育面积 1307 亩。××良种基地建设项目获省发改委立项，项目总投资 502 万元，目前项目前期工作正在有序推进。六是生猪违法屠宰专项整治工作有力开展。出台了《B 市人民政府关于加强生猪定点屠宰管理的通告》和专项整治行动实施方案，先后牵头组织了多次专项整治行动，生猪私屠滥宰现象得到有效遏制。

六是农田水利基础设施建设力度不断加大。实施了××、××、××等区域农田水利成片治理，建成高标准农田 2.53 万亩。以"六小水利工程"为抓手，推进小型农田水利建设，全市累计完成土石方 641 万方，占省下达计划任务的 119.2%。全面完成 40 座水库除险加固扫尾及验收，在全省率先全面完成水库建设任务。

七是气象保障服务及时有效。气象为农服务水平不断提升，面向新型农业经营主体开展"直通式"服务，获得了服务对象的一致好评。基本实现村一级气象预警广播全覆盖，解决了信息传递"最后一公里"的问题，获得中国气象局、省气象局领导的充分肯定和高度评价。

八是粮食储备流通体系进一步完善。"放心粮油"和"主食厨房"工程成效明显，推动了主食产业的快速发展。"粮安工程"危仓老库维修改造工作顺利推进，1.1万吨维修仓容、2.1万吨恢复重建仓容项目获得省粮食局、省财政厅批准。

今年的"三农"工作虽取得了一些成绩，但对照省政府目标考核任务，对照市委、市政府关于推进城乡一体化发展的要求，仍存在一些弱项和短板：一是前三季度我市农村居民收入虽然总量达16305元，位居全省第一，但与城镇居民收入相比，差距还比较大。二是农业产业化整体水平不高，在全省、全国能够叫得响的龙头企业还比较少；农业产业链条短，农产品科技含量低，××、××等特色农产品还没有形成完整的产业链条，特色不够精、优势不够强。三是城乡一体化发展还不平衡，农村人居环境虽得到较大改观，但农村公共服务水平还明显低于城市，农村水、电、路等基础设施的长效管护机制还不完善，城乡环境仍有一定差距。此外，美好乡村建设还存在群众主体作用发挥不够充分、资金保障存在较大缺口、产业支撑有待加强等问题。

当前，中央、省强农惠农富农的政策力度不断加大，"三农"工作迎来了一个非常好的难得发展机遇。下一步，我们要认真把握发展大势和政策走势，着力在生产经营体系上、在农业产业规模化和效益化上、在缩小城乡差距上取得新的突破、新的进展。

一是加快构建现代农业产业体系。××的土地面积小、农业总量小，如果没有形成覆盖农户、连接市场的产业化生产模式，农业发展就只能停留在"分而散、小而弱"的水平上，不但谈不上发展，连自身的特色优势都可能会丧失。我们的农业产业有基础、有特色，关键是要做出精品、彰显特色、形成优势。一要扩大规模。要围绕城市的需求、群众的生活需要，对主要农产品生产能力、市场需求进行认真研究，有针对性地引进建设规模大、覆盖广的农业产业化龙头企业，发挥好农业生产服务城市、保障城市的重要作用。要积极探索××高产栽培模式，今年计划新种植××面积5000亩以上、

××育苗面积 1000 亩以上，新增 ×× 深加工企业 1~2 家。二要振兴产业。要按照产业化发展的理念，加强产业链的规划设计，除种植、初加工外要不断延伸产业链，将产品做精做优，提高附加值。如 ××、××除了 ××、×× 等产品，还要加强美容品、药品、营养品等高附加值产品的研发，打造核心产品、搞好产业配套，形成产业集聚优势。三要搞好服务。要坚持扶优扶强，在资金、科技、项目、土地等方面向具有示范带动作用的龙头企业、种植大户倾斜。要推进农业信息网、农业物联网和农产品电子商务建设，为全市农业发展做好信息服务工作。要加强新型农民的教育、培养和培训，重点培养科技明白人、农民创业带头人、科技示范户等。

二是加快构建新型农业经营体系。继续深化农村产权制度改革，加快推进农村产权交易、抵押融资等工作，使土地向种田能手集中、农产品向加工企业集聚、农民向工人向市民转变。健全完善农村产权交易市场，加强对农村产权交易的监督管理和指导服务，到 2017 年底基本建成统一的农村产权交易体系。稳步实施农村土地承包经营权登记颁证试点工作，确保 2017 年底前完成全市试点任务。积极推进新型农业经营主体社会化服务试点工作，建立健全农业社会化服务体系，解决产前、产中、产后一体化的问题。要加快新型经营主体发展，今年计划新增农民专业合作组织和家庭农场各 30 家，真正发挥其内联农民、外接市场，带动产业发展、引领农民增收致富的作用。

三是继续统筹城乡发展，推进美好乡村建设。2017 年是全市美好乡村建设的提升完善之年，到了"抓点带面、扩面提质、建管并重"的关键时期，初步计划安排建设 10 个省级示范村，14 个一般整治村，要紧紧围绕"三美"目标，坚持积极而为、量力而行的原则，突出"环境整治、功能完善、产业发展"三个重点，实现由"点"向"面"拓展，由做"盆景"向做"风景"转变，着力打造城乡一体化的"魅力版块"。要将农民需要作为第一导向，因地制宜做好中心村建设项目谋划、编制和实施工作，不搞大广场、大门楼等不符合农村实际和农民需求的形象工程，真正把钱用在刀刃上，为农民办实事。要探索建立政府补一点、集体拿一点、农户出一点的公共设施管护、卫生保洁经费保障制度，通过政府购买服务、市场化运作的方式，把整治建设成果巩固好、保持好。要充分挖掘村庄内在特色和个性，根据中心村区位特点、地形地貌、资源禀赋等，打造一村一景、人文独特、别具魅力的美好乡村。各级农业部门要充分发挥科技、人才等方面的优势，帮助各村重点谋划一批特色种养、产品加工、休闲旅游的产业项目，为村庄建设增添持久动力。要通过公益广告、宣传片等方式深入宣传美好乡村建设成效，提高美好乡村建设的知名度，让农村成为村里人自豪、城里人向往、居民休闲度假的好去处。

四是继续抓好国家现代林业示范市建设。全力实施森林增长和绿化提升工程，落实 2017 年森林增长和绿化提升工程各项目标任务，新增造林绿化面积 12310 亩（其中人工成片造林 7060 亩），开展省级森林城市、省级森林城镇、省级森林村庄建设，新增城市绿化 1500 亩、新增城镇绿化 1250 亩、新增村庄绿化 4800 亩，完成省下达的森林长廊示范段建设任务。创建森林城镇 3 个、森林村庄 16 个，将森林村庄创建与美好乡村建设同步推进。进一步完善森林防火责任、信息、救灾体系建设，提高全市森林防火工作水平，确保森林防火工作万无一失。

五是全力做好防汛抗旱工作。针对今年防汛抗旱中暴露出的问题，扎实做好水毁工程修复及抗旱水源设施建设工作。提高气象防灾减灾服务保障水平，增强应对水旱灾害的能力。强化防汛抗灾应急体系建设，提高应急管理能力和水平。

六是推进水利重点项目和农田水利建设。完成长江××河段综合治理工程项目可研的国家审批工作，农田水利、城市排水项目力争进入国家规划"笼子"。完成新增高标准农田建设 1 万亩，治理水土流失面积 18 平方公里。抢抓冬季农闲有利时机，组织实施开展渠道修建、河堤加固、当家塘清淤等建设，迅速掀起冬修热潮。将农田水利建设与美好乡村建设紧密结合，按照××市农田水利配套工程建设实施方案的要求，优先安排实施中心村水利工程。

二、商务工作方面

今年以来，商务工作围绕稳增长、促改革、调结构、惠民生各项工作，加强政策引导，强化目标管理，全市商务经济稳步发展。1~9月，全市实现社会消费品零售额130.25亿元（居全省第13位），增长12.4%（居全省第11位）。1~10月份，全市实现外贸进出口84.31亿美元，其中，出口16.76亿美元，增长38.18%；进口47.55亿美元，下降12.67%。1~10月份，实际利用外商直接投资2.89亿美元，同比下降36.1%。外资外贸主体不断壮大，1~10月，全市新批进出口经营权企业61家、外商投资企业15家、境外投资企业3家。社区便利店、农贸市场、便民早餐点、社区蔬菜店及龙头家政企业建设均提前完成省下达的目标任务。今年列入市级民生工程项目的4个乡镇农贸市场已建成并投入使用。全市80%的菜市场完成了改造，市场硬件条件和管理水平得到提升。

但对照今年省政府目标考核任务，完成商务工作考核目标还存在不少问题：一是进出口总额方面，虽然出口稳步增长，但进口××矿受进口量价齐跌的影响，下降较大。二是受我市产业转型升级和招商门槛提高等因素的影响，利用外资工作完成年度目标任务难度较大。三是受经济下行压力、消费模式转变等因素的影响，社会消费品零售总额考核指标目前排名全省靠后，力争进位难度较大。

明年的工作主要围绕以下几方面来开展：

一是做好外贸和利用外资工作。要强化对进出口额超1000万美元的重点企业的跟踪服务，发挥好重点企业的以点带面作用；要加大产业链招商力度，引进外贸新主体，培育加工贸易增长点。要落实好《××市促进外贸稳增长调结构的实施意见》的相关规定，加大资金、政策、服务方面的扶持力度。要积极探索开展"统借统还"业务，千方百计改善外经贸企业融资环境。要加快港口基础设施和"圈区管理"建设，提升通关协作水平，增强口岸运力。实行利用外资工作周调度、半月通报、月例会制度，加强协调调度和督查督导，做到一级抓一级、层层抓落实。

二是扩大城乡市场消费。加大限上流通企业培育力度，鼓励企业做大做强，同时要引导大型商业综合体和专业市场做到统一核算、统一统计、统一纳税，实现应统尽统。引导鼓励骨干商业综合体实现差异化招商，吸引知名商家和独立核算商家入驻。推进乡镇商贸中心建设项目，完成商业网点规划修编工作并督促实施，推进城乡商业服务网络一体化。

三是抓好市场供应、物价稳定和繁荣工作。实施商务民生工程，加大菜市场建设改造和蔬菜社区直销店布点工作，开展公益性直销菜市场建设；推进乡镇农贸市场建设改造步伐，支持大型商贸流通企业到乡镇建设商贸中心，提高商品统一配送率；继续培育一批中小型和专业型家政服务企业，完善家政服务体系。加强对肉、菜、粮、油等主要生活必需品的市场供应情况及价格走势的监测分析，强化预测预警。

四要努力推进港口经济发展。要将口岸核心能力建设作为一项经常性工作来抓，不断完善口岸功能，提升一类口岸"金字招牌"的含金量。继续做好关检合作"三个一"通关工作，切实提高通关效能，降低企业成本。推进××检验检疫第一口岸申报工作，促进××产业做大做强、可持续发展。

五是大力发展电子商务等现代服务业。鼓励打造电子商务产业集聚区，推动"义乌购—××购"和"淘宝馆—××馆"平台建设。充分发挥重点行业、骨干企业电子商务应用的示范带动作用，支持传统制造业、商贸业重点企业运用电子商务拓展市场。出台电子商务发展行动计划，明确发展重点和扶持措施，推动集聚发展和主体壮大。

三、工商、质监工作方面

今年以来，工商、质监部门坚持服从大局、服务大局，一手抓体制调整、一手抓改革发展，为激发全社会创业活力，构建公平公正、和谐有序的市场环境做出了积极的贡献。"创建全国质量强市示范市"工作扎实推进，今年8月份我市创建工作通过了省级验收，并得到专家组的一致好评，目前正在申报国家验收。工商注册资本登记制度改革稳步推进，注册资本认缴登记、简化市场主体住所（经营场所）登记、企业信息公示、"先照后证"试点等工作有效落实，市场准入门槛进一步降低。市场监管力度不断加强，食品安全违法、假冒伪劣、虚假广告等问题得到有效遏制，市场环境更加安全有序。明年的主要工作：

一是扎实做好"全国质量强市示范市"考核迎检相关工作。根据《××市创建全国质量强市示范城市工作方案》的要求，逐项对照国家验收标准，补齐弱项短板，确保顺利通过国家验收。开展好市长质量奖评选工作，引导企业争创中国质量奖和省政府质量奖。

二是扎实做好质量安全。加大食品质量监督检查力度，将校园周边、农村和城乡接合部等区域作为工作重点，加大对食品安全违法行为的打击力度。进一步明确县区市场监管局特种设备安全监管职责，确保工作不断、监管不软。加强对县区市场监管局特种设备安全知识培训，提高基层监管人员管理技术水平。开展电梯、起重机械等特种设备专项整治，规范电梯维保行为。

三是积极推进工商登记制度改革。贯彻落实国家和省关于工商注册资本登记制度改革的各项政策和措施，优化服务流程，提升服务质量，为各类市场主体创造方便快捷、公开公平的准入环境。深化企业信用分类监管，运用信息公示、信息共享和信用约束等手段引导企业自律自治，实现由事前审批为主向事中、事后监管为主转变。

四是加强市场监管。要将工商、质监体制改革与职能转变结合起来，进一步理顺工作机制，健全技术支撑体系，加强人才队伍建设，确保市场监管不松懈、不脱节。要加强对重要商品和重点行业的监管，深入开展产品质量抽检、生猪违法屠宰专项整治、"双打"专项整治等活动，维护公平竞争、安全有序的市场环境。

从现在到年底还有一个月时间，既是完成年度任务的冲刺阶段、又是谋划明年工作的关键时期。各相关部门要进一步提高思想认识，紧盯目标任务，抓紧查漏补缺，确保全面完成各项任务，在全省争先进位。同时，要认真谋划好明年重点工作，为新年度政府工作谋好篇、布好局。

在街道 2016 年度工作总结表彰会上的讲话

（× 街道党工委书记）

2

同志们：

今天，我们在这里召开街道 2016 年度总结表彰暨 2017 年工作部署大会。会议的主要任务就是总结经验，表彰先进，部署安排街道 2017 年工作，组织动员街道上下统一思想、转变理念、改进作风、提高标准、干事创业，全面深化改革创新，全力推进科学运作，确保街道经济社会持续平稳健康发展，全面开启"十三五"建设新征程。刚才，大会表彰了一批 2016 年度在建设中取得突出成绩的先进集体、先进个人以及支持街道发展的有功单位，在此，我代表街道工委、办事处对获得表彰的先进集体和先进个人表示热烈的祝贺和崇高的敬意！

××同志刚刚对街道 2016 年工作进行了全面总结，并就 2017 年工作进行了安排部署，讲得很好，也很实在，希望大家各司其职、各负其责地抓好落实。区委一直强调工作要有清晰的思路、先进的理念、科学的方法、专业的路径。这里也希望大家从自身做起，向区委看齐，以高度负责的大局意识、作为意识抓好 2017 年的各项工作。

下面，我就如何干好今年工作再强调四个方面的意见。

一、统一思想，全面开启街道建设新征程

一是进一步加快思想理念的更新转变。区委九届十二次全会报告中指出，街道是全区最重要的行政单元，承载着一个地区党的建设、经济发展、百姓富裕、社会管理、安全稳定的重任，是一个地区的"无限责任公司"。而街道、社区处于最基层、最前沿，我们的党员干部长期因任务艰巨、责任重大，忽视了思想理念的更新。因此，我们要认真贯彻习近平总书记关于"创新、协调、绿色、开放、共享"五大发展理念，要学习消化习近平总书记提出的新思想、新理念、新观点、新要求，打破传统的郊区思维定式，以全新的视角追求街道今后更高层次的科学发展。

二是进一步强化责任担当的工作状态。敢担当、能担当是一种政治品质，总书记讲从严从实就是为了实干，而实干首先需要担当，没有担当的精神就没有实干的行动，就没有"马上就办""办就办好"的责任感和使命感。街道工委通过"两学一做"学习教育，认真查摆问题，深刻剖析原因，后续整改中将积极推行服务承诺制、首办负责制、限时办结制，防止办事拖拉、推诿扯皮等现象的发生。同时，针对发现的不作为、慢作为、乱作为和不会为、不善为、不肯为等问题，将用更严的考核机制和更高的规范要求进行责任追究。这里，也请广大党员群众对街道、社区干部的状态、作风进行广泛监督。

三是进一步提高干事创业的能力标准。"一分部署，九分落实"，工委始终强调，带着责任去干事，就会有标准、有激情、有勇气。而工作成效的好坏、推进程度的快慢，是检验我们干部标准高低、能力强弱的直观体现。所以，2017年街道工委将以"走出去，请进来"的方式，学习借鉴××建设中的好经验、好做法，并围绕区委中心工作，结合街道的具体实际，进一步厘清发展思路、细化发展举措、提高发展标准，努力找准工作的切入点和关键点，扎实做好每一件事情、每一项工作，既为街道争光、又为

全区添彩，更让我们的党员群众看到身边实实在在的发展变化。

二、坚定信心，全面加快产业现代化转型

一是进一步突出项目带动的示范引领。坚持把市场群建设作为街道经济转型的新引擎，在 2016 年实现"四个基本"的基础上，今年将借助 ×× 市场全面经营、×× 市场建成开业的契机，做好 ×1、×2 地块土地出让，以项目规模带动经济效益。并针对项目成熟后带来的人流、物流、资金流，制订一套工作方案，储备一支管理团队，确保市场管理规范有序。主动融入 ××× 建设和 ××× 地区改造，重点以 ×× 国道沿线、×× 商业街、×× 经适房项目为平台，承载配套服务，划分业态片区，大力发展现代服务业，增强经济发展动力。

二是进一步挖掘开发建设的效益潜能。思路决定出路，理念决定行动，通过"市场化、专业化、园区化"的运作方法，遵循"财政注资、运作项目、形成资产、覆盖贷款、良性循环"的运作模式，加快 ×× 经济适用房二期项目开发，确保按时按需、保质保量地交付房屋。盘活 ×× 地块 12 万平方米、×× 地块 1 万多平方米的固定资产，将开发效益有效放大、有效植入、有效提升。同时，加快 ×× 地块一经济适用房和 ×× 经适房 A 地块的权证办理速度，确保广大党员群众如期拿证，兑现工委承诺。

三是进一步把握结构调整的谋篇布局。结合 ×× 片区工业布局调整，按进度要求完成"三高两低"企业的关停和整治计划。突出规划先导作用，尤其是立足 ××2025 年搬迁的时间点，主动参与《×× 片区工业布局调整方案》的制订，配合完成 ×× 地区产业规划编制，明确目标要求、时间顺序和政策空间。并按照"五型经济"的要求，加大对水泥厂等老旧企业优化改造的力度和速度，彻底颠覆传统产业形态。借助 ×× 会、×× 会、×× 会等平台，坚持招大商、招好项目，并积极促成 11 项领军型科技创

业人才项目落地，助推街道转型发展。

三、为民务实，全面实施民生多样化服务

一是进一步提高惠民项目的投入力度。完成××地块综合楼设计装修和启用，实现基础设施、物业管理、社区服务同步配套，提高片区居民日常生活的便利性和舒适性。建成××政务服务中心，提供"全方位、一站式、数字化"系列服务，以布局科学合理、作用发挥明显创建民生服务品牌。依托××艺术团、××社、××中心等文艺团队，定期举办"×××"系列文艺演出，丰富群众文化生活。在建成××慢行系统的基础上，打造××体育基地，为群众提供娱乐健身的优质场所。

二是进一步提升城市形态的功能品质。以市场群建设为契机，建成××路、××街、××路和××路工程，实现道路框架全部拉开。强化网格化、标准化、精细化的市容管理模式，加大背街小巷、店牌店招的整治新力度，不断优化地区沿路沿街的城市形态和商业氛围。通过实施水环境、河堤护坡、泵站、河岸绿化全面治理，不断改善区域生态环境。启用××幼儿园，实施××幼儿园和××经适房小学装修工程，完成卫生服务中心二期装修，并探索医养融合的养老新模式，切实把教育、卫生的基础资源落实到具体的时间和空间上。

三是进一步提速治理模式的创新运用。扎实推进社区管理服务体系建设，统筹发挥好社区党组织、居委会、综治办、物管办和社会组织等各个环节、各个方面的作用，加快构建功能完善、运作高效的管理体制。并按照科学专业的运作思路，依托街道社会组织服务中心，就居家养老、文体活动、医疗保健、技能培训等党员群众关心、关注的问题，购买定制服务，持续释放"发展红利"。并通过"外部引进、定向孵化、内生培育"等多种途径，积极促进社会组织在社区落地生根、服务居民，推动社会治理更加科学、多元和高效。

四、从严治党，全面提升党建科学化水平

一是进一步严格党建主业的责任落实。深入贯彻中央和省市区委关于全面从严治党的部署和要求，坚持党建工作与中心工作同谋划、同部署、同检查、同考核，坚决防止抓经济、抓党建"一手硬、一手软"的问题，真正把抓好党建工作作为第一任务、第一职责，把抓好党建工作作为最大政绩。严格落实党风廉政建设"两个责任"，始终保持反腐倡廉的高压态势，重点加强对开发建设、征地拆迁、工程招投标等高危领域和人事、财务、资产等关键岗位的立规执纪、廉政提醒与动态监管，进一步严格执行各项制度规定，真正扎紧织密约束权力的制度笼子，让权力在阳光下运行。

二是进一步严明选人用人的正确导向。始终坚持德才兼备、以德为先的鲜明导向，牢固树立"品德比什么都重要"的思想，始终坚持公道正派用干部，始终坚持用"好干部"和用对干部，始终坚持为街道事业和长远发展用干部，切实在党的建设、发展前沿、项目现场、维稳一线等任务重、困难大的地方考察、培养和使用干部，真正让"品质可靠、理念先进、态度端正、善于运作、讲求标准、作风优良"的干部脱颖而出、各尽其能、才尽其用。同时，抓住社区"两委"班子集中换届的契机，坚持"三强两好"的选人用人标准，选优配强社区"两委"班子带头人，并配好基层党务工作队伍，夯实基层党建工作力量。

三是进一步严肃作风整改的持续深入。巩固和拓展群众路线教育实践活动、"三严三实"专题教育和"两学一做"学习教育，始终把政治纪律、政治规矩和组织纪律挺在前面，以 2017 年即将开展的"两学一做"活动（"学党章党规、学系列讲话，做一名合格共产党员"）为重点，加大《准则》和《条例》的学习力度和执行力度，让广大党员干部知道哪些事能做，哪些事不能做，哪些事该这样做，哪些事该那样做，切实让规矩意识、纪律意识和看齐意识入脑入心、付诸行动。街道领导干部从我做起，要进一步端

正态度、谦虚谨慎、团结协作、敬业奉献，为广大党员带好头、做表率，真正把讲规矩、守纪律、转作风、促发展纳入到从严治党的新常态上来，主动投身街道科学、正确、理性发展的生动实践，努力为经济社会发展多做贡献、多谋福祉。

同志们，站在 2017 年新征程的起点，让我们进一步统一思想，转变理念，创新思路，改进作风，提高标准，求真务实，开疆拓土，全面开创街道建设发展的新局面！

最后，值此农历鸡年春节来临之际，我代表工委、办事处给大家拜个早年，祝大家在新的一年里身体健康，工作顺利，阖家幸福。

谢谢大家！

在公司 2017 年中工作会议上的总结讲话

（×××公司党委书记）

3

同志们：

公司 2017 年年中工作会议在大家的共同努力下，即将圆满完成各项议程。

这次会议是公司在全面深化改革的关键时期召开的一次重要会议。会上，×××总经理做了题为《××××》的工作报告。×总的报告，客观总结了上半年工作，充分肯定了公司上半年所取得的成绩，深刻分析了公司面临的形势，从战略和全局的高度，提出了当前和今后一个时期公司经营发展进程中最关键、最急需把握的×个方面的重要问题，部署了下半年要具体抓好的×个方面的重点工作。希望大家认真学习×总的报告，进一步增强工作的紧迫感，进一步明确工作思路，进一步突出工作重点，全面完成年度目标任务，开创公司发展新局面。下面，我就如何贯彻会议精神强调三点意见：

一、加强责任落实，在强化日常管理上"鼓实劲"

当前，经济下行压力加大，用电增速明显下滑，电力改革加快推进，电网发展任务艰巨，公司经营形势严峻，困难矛盾相互交织，面临着很大挑战和考验。因此，需要我们围绕"××××"发展目标，坚持问题导向，加强责任落实，突出制度保障，把强化日常管理作为出发点和落脚点。

要坚持目标引领。要通过对经营指标完成情况及经营形势进行分析，深刻剖析公司在市场竞争中存在的短板及在经营管理工作中存在的问题和不足，进一步畅通市场信息沟通渠道和平台，加强对政策法规的研究和对市场形势的研判，准确把握市场脉搏，用足用活政策、向政策要效益。各部门要进一步明确目标任务和时间节点，认真分解任务，加强工作过程的指导和督导力度，确保节点控制到位，过程管控到位，闭环落实到位，从而以踏石留印、抓铁有痕的作风推进公司各项工作任务的完成，为实现全年各项工作任务目标做出积极贡献。

要坚持问题导向。要实施全流程客户满意度管理，以问题为导向，以客户满意为目标，主动查找问题，提升服务满意度。要将查找问题整改问题融入日常专业管理，努力解决客户和干部职工反映的焦点问题，确立目标，制订措施，实现闭环管理。要坚持通过第三方客户满意度调查问卷、营销稽查、第三方"神秘人"暗察暗访报告以及95598工单回访等方式查找问题，针对性地开展归因分析，确定问题的归口部门和责任单位，针对每一条原因制订可量化、可验证、可执行的整改措施和阶段性的提升目标，实现客户导向在服务支撑上的有效落地，全面提升客户满意度。

要加强责任落实。坚持科学发展和安全发展，全面落实电力安全生产责任。各部门要将落实安全生产主体责任作为一项长期任务来抓，进一步建立完善安全生产责任体系。要强化安全生产责任制到位管控，继续开展安全管理提升活动，深化安全风险管控，深入开展隐患排查，规范安全监督管理，加强应急体系建设，进一步提升安全生产风险管理体系运转质量，推进设备规范化管理，充分发挥信息化建设决策支持与辅助作用，不断提升安全生产管理水平。

要突出制度保障。要建立和完善符合电网经营企业生产经营实际、符合现代企业制度要求的规章制度体系，把企业各项管理工作纳入程序化、制度化、规范化轨道，做到有章可循、有章必循、执章必严、违章必究。各部门要将制度条款分解匹配到具体岗位，加强对制度落实情况的核查，从而实现制度与"五位一体"机制建设相衔接，为推进"三集五大"体系高效运转奠定制度基础。

二、抓好作风建设，在形成工作合力上"办实事"

党的十八大以来，公司上下作风有了较大转变。但作风建设永远在路上，永远没有休止符，我们要持之以恒推进作风建设，形成促进公司发展的新合力。

要严明工作纪律。当前，我们发现个别同志的纪律有所松懈，有工作作风涣散的现象。要严格执行考勤、请销假、会议等相关工作纪律和要求，对工作纪律进一步督查管理，通过巡查、电话查岗和明察暗访等方式实行定期、不定期抽查，对违规现象及人员进行通报批评，并纳入工作考核。要不断提升公司上下的"争先、领先、率先"意识，树立爱岗敬业、勤奋务实、埋头苦干的精神。领导干部要率先垂范，以身作则，各部门要狠抓落实，常抓不懈。

要形成工作合力。当前，"部门墙"现象依旧或多或少存在于公司内部，为公司的生产经营管理带来了一定的负面影响，需要予以克服。要积极增强公司全体干部职工的团结意识、服务意识，加强部门间的协作配合，全面提升部门与部门之间的沟通交流，从而形成整体合力。要充分共享资源，形成群策群力，共同打造公司良好形象。

要加强工作落实。无论是做决策还是办事情，都要从实际出发，与时俱进。要进一步创新工作方法，克服重安排部署、轻督促落实的倾向，做到每一项工作都有安排、有检查、有评估、有奖惩。要进一步做好工作落实的信息反馈工作，涉及重点工作、重要指标的进展情况，要及时做好信息沟通，以便了解动态，掌握情况。要对照年初签订的目标责任书，根据任务完成情况，严格进行问责，敢于动真碰硬。要坚持说干就干、干就干好，确保各项工作善始善终、善作善成。

三、坚持以人为本，在维护公司稳定上"求实效"

要进一步深化以人为本的工作作风，促进干部职工的全面发展，强化公司民主管理，维护公司稳定，切实增强公司竞争的软实力。

要加强公司文化建设。积极发挥企业文化的思想引领作用，全面开展"企业文化示范点"创建工作。要按照公司要求，策划开展好"四个一"（一句话，一张图，一堂学习课，一次微展示）和"三心点亮窗口"（慧心、贴心、暖心）活动，持续深化"践行核心价值观、争做最美国网人"和"七彩××人"活动，推进劳模工作室和首席技师工作室建设，大力宣传选树先进典型，传递企业内部正能量。

要强化公司民主管理。结合近期开展的"四个一百""两带三先""两个共同"等工作部署，深化各项任务落实，及时掌握职工思想动态，强化正面引导，党政工团齐抓共管发挥作用，着力提升各级党组织的凝聚力和战斗力。要进一步畅通员工诉求表达机制，加强人文关怀和心理疏导，教育和引导职工依法、合理反映诉求。

要关心员工身心健康。及时关注和了解员工的思想变化，围绕"两个共同"主题，举办"安全一站到底"知识竞赛、青工技能比武等活动，强化正面引导，号召和激励全体员工把思想统一到干事创业上来，把行动落实到实现全年工作目标上来，共同珍惜、维护风正气顺、和谐稳定的良好局面。

同志们，新的征程已经开启，战鼓声声催奋进，蓝图绘就待攻坚。让我们以饱满的热情、昂扬的斗志、务实的作风，为公司深化"两个转变"、加快建设"法治企业"、率先基本建成"一强三优"现代公司努力奋斗！

4 在年轻干部座谈会上的讲话

(××市委常委、组织部长)

同志们：

习近平总书记多次强调，组织部门作为管党治党的重要职能部门，必须带头改进作风，继承发扬组织部门优良传统和作风，树立和维护组织部门良好形象。作为年轻干部，如何在日常工作中体现我们的优良作风？在我看来有以下几点要注意。

一是要谦虚谨慎，避免骄傲。要避免出现自以为高人一等的心态，觉得自己从事的工作关乎党员、干部、人才的个人前途命运，因而夸夸其谈、自我吹嘘、指手画脚、目空一切、盛气凌人。也要注意不要在工作中说话口气大、待人架子大、办事脾气大。我希望我们在座的年轻干部，要坚决贯彻"公道正派"的要求，说老实话、办老实事、做老实人。时刻牢记自己责任重大、使命光荣、摆正位置、端正心态，尤其是对到科室办公的基层干部及外来人员做到笑脸相迎、微笑服务，体现我们的谦虚和热情。

二是要不断进取，避免浮躁。在组织部门工作，最忌讳的就是所谓"机关老爷"做派，比如沉溺于"文山会海"，不深入群众，造成工作中不了解实情，不结合实际，不能全面客观地看待问题。同样，我们也不能习惯于自己的老经验老办法，满足于现有的知识结构，得过且过，不思进取。因此，我希望我们在座的年轻干部，制订一个计划，定期走出机关，深入基层一线。从事干部工作的同志多到一线去了解干部、考察干部；从事党建工作的同志多到农村，多到两新组织去接待群众、发现问题；从事人才工作的同志多到企业去发现人才、服务人才；从事文字材料工作的同志多下基层调查研究、掌握实情。与此同时，我们要加强业务学习，各个岗位的同志都要争取机会，多参加一些干部考察，多参与一些课题调研，全面掌握我们组织部门的业务，提高自己的水平。

三是要学会统筹，避免杂乱。 在我们组织部门，事务性的工作比较多，因此要学会统筹安排，不能分不清轻重缓急，眉毛胡子一把抓。同时，我们经常接到突如其来的任务，那就更不能乱阵脚、失方寸。因此，年轻干部要注意避免临时抱佛脚，临渴而掘井，要善于谋划，对一天或一段时间的工作尤其是常规工作要提前进行安排和熟悉，做到心中有数，未雨绸缪。要科学地安排工作，分清工作的轻重缓急，哪些工作最紧急、最重要，哪些工作相对较缓，哪些工作可以放在后面，都要做到了然于胸，排出个一二三来，这样即使面临突发性工作，也能不慌不忙做好。同时，我们要掌握一条，"好记性不如烂笔头"，要勤于记录，防止因忙乱而导致的工作遗漏和细节疏忽，做到有条不紊。

四是要严守纪律，避免犯错。 党的十八大以来，反腐力度很大，也有极少数职工干部，成了"老虎""苍蝇"。他们要么是在干部选拔任用中"跑风漏气"，泄露未经批准对外公开的信息，要么在干部考察工作中弄虚作假、隐瞒实情，违规干预下级单位和有关部门的干部选拔任用工作，甚至利用职务之便谋取个人利益、收受贿赂，为跑官要官者说情、打招呼、联系和引见有关人员。因此，我们一定要严格遵守组织工作的纪律，注意保守组织秘密，用纪律要求约束自己，提高警惕，抵制歪风邪气。要注意管好我们的嘴，不能喝的坚决不喝，不能吃的坚决不吃，不能说的坚决守口如瓶。要把"安专迷"精神转化为工作感情，甘于寂寞，忠于职守，在忙碌中寻找快乐，在服务中实现价值。

谢谢大家！

在 ×× 公司主要负责人调整会议上的讲话

（×× 集团董事长、党委书记）

同志们：

刚才，×× 同志宣读了集团党委关于 ×× 公司主要负责人调整的决定。××、××、×× 同志分别做了很好的表态发言，我都完全同意。这次 ×× 公司主要领导同志的调整，是集团党委从 ×× 公司长远发展角度出发，根据公司领导班子建设的实际需要，经过认真考虑，在充分征求意见的基础上，慎重研究做出的决定，充分体现了集团党委对 ×× 公司事业发展的高度重视，相信一定会得到大家的拥护和支持！

近年来特别是去年以来，×× 公司积极围绕集团发展战略进行转型升级，工作成效明显，集团党委对此高度认可。这些成绩的取得，是集团党委正确领导的结果，是 ×× 公司领导班子和广大员工共同努力的结果，也与 ××、×× 等同志的辛勤工作是分不开的，在此，我代表集团党委对他们表示衷心的感谢，也希望他们能继续关心、支持 ×× 公司发展。

大家对 ×× 同志都比较熟悉，我再简单介绍一下。×× 同志，1973 年 10 月出生，中共党员，研究生学历，高级经济师。2012 年 9 月到 2016 年 12 月任 ×× 公司总经理、党委副书记，2016 年 12 月至今任集团党委委员、YY公司董事长、党委书记。××同志熟悉××公司情况，有丰富的基层工作经验和企业经营管理经验；工作思路清晰，重点突出，具有较强的开拓创新精神；善于抓班子、带队伍，组织协调和驾驭全局的能力较强；公道正派，严于律己，作风务实，原则性强，能够虚心听取各方面意见，在××公司上上下下具有较高的威信。集团党委认为，由××同志担任××公司董事长、党委书记是合适的。

希望××同志充分发挥自身优势，紧密配合，团结带领班子成员和广大职工锐意进取、奋发有为，推动××公司在转型升级中取得新发展。

借此机会，对××公司的班子建设及下一步工作讲四点意见。

一要统一思想认识，拥护组织决定。××公司广大干部职工要自觉把思想统一到集团党委决定精神上来，确保领导班子的平稳过渡和各项工作的有序开展，从大局出发，讲政治、讲团结、讲党性，集中精力做好本职工作，以实际行动支持新班子工作，确保各项工作的有序衔接，切实承担起推动公司改革发展的历史重任。

二要迅速理清思路，科学谋划发展。××公司新班子组建后，要进一步理清思路，明确方向，认真履职、做好表率，主动担当、敢于作为，科学制订工作任务、目标和措施，加快推动公司深化改革、转型发展。要大胆先行先试，合理整合优势业务资源，优化发展模式，提升核心竞争力，增强企业抗风险能力，真正实现产业的升级转型。要紧紧抓住"一带一路"国家战略、供给侧结构性改革和集团××战略重大机遇，建立完善公司各项市场化、规范化运行管理制度，充分调动和激发员工干事创业的积极性、主动性和创造性。要着力在全国范围内寻求××机会，努力建设××，成为国内一流的××公司。当前，要加快推动××股份公司的建立和××发展基金、××投资基金、××基金、××基金等基金的筹备工作，确保公司转型升级开好头、起好步。

三要加强班子团结，形成强大合力。新班子要尽快建立健全符合××自身实际、科学规范的公司治理结构，进一步明确党委会、董事会和总经理办公会"三会"的决策权限和决策程序，通过规范的制度和流程，确保决策的科学化、规范化、制度化和民主化。要认真贯彻民主集中制原则，两位主要领导要善于集中班子成员的集体智慧。班子成员不仅要积极支持两位主要领导的工作，也要积极从全局和整体利益出发，主动去考虑公司的改革发展，给两位主要领导当好参谋和助手。班子成员之间要相互尊重、相互信任，平时大家多交心，工作多交谈，一定要做到思想上同行，行动上同步，确保班子坚强有力，不断增强领导公司科学发展的能力，在××形成一个想干事、能干事、会干事、干实事的领导班子。

四要坚持从严治党，扎实抓好党建。××公司必须坚持党对国有企业的领导这一重大政治原则，充分发挥领导核心和政治核心作用，确保集团党委的重大决策部署得到不折不扣的落实。要把责任扛起来，切实增强管党治党的意识，强化责任担当，坚持守土有责、守土负责、守土尽责，推动全面从严治党在××公司有效落地。要把旗帜竖起来，将党组织核心作用有机融入法人治理结构，提高公司的效率和竞争力。要把制度硬起来，按照集团"××"要求，推动党的建设制度化、常态化、经常化，解决好制度执行"宽松软"的问题，使制度成为"硬约束"。要把堡垒强起来，把抓基层、强基础作为长期的工作，推动党建工作与生产经营深度融合。要把廉政管起来，切实加强党风廉政建设，严明政治纪律和政治规矩，持之以恒纠正"四风"，充分运用监督执纪"四种形态"，确保公司上下"想干事、能干事、干成事、不出事"。要把队伍带起来，争取多途径、多渠道培养锻炼干部，进一步加大市场化用人制度改革，探索建立与市场化选任方式相适应的薪酬制度、考核制度，把"想干事、能干事"的年轻专业人才招进来、用起来，为公司转型发展提供源源不断的干部人才活力。

同志们，当前××公司正处于十分重要的发展时期，也面临着较大挑战。相信在集团党委的坚强领导下，××公司新的领导班子一定会同心同德，扎实工作，开拓进取，带领广大干部职工开创××公司的美好明天，为集团×××做出新的更大的贡献！

廉政建设重在抓早抓小抓实

（××公司党委副书记、纪委书记）

6

同志们：

中医讲究不治已病治未病。古代有位医生叫扁鹊，他能在病情严重之际令病人起死回生，是当时的名医。可他跟别人说，他的两个哥哥更加厉害，大哥能在病发作前就治好病，二哥能在病刚发作时就治好病，都高于自己。因为无病而先防，初病早医治，更能保障人们的健康，也更能凸显医生的功力。同样，廉政建设也是如此。

一、廉政建设重在抓早

廉政建设很重要的一条就在于防患于未然。客户服务中心身处与客户接触的最前线，有着一定的廉政风险，虽然工作中大家没有出现大是大非的问题，但也还有一些同志有自我要求不严的苗头。比如：个别同志有重业务知识学习，轻政治理论学习的思想，认为业务是实的东西，能看得见摸得着，政治理论是虚的东西，看不见摸不着。又比如：个别同志仅满足于平时的集中学习，而且存在着以学文件代替学理论的现象，致使学习不系统、不深入，理论联系实际把握得不够好，学习效果不够明显。对此，我们要高度重视！

在我看来，我们一是要做到早预防。应当说，组织对大家是信任的，但是信任不能代替监督。我们将进一步对大家的苗头性、倾向性和敏感性问题及时咬耳朵、扯袖子，告诉大家"什么该做"和"怎么做"，及早进行预防教育，把预防工作做到位。二是要做到早提醒。我们开展的"廉政暖心工程"，通过一系列的微讲堂、微活动，目的也是对大家及早谈话提醒、预警纠错，做好事前控制，避免小问题演变为大问题，小事渐变为大事，小错酿成大错。三是要做到早发现。工作中，我们将进一步加强对大家的日常监督管理，及时了解大家的思想、工作、生活状况，从思想上、制度上、行动上敦促大家。也希望大家及早发现自身思想认识、言谈举止的变化，分析原因，防止因小失大。

二、廉政建设重在抓小

关键就是慎独慎微，及时处置。我不知道大家有没有经常关注中纪委网站，上面会定期公布各级纪检监察机关查处的各类违反"八项规定"的典型案件，并且主要集中在党员干部公车私用、公款吃喝、大操大办婚宴、上班时间玩牌打麻将等"小事"上。中纪委对这些"小事"进行通报，无非就是告诫大家，要时刻守住细节、管住小事。

常言道："巴豆虽小坏肠胃，酒杯不深淹死人。"很多干部出事，都是从这些"小事"开始，最后违反原则、触碰底线。在中心里，虽然我们绝大多数干部职工总体上都能严格要求自己，但有时也还有精神上的懈怠、要求上的放松。比如：关于工作纪律和会议会风问题，我们有些同志还存在迟到早退、开小差、缺岗不请假等问题，在开会特别是政治理论学习时，有时还有无故缺席、中途离场，甚至出现"开小会"等现象。又比如：我们有些同志身上还存在一些"讲人情"、办"关系事"，甚至通过影响力谋取私利的隐患。希望大家自觉提高警惕！

面对这些苗头和隐患，希望大家把握住三个关键。一是始终坚持慎独。

要说老实话，干老实事，做老实人，在生活中始终坚持不该要的坚决不要，不该拿的坚决不拿，不该去的地方坚决不去，不该吃的坚决不吃，做到人前人后一个样。二是始终坚持慎微。要做到注重小节，注重点滴，高度警惕小毛病、小陋习、小问题的腐蚀作用，避免小问题带来大后果。三是始终坚持慎初。要多想一想为什么入党，坚守初始工作状态，坚守初始个人操守，不贪蝇头之利，不图一时之快，不迈出危险的"堕落第一步"。

三、廉政建设重在抓实

廉政问题前面，容不得半点妥协和虚假。我们也发现，工作中还有这些苗头：比如：有些干部职工认为党风廉政工作"多干惹事，不干没错"，缩手缩脚。又比如：有些干部职工怕困难、怕得罪人、怕麻烦，看到歪风邪气也不敢出声，畏首畏尾。再比如：有些干部职工片面强调廉政任务的困难、程序的复杂、规定的死板，不愿意投入时间和精力。这些希望大家能切实加以改进！

具体来说，在接下来的工作中，我们一是要在思想上重视。对每位同志而言，都要深刻认清当前反腐工作形势，切实增强自律、拒腐和抗腐的自觉性，坚决克服贪腐侥幸心理和无所畏惧的思想，切实拧紧思想深处的"安全阀"。二是要在政治上服从。要通过"两学一做"学习教育，做到知敬畏、懂规矩、明底线，弄清楚自己该做什么、不该做什么，能做什么、不能做什么，守住党员的基准和底线，严格按照组织程序和规矩办事，切实套牢政治上的"金钟罩"。三是要在行动上体现。要坚持从我做起、身体力行，在工作中争做先进、廉政上争当模范，从考勤、吃喝、婚丧嫁娶等小事做起，在行为上严格自律，做到明底线、守红线，不该做的事情坚决不做。

同志们，希望我们以此次学习为契机，共同努力，锐意进取，切实将廉政建设抓早抓小抓实，为推进客户服务事业的健康持续高效发展再添新功！

7

正确看待团队协作与个人努力
——在分行全体干部职工大会上的讲话
（××银行分行行长）

同志们：

独木不成林，一个人成绩的取得，与个人能力密切相关，更与身处的环境密切相关。同样，一个包容和谐、团结向上的团队才能人才辈出，成果丰硕。

一方面，团队就是中坚，要锻造执行有力的战斗团队。

我们大家有幸在一起工作，成为同事，成为朋友，就应该相互帮助、相互提高，成为一个执行有力的团体。俗话说，一人难挑千斤担，众人拾柴火焰高。一个优秀的团队，其整体的战斗力既来自个体的过硬能力，更有赖于整体的相互协调配合，通过相互补台、相互协助，才能发挥整体功效。

一要提高执行力。 执行力就是生产力，执行力强，生产力就旺盛，工作成果就会凸显；执行力不足，生产力就衰弱，工作成就就会平平。我们要认识到，团队的执行力关系到整体的业务，关系到我们每个人的绩效，更关系到我们整体的形象和实力。尤其是在完成工作、执行任务上，今年，我们分行的个贷业务也获得了长足的发展，在省行百日劳动竞赛中新投放量及客户经理排名均保持在前××名。可见，我们这个团队是有战斗力、有执行力的，这也是我们大家奋力共同努力的结果。我们在座的每一名员工,尤其是党员同志,要带头树立"完成任务我在前"的标准,通过真抓实干,攻任务之难,率先、超额完成核心业务,争取成为推动业务发展的排头兵和领路人。

二要提升攻坚力。作为一名党员,不仅要当思想上的先进,还要在率先完成既定目标任务上当好示范,起到标杆、带动作用。大家目标一致,业务不尽相同,面对业务上的短板,工作上的难题,要坚决杜绝等靠思想,要多闯多试多攻坚,通过业务创新、资源整合开拓新业务、抢抓新项目、开发新产品。有的同志面对难搞的客户畏首不前,有的同志面对难攻的业务犹豫徘徊,归根到底还是攻坚意识不强,攻坚能力不强,攻坚办法不多。我们要敢于攻坚、善于攻坚、勇于攻坚,办法总比困难多,只有去闯、去试、去拼,才有机会获得成功。我们很多优秀的员工都是这样成长起来的,要知道,没有随随便便的成功,每一个台阶都是用汗水、辛劳铺垫的。尤其是我们党员,更要率先垂范,勇于担当,真正挑起担子,提升一流的攻坚能力。

三要提高协作力。一根筷子容易折断,十根筷子就不容易折断,这就是团队协作的能力。提高协作能力,关键要做到三点:一是要做到上下一心。团队坚持树立一盘棋思想,努力做到思想一根弦,指挥一个调,行动肩并肩,大家既是同事,更是兄弟;既是竞争者,更是好伙伴。通过这样的氛围,团队上下一条心,左右一个调,更加团结凝聚在一起,整体战斗力得到有效提升。二是要做到资源共享。团队作为一个整体,需要的是整体的综合能力。不管一个人的能力有多强,若个人能力没有充分融入团队中,到了一定阶段必定会给整个团队带来致命打击。资源共享作为团队工作中不可缺少的一部分,可以很好地评估团队的凝聚力和团队的协作能力,也是一个团队能力的客观体现。故提高团队的资源共享度是可以让团队健康发展,稳定发展的基础。三是要做到能力互补。有的同志可能在跑项目、拉客户方面比较突出,而另外一些同志可能在内部管控方面比较突出,作为一个团队,大家要取长补短、相互配合、相互协作，共同合作完成好工作任务，实现能力互补，共同进步、共同提高。

另一方面，是个人要素，要提升训练有素的业务能力。

话一千，道一万，业务发展才是硬道理。而业务发展最终要落实到在座的每一位同志身上，这就需要我们提高业务能力，善于钻业务、跑业务，用业务收获证明自己的业务能力。那么我们如何提炼过硬的业务能力？我认为要做到三点。

一是业务学习上既要注重广度又要注重深度。大家在学习领会好党的理论方针政策和银行的各项规章制度的基础上，要把业务学习作为重点。一方面要注重广度，我们很多业务都是相融相通的，很多是你中有我、我中有你，只有对各项业务都知晓一二，才能更好地开展工作，维系客户，收获成绩。现在我们讲打造复合型人才，很重要的一点就是看这个人是不是全能，是不是方方面面都会、都懂、都能应对自如，这是其一。另一方面要注重深度，大家要抓好主业，在自己擅长的领域做到最好，学到最深，力争成为某一方面的行家里手，成为某一方面的专家，这也是一种能力，在某一方面非你不属的时候，你就能够掌握话语权、掌握主动权。

二是业务实践中既要讲究规矩又要灵活变通。实践出真知，实践出成绩，我想，大家在平时的工作实践中既要讲政治、守规矩，也要创新思路和办法，力争把工作搞得有声有色、出新出彩。一方面，要讲规矩。我们银行对各项业务政策都有方方面面的条条框框的约束，都有具体的政策、要求、准则等等，这是我们工作中的硬杠杠，大家要始终树立规矩意识，不逾底线、不踩红线，始终做到清心干事，尽心成事。但同时呢，我们讲市场是瞬息万变的，客户的需求是多样化的，我们在具体工作中也要与时俱进，本着推进工作、争取客户、服务发展的基本原则，在政策允许的范围内，也鼓励大家灵活运用政策，灵活用好政策，八仙过海各显神通，不违规、干成事就是真本事。

同志们，凡是优秀员工、优秀党员，身上都有一股子拼劲，闯劲，知难不避难，知责不推责。希望大家继续发扬好的作风，开拓进取，争先进位，不断提升能力、展示能力、实现升华。

谢谢大家！

第二章

理论调研文章 10 篇

完善"法治××行"建设的对策建议

（××支行××网点）

1

　　要将×行建设成为国际一流的商业银行，离不开法治的引领和规范，更离不开法治的保障和支援。××支行××网点通过召开座谈会、个别访谈等形式，广泛听取和搜集了网点员工对"法治×行"建设工作的意见和建议，初步形成了如下调研报告。

一、当前"法治×行"建设需解决的主要问题

　　目前，各支行各网点大力推进"法治×行"建设，进一步规范了经营与管理，保障了各项业务合规经营、安全稳健发展，取得了较好的成绩，但距离达成总行的要求还有一定差距，还存在一些问题。调研显示，主要表现在以下几个方面：

　　（一）部分基层网点员工法制意识不强。 一是部分员工缺乏必备的法律意识。部分员工对违法风险认识不足，风险意识淡薄，甄别风险的能力不够，缺乏相关的理论知识和法律意识。在工作中主要体现在失职或疏忽，有章不循、违章操作，从而造成资金损失。二是基层网点员工参加法制教育培训的机会不多。上级部门举办的各类培训往往集中于业务发展、经营管理方面，基层网点员工在参加法制教育培训方面的机会不多。

（二）**法律制度运行的体制机制不完善。**一是法律制度的系统性、体系性还不够强。随着基层网点业务范围的拓展，各种代理、代缴、代汇、银联、理财、互联网金融等新业务相继开展，针对银行跨行业综合经营和交叉性金融产品等部分业务还存在法律空白，法律的系统性、体系性还不够强。二是部分规章制度可操作性不强。部分规章制度不够精细化，有粗略化、大致化、模糊化现象，在实际执行中发生脱节，影响了操作性。制度的激励约束机制不健全，奖励力度较小，惩罚措施较轻。

（三）**部分基层网点法律制度执行不力。**一是基层网点法务人员配置不足。现实中，较多的客户选择在基层网点直接进行信访或口头投诉，因此基层机构起着把好第一道关、妥善解决客户信访投诉事项的作用，有必要增加法务人员的配置。二是部分基层网点规章制度没有有效执行。基层网点员工面对沉重的业务压力和严格的考核奖惩，或多或少存在着重业务发展、轻制度执行的思想，甚至可能导致法律规章制度"说起来重要，干起来次要，与业务发展发生冲突就不要"。三是基层网点员工岗位轮换力度有待加大。基层网点业务繁杂、人员配置偏少，部分业务相对独立、技术性强的岗位在实际中难以执行轮岗制度，从而导致了风险隐患的滋生。

二、完善"法治×行"建设的对策建议

针对上述问题，结合调研成果，我们提出如下对策建议：

（一）**加大各级网点员工法治教育培训力度。**一是要将法律法规、监管政策、规章制度列为每周例会、专业培训的必学内容，在新员工入行、干部提任、岗位轮换、年末述职时加大法律知识、员工行为准则、职业道德操守教育力度，确保法治理念"入脑、入身、入心"，落实到每一名员工身上，体现在每一笔业务过程中。二是要常态化开展"领导讲法""专家说法""基层送法"等活动，把法治要求传导、渗透到各级网点的各个机构、

各个环节，强化过程控制，使每个机构、每个员工都承担起知法懂法守法的职责，使法治×行成为一种自觉遵守的文化。

（二）**进一步制订和完善各级网点的法律规章制度**。一是各级网点尤其是基层网点，要结合自己网点的实际，对各项制度进行梳理，制订相应的实施方案，使各项制度具体化、系统化、本单位化。基层网点要根据业务需要和自身特点，及时制订与上级法律规章制度相配套的内部管理制度手册，避免管理失控、制度悬空。二是基层网点要将内部岗位职责进行梳理，明确每个员工的岗位责任，使每个员工"在其岗，明其责"，以形成完备的岗位责任体系，做到互相监督，有效监管。三是上级部门要及时把握政策导向，准确判断业务发展趋势，对现有制度中的疏漏或者操作性不强的部分进行补充、修改和完善。要加强对各项法律制度、管理制度和业务规章进行评价，使之符合基层网点的客观实际，增加可操作性。

（三）**进一步加强法律规章制度的执行和监督**。一是基层网点要严格执行各类法律规章制度，严格按制度办事，做到人人合规、时时合规、处处合规。基层网点的负责人要履行"一岗双责"，既保障业务发展，又保障合法合规。作为负责人，要定时对制度的落实情况进行检查，及时反馈落实过程中出现的问题，争取上级部门的指导和支持，保证网点内部各类制度的全面落实。二是基层网点要进一步规范经营行为，按照岗位职责进行责任认定与追究，将问责制落实到每个岗位，将按规操作与员工和机构的年终考评挂钩，在网点内部树立起拒绝违规操作的风向标，做到只要出现违规操作行为就追究责任，哪怕没有造成任何损失，但只要违规操作，就要追究。对执行制度好的员工，则给予必要的物质奖励和精神鼓励。三是要克服一切困难，在网点内部严格执行重点岗位轮换制度和强制休假制度。通过岗位轮换和强制休假，发现问题、消除隐患，必要时也可施行不同网点员工交流制度，对不同的网点进行员工定期交流，形成制度，并加大法务人员配备力度。

综上，在"法治×行"建设过程中，要坚持树立法治思维，弘扬法治精神，在全行营造尊法、信法、守法、用法、护法的浓厚氛围，把合规经营、依法治行、从严治行等要求落实到经营管理的各个方面，保障各项业务科学、稳健、合规发展。

×× 公司在党建方面的探索和思考

（×× 公司党委书记、董事长）

2

在全国国有企业党的建设工作会议上，习近平总书记指出："理直气壮做强做优做大国有企业，必须要坚持党要管党、从严治党，加强和改进党对国有企业的领导，充分发挥党组织的政治核心作用。"习近平总书记的重要讲话系统回答了事关国有企业改革发展和加强党的建设的重大问题，是新形势下加强国有企业党的建设、建立现代国有企业制度的纲领性文件，是对马克思主义党建学说的新贡献，是对中国特色社会主义政治经济学的丰富和发展。公司作为国有控股的上市公司，要以总书记重要讲话精神为指导，在中国特色现代国有企业制度下，始终坚定不移地发挥好公司党委领导的政治核心作用，推动公司不断做强做优做大。

一、牢固树立政治意识，充分发挥公司党组织政治核心作用

在中国特色现代国有企业制度条件下，党组织在国企处于什么样的地位，起到什么样的作用？答案是明确的，处于"政治核心"的地位，发挥"政治核心"的作用。其实质就是党组织在国有企业发展过程中发挥领导作用，包括思想领导、组织领导、工作领导等等。

近年来，在集团公司党委的统一领导和部署下，股份公司始终把发挥党

组织政治核心作用放在突出位置，切实抓紧抓实、抓出成效，重点在落实主体责任、延伸组织触角、加强队伍建设、规范规章制度上下功夫，为公司转型升级、提质增效、加快发展奠定了重要基础，为确保国有资本保值增值、提升国有经济竞争力发挥了积极作用。

1. **把方向、管大局、保落实**。通过把好三个关口，从宏观上把握企业运行发展。一是把好作用发挥关。充分发挥党委会的政治核心作用、董事会的决策作用、经理层的经营管理作用，实现规范的公司治理，坚持"三位一体、分工负责"，按照公司法人治理要求，股份公司党委会、董事会、经营班子独立运作，各有分工，有机统一。坚持"双向进入、交叉任职"，目前，股份公司共有党委委员11人，其中6人进入董事会，8人进入经营班子，有效保证了党对公司运行的领导。二是把好选人用人关。坚持党管干部原则，规范干部选拔、考核、任用程序，坚持民主推荐、充分酝酿、讨论、任前公示等环节，并实行安全、纪检、计划生育等一票否决制。今年以来，共通过人事任免109人次，为企业发展提供了人才支撑和智力保障。三是把好制度建设关。修订完善了《公司党委工作制度》等12项党建工作制度，《公司党委会议事流程》等12项业务流程，提高了党委工作规范化水平。公司党委实行会前充分酝酿、会中民主集中、会后督查督办的党委会运作模式，确保党委会运作科学化、流程化、民主化。今年以来，共召开党委会、党委扩大会9次，进行党委理论中心组学习共8次，党委会决定事项31项，会后督办完成率达到94%。

2. **建架构、延触角、强堡垒**。坚持分层、分级、分类管理，抓好党的组织建设，做到工作开展到哪里，党组织就延伸到哪里。一是分层搭建组织架构。按照企业党建工作"四个同步"要求，股份公司党委下属4个二级党委、5个二级党总支（4个直属党总支、1个所属党总支）、52家党支部（5家直属党支部、47家所属党支部），二级党委均设立了党群工作部门，并配备了专、兼职党务工作人员，其中，专职党务人员 22 名、兼职党务人员 120 名。二是分级开展学习教育。坚持以深入开展"两学一做"学习教育常规化制度化为抓手，传达集团公司党委会议精神，分级安排部署"两学一做"学习教育相关工作。通过开展讲党课、专题研讨、红色教育、体验式教育、网络知识测评、创建党员示范岗、项目示范点挂牌等活动，扎实推进学习教育。三是分类抓好组织组建。把握公司经营业务点多、线长、面广和党员流动分散、差异化程度加剧等特点，打造了常建、临建、联建、共建的"四建"模式，对经营业务较为固定、时间较长、党员较为稳定的基层单位，在成立行政机构的同时成立党的基层组织，做到常建常设；对建设时间短、党员人数较少的项目，及时设立临时党支部，选定党组织负责人，做到随建随设，把党组织的触角延伸到项目；对一些时间较长、影响较大的重要或重大项目，参建单位和党员多，公司党委以党建工作"项目化"为抓手，探索推动项目内各经营单位党组织之间开展"联建"；对外单位党组织，开展"目标导向"的"外部共建"，构建了组织严密、坚强有力、运行有序的坚强战斗堡垒。

3. 明责任、抓考核、建纽带。一是实行责任清单管理。调整党委委员工作分工，落实联系点制度，加强对基层党建工作领导。对挂点领导实行清单管理，制订了领导班子成员分管责任清单，实行一岗双责，层层落实，划清党委领导班子和成员分管责任。股份公司党委书记与 15 个职能部室负责人、11 个基层党组织负责人签订党风廉政建设及反腐败责任书，落实责任承诺，层层传导压力。二是抓好述职考核监督。集团公司党委开展党建和党风廉政建设述职评议，股份公司党委书记、纪委书记分别向集团公司党委述职述廉。同时，股份公司也探索实行党建和党风廉政建设述职评议，直属 3 个党委、纪委负责人做述职述廉报告、接受评议，并按照股份公司评议反馈报告进行整改落实。制订并实施《公司直属各单位党组织 2016 年度党建目标量化考核》，将党建工作与经营工作同考核，切实从制度上增强了直属各单位主业意识。三是发挥桥梁纽带作用。始终把"党建带群建，群建促党建"作为一项重点工作来抓，着力在"带"字上下功夫，重点发挥工会、共青团组织作用，开展了"夏季送清凉"、筹集爱心捐款、建设职工之家、办理安康互助保障险以及对团青组织和先进个人进行表彰等多项活动，进一步帮助困难、表彰先进、激励员工，使党组织影响力和感染力得到提升。

4．**抓示范、出亮点、优管理**。一是打造"书记项目"抓示范。2015、2016两年，股份公司党委分别确定了"以'定责、定量、定向'推动混合所有制企业党建责任落地"和"以打造'四型'党建，探索基层党组织建设新模式"两项"书记项目"，发挥了模范带头作用，示范带动了各基层党组织抓党建工作。二是抓好直属单位出亮点。××党委"党建引领，培育和践行社会主义核心价值观"、××公司党委"党建引领BIM技术推广应用"、××公司党委"筑牢党建根基、创建活动阵地"、××公司党总支"以'互联网＋'为突破 编织党建拓扑图"等基层党组织项目工作，各具特色、各有亮点。三是优化党员队伍管理。做好党员发展工作，把好发展党员"入口关"。推行党员组织关系管理试点，推行党组织关系与员工档案同时转入，增强党员职工对企业的归属感。建立健全股份公司党费收缴的制度、流程，做好股份公司党委党费公开等党务工作，今年二季度累计上缴党费232815.24元。建立党群工作周报和月报制度，每周（月）按时收集直属各党组织的工作周报、月报表和年度计划，及时了解掌握各党组织的党群工作动向、计划，全力支持、服务直属各党组织党群工作。

二、牢固树立忧患意识，切实把握党组织作用发挥薄弱环节

尽管公司在发挥各级党组织政治核心作用上进行了系列探索、取得了系

列成绩，但也客观上存在一些短板。

1. **组织架构规范，但作用发挥存在层层递减的现象。**由于个别基层党组织领导班子成员党员干部少，党员干部"一肩多挑"，党组织专、兼职党务工作人员配备不足等等，造成基层党组织作用发挥受到制约，存在作用发挥层层递减的现象。

2. **体制机制健全，但执行落实存在折扣变通的倾向。**公司党建工作体制机制规范健全，但由于制度执行监督有时不及时、力度不大，导致制度执行上存在打折扣的倾向。比如新设立的全资子公司，在中心组学习制度等执行上还不充分。

3. **宣传教育有力，但管理运行上存在把关不严的问题。**公司所属单位在自办媒体的新闻宣传工作管理有待强化，存在比如审批流程执行不严、信息披露比较随意、新闻内容把关不够等问题，对党组织树立形象、发挥作用会有不利影响。

对于当下存在的不足和短板，我们要高度重视，采取切实措施，认真加以解决。

三、牢固树立责任意识，始终保持党组织坚强领导核心地位

习近平总书记指出，中国特色现代国有企业制度，"特"就特在把党的领导融入公司治理各环节，把企业党组织内嵌到公司治理结构之中，做到组织落实、干部到位、职责明确、监督严格。要始终牢固树立责任意识，旗帜鲜明地加强和改进党的领导，始终保持党组织坚强领导核心地位。

1. **进一步完善体制，把行之有效的制度坚持好。**完善领导体制，继续坚持好"双向进入、交叉任职"要求，把党的领导融入股份公司治理各环节，把企业党组织内嵌到公司治理结构中。完善决策程序，党组织研究讨论是董事会、经理层决策重大问题的前置条件，对于"三重一大"等问题要先

由党委会研究讨论，然后再由董事会、经理层履行决策程序，确保党委会始终处于决策核心地位。要完善民主管理，健全以职工代表大会为组织形式的民主管理体制，同时，加强党委对职工代表大会的领导。完善监督制度，加强对关键岗位、重要人员特别是负责人权力运行情况的监督，实现国有资产保值增值。

2. **进一步坚持原则，把党管干部的原则落实好。** 按照"对党忠诚、治企有为、清正廉洁"的要求，把国有企业经营管理队伍选好、用好、管好、监督好。坚持党管干部原则，保证党对干部人事工作的领导权和对重要干部的管理权，实现选人、用人科学化、规范化、程序化。优化党组织班子结构建设，突出"对党忠诚"这一核心，高度重视配强各级党组织书记，高度重视配齐党组织成员，高度重视配优化专兼职党务干部，构建规范有序、梯次推进的党务干部队伍。同时，要关心关爱股份公司经营管理者，既从严教育管理监督，又要在政治上爱护、思想上关怀、工作上支持、待遇上保障，做到用感情留人、用事业留人、用待遇留人，营造党员干部良好的成长发展环境。

3. **进一步理清工作职责，把坚强有力的堡垒打造好。** 要明确党组织作用发挥的着力点和切入点，坚持服务生产经营不偏离，以提高企业经营效益、增强企业核心竞争力、实现国有资产保值增值为一切工作的出发点和落脚点，做到党的建设和生产经营相结合、相融合。要延伸基层党组织触角，确保企业发展到哪里、党的建设就跟进到哪里。要创新党建工作方式，积极探索党建工作新方式、新载体、新平台，突出抓好党员思想政治工作，强化思想教育、引导行动自觉，健全完善党内激励关怀帮助机制。要严肃党内组织生活，加强党性锻炼、完善各项制度，在经常、严肃、认真上见真章，以党内组织生活规范化、常态化促进党组织作用发挥长效化、制度化。

关于 ×× 局转型的思考

（×× 局党组书记、局长）

"转型"是经济学上的一个概念，是指事物的结构形态、运转模式和人们观念的根本性转变过程，是主动求新求变的过程，是创新的过程。2015年以来，×局提出了"转型"的概念，并坚定不移地走"转型"之路。这里的"转型"特指监管由"汗水型"向"智慧型"转变，管理由"粗放型"向"集约型"转变，它表明了一个新的阶段的到来。×局发展到现阶段，用"转型"来进行定位，既是对当前行业"攻坚、转型、提升、发展"重要战略机遇期的把握，也可以有效地振奋精神、激发动力、凝聚共识、攻坚克难，激励×地在争当内陆行业科学发展排头兵竞争中抢占制高点。"转型"意味着学习、责任、服务、创新的统一，意味着速度、质量、管理、效益的统一，也意味着好与快的统一。"转型"工作的推进，能够带动×地行业加速迈入科学发展的快车道。

一、转型是发展的必然选择

"经济发展阶段理论"中提出，一个地区、国家乃至世界的经济发展分为 6 个阶段：传统阶段、酝酿阶段、转型起飞阶段、成熟阶段、高度消费阶段及追求质量阶段。转型起飞阶段是关键和核心，发展中国家和欠发达国家只有通过经济转型阶段，才能取得真正的发展。每个经济体都会经历经济发展的"转型起飞"阶段，只是时间早晚问题。经济发展转型意味着经济结构和运作模式的改变，而行业转型则意味着传统监管模式和管理方式的转变。多年来，×局坚持按照上级对内陆行业发展的要求，适应地方经济社会发展的需要，适应人民群众对行业工作的期望来开展各项工作。"转型"就是对"三个适应"的创新与发展，是×地行业科学发展的必然选择。

转型是适应"四型"行业和"五精"行业建设的需要。"学习型、责任型、服务型、创新型"的"四型"行业理念，用世界眼光和战略思维揭示了行业发展趋势和行业发展道路，是当前和今后一个时期行业工作的主线。随着我国经济发展方式的转变，行业发展也将以规模扩张为主，逐步向规模扩张与内涵驱动并重，以内涵驱动为主转变。但目前行业监管模式仍以"传统型""汗水型"为主，管理方式仍以"粗放型""经验型"为主，在行业业务量逐年增加的情况下，导致工作量增大、资源消耗加剧、行政成本增加、监管效能降低等现象出现。为此，×局开展了行业监管转型的探索，通过发动"创新型"这个重要引擎，以信息化带动行业管理现代化，向科技要生产力，向管理要资源，打造了独具特色的"CCTV+AIS+VHF+联动执法"的"3+1"监管模式。将传统监管的各个环节，逐步转化为以"电子巡查、电子预警、电子设卡、电子跟踪、电子盯防、电子分析"等为主的"智慧行业"监管方式，有效破解了行业监管资源和监管量不对称的问题，提高了监管效能和水平。

转型是适应×地市经济社会发展和城市升级的需要。转型工作的推进，是为了进一步维护辖区交通安全形势稳定，为×市经济社会建设提供良好的环境。×市地理位置优越，是典型的内陆地带，经济总量6696亿元，约占全省的1/8，是典型的经济强市和运输强市。×局要适应社会发展的新要求，就必须坚持用转型的成果，服务 × 地城市升级、重点工程建设，为重点民生工程和物质保障开设绿色通道，为防止污染保驾护航，与地方社会发展共赢共进。

转型是适应"争当全国内陆行业科学发展排头兵"的需要。2015 年初，× 局结合发展实际，确立了争当全国内陆行业科学发展排头兵的新目标。这个新目标标志着 × 局发展进入了新高度，开启了 × 局科学发展的新征程。争当全国内陆行业科学发展的排头兵，不仅要有内陆特色品牌，更要有 × 地特点工作。× 地行业的转型工作，就是采取"顶层设计"的系统理念，全面推进"监管智慧化、管理标准化和制度系统化"，以创新的形式打造具有 × 地特色的精品，近年来已经形成了内陆"3+1"监管模式、× 地接驳工具安全监管、内陆溢油应急等打有 × 地烙印的特色品牌工作，为争当全国内陆行业科学发展排头兵提供了强有力支撑。

二、转型具备了基础、条件和机遇

从 2013 年的"强基础、创品牌、上台阶"，到 2015 年的"打造网络、创新品牌、再上台阶"，再到 2017 年的"科技＋管理"双轮驱动，× 局一直坚持以创新为引擎，以信息化带动行业管理现代化的转型运作模式。经过近几年的努力，× 局转型加速的引擎早已发动，并且已经进入了快车道。

转型加速的方向明确。确立了争当全国内陆行业科学发展排头兵的奋斗目标，提出了"深化、创新、提升、发展"的工作方针，以及监管从"汗水型"向"智慧型"转变、管理从"粗放型"向"集约型"转变的目标，与行业发展的方针一致。

转型加速的跑道形成。基本做实了 ×× 道路、×× 地段的安全监管基础，既有信息化的设施建设，又有通行安全管理规定，使交通运输有章可循、有据可依，打造了"畅其运、畅其流、畅其心"的良好交通环境，

为 × 地经济发展构筑了"黄金大道"。

转型加速的基础坚实。通过争取各级投资近6000万元，建设了"局指挥中心—行业处—监管点"的三级 CCTV 点、线、面监管网络。目前 × 地已建成摄像枪246支、AIS 与 VHF 基站5个，实现了辖区重点部位的基本覆盖；建成6个监管超大屏幕，制订了各类监管制度和指南，为促进 × 地行业监管转型打下了坚实基础。

转型加速的技术具备。在辖区智慧监管网络不断完善的基础上，进一步深化了"CCTV+AIS+VHF+ 联动执法"的"3+1"现场监管模式和"手段＋规定＋执法"的"三融合"系统监管方式。自主研发交通智能管理系统，将监管对象与 CCTV、AIS、VHF、动静态数据等监管手段有机融合，更直观地实施"全局掌控、重点监管、目标跟踪、精确打击"的系统监管理念，将内陆传统监管方式的各个环节，用智慧监管功能模块取代，实现了电子巡查、电子预警、电子设卡、电子盯防、电子跟踪、电子分析等功能，进一步实现了"看得见、叫得通、管得住"的目标，为 × 地转型工作提供了先进的技术支撑。

转型加速的性能良好。自开展转型工作以来，辖区发生统计范围内交通安全事故、死亡、直接经济损失数总体保持在低位，当前是 × 局强化基础最实、发展创新最好、工作亮点最多的历史时期之一，是 × 地行业发展的一个"黄金期"。

转型加速的时机成熟。全局干部职工利用"3+1"等科技监管模式已逐渐成为习惯和工作手段，"把握规律、抓住重点、关注异常、给力预防"的工作理念已深入人心，并得以落实。干部职工攻坚克难、勇于创新的思想和作风基础更加坚实，谋求科学发展的能力不断提升，推动科学发展的活力与动力不断增强，为 × 局转型做好了思想、勇气和能力的准备。

三、推进转型的基本要求和原则

× 局转型要做到快、稳、久、远

快，就是要坚持又好又快，好中求快。好是前提，要在健康可持续的发展基础上，加速推进转型发展的速度，坚定不移地走转型之路，不断提升管理效能和水平，增强工作品牌的核心竞争力，实现 × 地率先、全省领先、全国争先。

稳，就是稳中求进推进 × 地行业事业发展。"稳"是前提，"进"是关键。稳，就是要保持辖区交通安全形势稳定的可持续性，保持 × 地"四型"行业和"五精"行业建设平稳较快的可发展性，保持干部队伍和谐稳定的可协调性；进，就是要继续抓住行业"重要的战略机遇期，在加快转型上取得新进展，在深化改革创新和破解发展难题上取得新突破，在强化规范管理、提升服务能力和水平上取得新成效"。

久，就是要保持发展创新的活力。把转型作为 × 局发展的最大红利，以转型促进辖区的安全稳定，以转型促进管理水平和效能的提升，以转型促进人才能力素质的增强，以转型促进人民群众满意度提高，以人为本抓转型，形成 × 地行业发展持久强劲的动力。

远，就是实施标准化，建立管理长效机制。必须坚持用好现在的、谋划未来的，必须实施"科技＋管理"双轮驱动战略，必须坚持硬件、软件、制度、人员"四位一体"同步推进，必须做实"看得见""叫得通"和"管得住"基础，必须做对、做好、做精"6个电子"应用，必须加大标准建设和转型宣传，着力建成 × 地运输的安全、通畅、绿色和高效交通管理体系，使 × 地行业成为全国内陆行业现代监管网络的示范区、智慧行业管理的先行地、践行优质服务的样板田。

做到快、稳、久、远，要把握五个原则

1. 必须更加自觉地维护安全稳定。转型必须快，不断加速，一气呵成，一飞冲天。但更要好，准备充分，把握节奏，平稳转型。必须坚持好中求快，又好又快。安全是1，其他是1后面的0。要实现转型，维护安全稳定是重中之重，必须要经受住各种考验、攻克各种难题、补齐各种短板，用安全、和谐、稳定为转型创造良好条件，以实现转型促进×地行业科学发展。

2. **必须更加自觉地加强"四型"行业建设**。"四型"行业建设明确了提升行业的内生动力、转变行业发展方式的核心驱动，也蕴藏着行业科学发展的深刻内涵。要把"四型"行业建设的切入点和突破口放在全面履职的前沿阵地，扎实推进"五精"行业建设，为×地行业实现转型打下可持续发展的坚实基础。

3. **必须更加自觉地用好"3+1"模式**。"3+1"监管模式不是一个简单的数学表达式，包含了动静结合、"三融合"方式、"6个电子"等丰富内涵，完全符合安全监管的实际，既是对传统监管方式的创新和发展，也是×地行业的重要工作品牌，是提高×地行业核心竞争力的重要支撑。

4. **必须更加自觉地加强有效管理**。管理不仅是一种软实力，更是一种战斗力。×地行业要实现转型，就必须加强有效管理，建立工作标准，明确"6个电子"定位，明确指挥中心和分中心的事权，明确智慧监管的流程和要求，让习惯符合标准，使标准成为习惯。

5. **必须更加自觉地加强人才建设**。人才是第一资源，人才的培养关系到×局的未来。转型正是为干部职工，特别是青年干部搭建了成长的平台，有了人才，就有创新，有了创新，就有强大的竞争力，就能持续推动×局的科学发展。

坚持项目建设，促进经济发展

（××县县委常委、常务副县长）

4

项目建设是县域经济发展的助推器和动力机。围绕深入推进××重大项目建设，近日，××先后深入县部分项目主管单位、乡镇、项目建设工地，通过实地走访、座谈调研等形式，就全县近两年来项目建设情况开展了调研，形成如下调研报告：

一、突出"三抓"，全县项目建设储备平稳，推进有序

2016年以来，××县始终把重点项目建设作为经济社会发展的重要抓手，坚持夯基础、强保障、优服务、抓落实，项目建设取得了积极成效，2016及2017年上半年，全县固定资产投资增速均位居全市第一。两年来，共储备、论证项目××个，争取到位项目××个、资金××亿元（其中国投项目××个、到位资金××亿元）；确定县级以上重点项目××个（包括2016年度市级重点项目××个，2017年度市级重点项目××个），涉及总投资××亿元。截至目前，已实施项目××个，建成××个，完成固定资产投资××亿元。

一是抓谋划部署，项目储备平稳推进。在每年年初，政府都召集相关部门研究拟定年度重点项目储备计划，及时分解任务，夯实工作责任，为项目

057

储备指出了方向，奠定了基础。1~9月份，全县共策划储备各类项目××个，完成年度计划任务××个的××。

二是抓服务保障，项目固投扎实推进。积极推行驻工地专员制度，各包抓重点项目领导深入项目一线，查摆问题，完善服务。各有关部门和单位充分发挥主体责任，严格落实首问负责制、服务承诺制和限时办结制，促进了项目固投有力增长。截至9月底，各类在建项目上报完成固定资产投资××亿元，完成年度计划任务的××%，同比增长××%。

三是抓调度督查，项目建设有序推进。坚持"五个一"工作机制，严格执行"周调度、旬通报、季度研究"工作推进法，定期协调解决工作中遇到的困难和问题。县委、县政府督查室加强督查督办，开展精准督查，推进各类项目建设有序进行。产业类项目建设呈平稳发展态势，两年来，共实施产业类项目××个，完成投资××亿元，对调整优化产业结构，转变经济发展方式发挥了重要作用。基础设施项目建设取得了明显成效，两年来，共实施基础设施项目××个，完成投资××亿元。民生类项目建设顺利推进，两年来，共实施民生类项目××个，完成投资××亿元，群众生产生活条件得到明显改善。

二、存在"四难"，全县项目建设问题凸显、矛盾存在

虽然我县在以推进项目建设为重点的经济工作中取得了一定的成绩，但与省市的要求相比，与周边兄弟区市县相比，还存在差距和不足：

一是项目体量不大，"小马难拉大车"。2016年以来，只有4个项目列入市级重点项目，仅占全市实施重点项目的2.84%。全县所实施的64个项目中，10亿元以上项目仅2个，占3%；亿元以上项目仅13个，占20%。项目整体块头较小，对固定资产投资的拉动作用十分有限，对经济推动作用十分有限，项目建设的"小马"难以拉动经济发展的大车。

二是项目储备不足，"水浅难引大鱼"。有的单位部门对项目策划储备尤其是中长期项目策划、筛选、论证不足，手头成熟的项目不多，项目"蓄水池"里的水深不够，水量不多，面对省市拿出的"大鱼"，往往临时找诱饵、修水池，在项目规划论证、可行性研究、审批立项上准备不足，无法获得上级资金扶持。

三是要素保障不够，"少米难为良炊"。没有资金作支撑，项目建设就是无米之炊。财力方面，县本级财力有限，加上级转移支付仅 5 个多亿，另外 4 个多亿的专项资金，用途明确，在保运转的基础上自由调配资金有限。银行资金方面，银行贷款政策收紧，融资成本提高，加大了资金压力。企业方面，本地企业实力有限，自有资金不足，社会融资困难。同时，受地理、交通、区位等客观条件制约，企业入驻率低。

四是项目推进不均，"好局难成好事"。在项目引进上，我们确实有所斩获，但在项目推进上，存在不平衡现象。部分项目实施单位思想上重视不够，推进迟缓；有的招引服务单位重引进轻服务，满足于签订协议或搞开工仪式，缺乏必要的跟踪服务；少数项目业主实力不足、注意力转移，项目迟迟不能开工，既占用了优质土地，又影响了新项目落地。

三、树立"五大理念"，推进项目落地生根、开花结果

越是逆水行舟，越要迎难而上。要树立"项目为王""储备为先""操作为要""环境是金""资金为本"的理念，紧扣"项目认识、项目储备、项目操作、项目服务、项目保障"五个环节，坚持一体谋划、一体部署、一体推进，做到环环相扣、层层递进、次第落实。

（一）树立"项目为王"理念，上下联动抓实项目。要始终把重点项目建设作为"保发展、保稳定、保民生"的第一抓手，牢固树立"只有大项目，才有大发展"的思想，再掀招商引资和项目建设的新高潮。要探索

通过"项目大会战""项目攻坚战"等形式在全县上下营造大引项目、快推项目、优扶项目的浓厚氛围。抓项目建设，要解放思想，统一认识，把握中央稳增长的政策风向标，紧紧抓住国家、省、市的发展政策，以时不我待的机遇意识，加快推进有关项目的申报审批。要树立项目为大的意识，敢于担当，勇于创新，充分发挥投融资平台功能，解决项目发展的资金短板，推动一批大项目好项目落地实施。通过人员倾斜、资源倾斜、政策倾斜，把全县上下的工作重心聚焦到项目建设上来，推动××县域经济提水平、上台阶。

（二）树立"储备为先"理念，内外同步招引项目。站位要高，瞄准省内、国内大企业、大市场，认真分析研究国家、省市产业政策，充分考虑××发展实际，提早动手，重点谋划和储备一批新能源开发、产业发展、文化旅游、社会事业、城镇基础设施类大项目、好项目；定位要准，要坚持错位发展的理念，打好生态牌，走好生态路，强化××富县、××稳县、××活县意识，高标准引进实施能源、农产品加工、文化旅游等项目，做大经济总量，提升发展质量；储备要快，组建工程咨询专家库，对项目规划建设方案、可行性研究报告等进行评估论证，提高重点项目策划的水平，协调争取进入全市、全省规划盘子。

（三）树立"操作为要"理念，奖惩并举推进项目。一方面，以制度管项目。继续推行模块推进工作法和县级领导包抓项目制度，坚持重大项目周调度、旬通报、季度研究工作机制，强化项目跟踪协调和服务保障。高度重视项目建设投产工作，对建成、投产运营的重点项目要建立和推行监管制度，强化跟踪服务，着力解决重引进、轻建设的问题。另一方面，以奖惩促项目。严格考核，特别是要将考核结果与项目实施单位主要负责人的政绩考核、选拔任用挂钩，用政绩说话，凭政绩用人。对于新引进和新上的好项目、大项目，要及时纳入重点管理范围，对于建设速度慢、效益差、圈而不建的项目，要坚决调整出重点管理的范围。

（四）树立"环境是金"理念，软硬兼施服务项目。环境是金，服务也是生产力。围绕县委县政府招商引资工作主线，突出发展这一要务，牢固树立"一切为了发展、一切围绕发展、一切服从发展、一切服务发展"的服务理念。一方面，抓好硬件设施完善，全县基本建设投资方向要向县科技工业园区供排水、道路、电力、通讯、河道治理、旅游景区开发等基础设施方面倾斜，国家、省、市基础设施投资项目，要优先安排在工业园区实施。另一方面，抓好软件服务优化。突出主导产业，健全完善联络员工作指导机制，主动为重点项目、招商引资项目上门指导，定人定责，全程跟踪，为其提供政策、法律咨询服务。深化行政审批制度改革，提高政务服务信息化水平，提高服务项目效率，构建服务项目的政策洼地。

（五）树立"资金为本"理念，破解难题保障项目。牢固树立财政保运转、发展靠争取的新理念，进一步在加强财源建设上，重视培养骨干税源、挖掘潜在税源，正确把握国家产业政策和资金投用，加大力度向上级与外界争资金、跑项目，寻求国家和省市各级部门的倾斜性支持。通过组织不同层次的银企对接活动，积极搭建银企合作平台，不断拓宽融资渠道，进一步加大金融业支持地方经济发展力度。引导设立多种所有制形式的担保公司，进一步从机构网络建设、业务整合、担保功能扩展等方面进行完善，畅通政府、企业与金融部门沟通联系的渠道，争取金融机构的信任和支持。

5 关于 ×× 大厦转型升级的思考

（×× 市公安局民警）

当前，在国内、省内依然存在一些公安附属产业。这些产业的产生有其历史原因，并在解决富余人员就业问题、为公安民警提供福利便利等方面做了大量贡献。当前，随着社会经济发展新常态，公安附属产业也面临着转型升级的要求。对此，通过对抚顺市 ×× 大厦的深入调研，我初步形成以下思考：

一、×× 大厦的基本情况

1. **地理位置**。×× 大厦隶属于抚顺市 ×× 公安局，地处南站商业区，距离 ××× 等仅有 × 分钟路程。

2. **大厦具体情况**。大厦建设于 2001 年，共 10 层，其中 1 至 5 层分别租给 ××、×× 等企业，形成了较为成熟的商业聚集。大厦 6 至 10 层为 ×× 宾馆，拥有普通和标准客房 ×× 间、大中型会议室 ×× 间、餐厅、娱乐设施 ×× 处，是一处符合星级标准的中型宾馆。近年来，宾馆先后承接了 ××、×× 等重要会议举办。

3. **人员情况**。大厦目前共有员工 ×× 人，其中具有国有企业干部职工身份的 ×× 人，合同制人员 ×× 人。

二、××大厦发展中遇到的问题

长期以来，××大厦创造了较好的经济效益，为抚顺市公安系统的会议、住宿等安排提供了较好的便利，受到了系统内外的广泛好评。但在经济发展新常态下，也暴露出一些问题，主要体现在：

1. **经营理念仍显陈旧。**由于××大厦长期以满足公安机关的需要和服务为主要任务，因此在市场开发、对外宣传等方面仍显得不合时宜。在经营中，"等、靠、要"思想和缺乏竞争意识的缺点仍比较突出，在激烈的市场竞争中办法不多、步子不大。

2. **创新思维仍显不足。**部分干部职工仍抱着大锅饭的思想，对市场的发展缺乏主动了解，部分人还认为"干多干少一个样、干好干坏一个样"，擅长完成公安机关指令性、突击性的任务，而在企业自身主动性、系统性的经营管理方面缺乏思考。

3. **管理方式仍显落后。**在大厦的日常管理和开发中，仍然偏重于传统的行政管理、经验管理，对成本和质量的管控力度不够，在营销策略、企业文化、企业形象塑造等方面还有待提升。与此同时，由于国有企业的属性，在管理机制体制方面还显得有些僵化。

4. **软硬件环境建设有待加强。**在硬件方面，宾馆设施尚显老旧、空间利用率不高、个别宾馆房间装修破旧、部分电器卫生洗浴设备等还有失灵现象。在软件方面，员工服务技能有待提升、服务理念有待强化，在学习公安机关如何凝聚警心、激励士气、融洽氛围方面做得还不够。

5. **经营负担还比较重。**由于国有企业性质，所以大厦员工年龄结构偏大、离退休干部职工还比较多，资金使用效益还不够强，企业的经营发展负担较重。与此同时，随着市场经济发展，各类大中型酒店不断出现，大厦的经营迎来一些挑战。由于大厦隶属公安系统，所以部分商户和住户有不必要的思想顾虑，对经营管理带来一定的影响。

6. 不能充分满足公安机关的需求。由于宾馆自身软硬件设备已显落后，因此有时不能充分满足公安机关会议、接待、住宿等方面的需求，一方面是宾馆自身"吃不饱"，另一方面是公安机关一些需求还要找外单位解决。与此同时，在体现从优待警等方面的新举措、新办法不够多。

三、对 ×× 大厦转型升级的一些思考

当前，中央对国有企业改革发展高度重视。习近平总书记多次强调："国有企业是壮大国家综合实力、保障人民共同利益的重要力量，必须理直气壮做强做优做大，不断增强活力、影响力、抗风险能力，实现国有资产保值增值。"因此，我们要深入领会中央和总书记对国有资产保值增值的深入部署，多方努力，将 ×× 大厦等公安附属产业效能进行提升。

1. 探索引入市场伙伴，进行混合所有制改革。要深入研究大厦发展的经验和不足，争取公安机关分管领导的支持，适时引进合作伙伴，推行管理体制改革，组建混合所有制的企业。例如，可以与专业的酒店经营企业进行合作，由大厦方面与经营企业共同出资，实现股权分配。其中，大厦方面可以占 51% 以上的股份，并以不动产、客房等形式入股。经营企业可以占 49% 以下的股份，主要在资金、管理方面入股。在此过程中，公安机关警务保障、政治等部门要加强对混合所有制改革的监管，确保国有资产充分发挥效益。

2. 全方位对大厦进行装修改造。积极争取多方资金，对大厦内部水电、装修等进行升级改造。一是积极调整客房布局，压缩使用率较低的办公室、布草间等，扩大客房面积和数量；二是积极升级客房软装，如在墙纸、地毯等方面选择更加时尚的配套，卫生洁具和床上用品等配套都采用五星级标准，窗户加强隔音效果、桌椅电视等进行更换、增设 WiFi 等。与此同时，着力彰显宾馆内的警营特色，通过设立荣誉室、小型博物馆等形式，加强消防、反毒等教育，让客人通过住宿感受公安机关的良好作风。

3. **进一步转型大厦管理模式。**一方面，让专业的人做专业的事，着力引进在经营管理方面有经验、有能力的团队，通过真正的职业经理人使管理更加专业化。另一方面，进一步选择招商对象，着力优化大厦1至5层的商业布局，力争让客人入住时实现吃、住、娱乐、商业需求一条龙，提升大厦的吸引力。与此同时，结合从优待警，择优培养一些失业的民警家属进入宾馆工作，营造良好的一心一意谋发展局面。

4. **加强企业文化建设。**将公安机关"令行禁止"的好作风与大厦实际相结合，着力挖掘宾馆员工的重要价值，尊重员工、开发员工，以员工发展和自我实现为目的，充分调动员工工作自主性，培养员工的团队合作能力，实现快速应对顾客要求的目标。参照民警管理模式，进一步加强员工的纪律规矩意识教育，打造"招之能来、来之能战"的员工队伍。

5. **重视营销与品牌建设。**一方面，认真转变观念，重视市场营销，鼓励员工开展全员促销活动，让员工利用自己的各种社会关系促销，成功后让他们能够分享效益成果。另一方面，加强营销网络的建设，重视公安行业宾馆品牌建设，借力外省市公安行业宾馆品牌创建经验，打造强有力的公安行业宾馆品牌，实现效能提升最大化。

6. **进一步为公安机关提供针对性的服务。**按照"管理精细化、服务零距离"的要求，主动征求全市内外各级公安机关的需求，力争在大型会议举办、领导入住、涉密场所提供等方面为公安机关提供针对性的服务。进一步提升经营管理水平，为公安机关的接待、物业、车辆等警务保障工作贡献力量。多方学习省市外公安行业宾馆的好经验好做法，进一步提升服务的精准化目标。

当前，随着公安系统各项具体改革方案的相继出台和相关改革措施的推进落实，警务运行机制效能和队伍整体战斗力有了明显提升。提升公安附属产业效能，对于公安改革工作具有重要意义。我们要进一步以真抓促落实、以实干求实效，创造实实在在的成果，用附属产业效能的提升推进公安工作的整体效能提升。

6

破解青年工作难题
为××银行发展注入活力

（××支行党委书记）

党的十八大以来，党中央高度重视青年工作。习近平总书记先后在多个场合、用多种形式表达了对广大青年的亲切关怀和殷切期望。他强调："青年一代有理想、有担当，国家就有前途，民族就有希望，实现我们的发展目标就有源源不断的强大力量。"他要求："要充分信任青年、热情关心青年、严格要求青年，为青年驰骋思想打开更浩瀚的天空，为青年实践创新搭建更广阔的舞台，为青年塑造人生提供更丰富的机会，为青年建功立业创造更有利的条件。"总书记的重要讲话，对我们××银行加强青年工作提供了重要指导，我们一定要学习好、贯彻好。

××银行自2007年挂牌成立以来，不断深化"普之城乡，惠之于民"的品牌理念，牢牢把握服务"三农"、服务中小企业、服务社区的大型零售商业银行定位，坚持科学发展观，调整结构，提升效益，使盈利水平不断提高，风险管控能力不断提高，复杂业务贡献度不断提高，可持续发展实力不断增强。当前，人才兴行作为××银行新发展战略的重点，为广大××青年提供了搏击长空、展翅翱翔的广阔天地。毫无疑问，关注青年、培育青年，打造一支优质的青年队伍是实现××银行科学发展的重要根基。

近年来，随着人才强局战略的实施，大批优秀青年人才通过公开招聘等渠道进入 ×× 银行系统，成为支撑 ×× 银行发展的强大储备力量。以 ×× 支行为例，×× 支行目前 35 岁以下青年 ×× 人，占到在职干部职工总数 ×× 人的 ××%，因此，如何进一步提高青年工作对 ×× 青年的吸引力和凝聚力，值得我们认真思考，努力实践。

一、要充分认识新常态下青年工作面临的新难题

当前，我们身处经济社会大发展、大变革的时代，随着经济、信息全球化背景日益显现，工业化、信息化、城镇化、农业现代化对青年的影响日益加深。借助现代传媒的发展和互联网的普及，各种不同文化、文明的冲突与融合日益激烈。经济利益、生活方式、组织形式、就业方式的多样化，造就了价值主体和需求的多样化，导致青年的流动分布、就业方式、群体阶层、利益诉求发生新的变化，青年的思想观念、行为模式、成长路径、代际特征出现新的特点，青年群体的思潮呈现出多元、多样和多变的特征。在这种背景下，传统的青年工作模式已经不能满足培养青年、引导青年的作用，"怎么凝聚、怎么作为、怎么激活"是摆在当前青年工作面前的难题，这需要青年工作在坚持和发扬以往优良传统的基础上，积极主动地调整工作理念、创新工作手段、探索工作路径，以更好地适应青年特点与时代需求，从而为 ×× 银行科学发展建设一支一流的青年员工队伍。

二、要让青年有所承担，破解"怎么凝聚"难题

新时期的青年个性强、思维新，简单的说教、老生常谈的活动对青年已经失去吸引力。在这种情况下，怎么凝聚青年，把青年的关注点和兴趣点吸引到 ×× 银行中心工作上，融入发展大局是新时期 ×× 银行系统青年工作重点难题。面对难题，必须在形式上突破，在内容上创新，抓住青

年群体自我意识强、充满激情、自尊好胜的心理，有选择地把带有引导性、具有××银行特色、又能引起青年兴趣的工作任务交给青年，让青年在不厌恶的情况下自觉主动承担起责任，在完成任务的过程中不断学习和体会，把认识和意识统一到××银行核心价值观上。在我看来，一是要让青年承担起××银行与外界的交流工作。我们可以与外单位联合开展包括球类运动、社会实践、交友论坛等在内的一系列活动，加强与金融系统内外单位的青年的交流沟通，开阔视野，增长见识。二是要让青年承担起××文化的传播工作。我们可以通过组织公益活动、普法活动、志愿服务，大力倡导××银行的企业文化、合规文化。三是要让青年承担起活动的组织协调工作。我们要让青年成为这些活动组织与策划的主体，自己去深入感受××文化、学习××文化，使得履职意识与责任意识得到提升，对××银行认同感更为强烈，主动地凝聚起来，共同推动中心工作的科学发展。

三、要让青年有所发挥，破解"怎么作为"难题

银行工作要求高、压力大、任务重，而青年往往承担柜员等严谨、重复的基础工作，往往会形成产生"怎么作为"的疑问，特别是新进青年，怀着满腔的热情开始新的工作生活，对在××银行的工作充满了期待和一展抱负的希望，如果不能引导好青年的思维，给这些青年一个能挥洒激情、实现成就感的平台，那么青年可能会在工作中把开始的热情消磨殆尽，也不能形成良好的奋斗性格，给××银行的持续性发展造成影响。因此如何破解"怎么作为"，给青年搭建好发挥作用的平台，是基层××青年工作常常面对的难题，也是锻造优质青年队伍急需解决的问题。这种平台建设，要发挥最大的引导作用和培养作用，最好的办法莫过于采取紧跟银行中心工作动向，不断更新发挥作用平台的方式，既融入发展大局，又能让青年找到自己的着力点，把发挥作用的途径统一到××中心工作上来，与××银行共成长。

我认为，可以定期组织业务论坛，邀请青年优秀员工主讲，开展柜台业务技术比赛，挖掘青年工作潜力，开展优秀青年员工评选，用身边的榜样激励人。在青年中大力弘扬"比、学、赶、帮、超"的主旋律，确立"勤学本领、苦练技能、争做标兵"的目标，帮助青年以扎实的基本功、优质的服务为各项业务的健康发展保驾护航。通过这些完全由青年作为核心开展的活动，让青年认清自己怎么作为，怎么才算是有所作为，真正能够服务于中心工作，从而既得到领导的肯定，也受到青年的欢迎。

四、要让青年感受关怀，破解"怎么激活"难题

青年的本质是充满生机与活力的，但是在日复一日的工作中，这种天性如果不能给予很好的引导，可能会被磨灭。如何激活青年热情，调动工作积极性是青年工作永恒的话题，也是新时期最普遍的难题。对此，必须根据青年渴望关怀的特点，结合中心工作搭建好平台，迎合青年向往自由、喜欢群体活动的胃口，加强对青年员工的引导和关心，把整个队伍的活力给带动起来，保证青年的特色得到更好的发挥，为××银行发展注入青春活力，并在这种充满活力的环境下更好地锻炼青年的综合能力。我认为，我们要积极开展系列心理关爱活动，采用向员工发放宣传手册、宣传海报，推荐提升心理资本专业书籍、影视作品等方式，传播心理健康相关知识，帮助员工了解、掌握提升心理资本的方法。与此同时，结合微信、微博等新媒体手段，积极组织主题团日、专家访谈、员工座谈等活动，开展系列心理资本提升宣传、专业评估咨询、专家讲座培训、员工沙龙及体验活动等，帮助青年员工进行情绪管理，引导青年员工正确应对职场压力，优化青年员工成长环境，提升员工满意度，促进员工健康成长。

五、破解难题，关键在行动

重视青年，就是重视发展；赢得青年，就是赢得未来。当前，宏观经济和金融形势正在发生深刻变化，××银行也面临着利率市场化、金融脱媒、互联网金融等新挑战。与此同时，全面深化改革为××银行事业的攻坚、转型、发展、提升提供了重要的战略机遇。在深化改革创新、加快转型升级、坚定不移沿着具有××银行特色的金融发展道路前进的征程中，青年员工是主力军，每位××青年应不断提高专业素养、不断积淀，厚积薄发，才能挑起××未来发展的重担，让××事业后继有人、薪火相传。

实践证明，尊重青年的群体性格，抓住青年的关注点，把青年的需要和发展大局融合，让青年得到更多的学习、成长和发展的机会，就能赢得青年，把青年转化为发展的强大动力；基层支行也能在有效凝聚青年人中不断焕发新的生命力，更好地在服务中心工作中争创佳绩，为推动××银行科学发展助力。

提高执行力，服务零距离

（××部委下属×中心主任、党组书记） **7**

总书记在七一讲话中，科学展望了党和人民事业发展的光明前景，有效激发了全国人民为了共同理想、共同目标、共同事业而凝心聚力、奋力前行的热情。因此，作为党员领导干部，我们既要坚持以身作则带头实干，又要坚决带好队伍争创佳绩。而如何提高团队执行力，则是队伍建设的关键。

一、准确认识执行力不高的表现，拧紧队伍建设"动力阀"

执行力高，就是工作完成得又快又好。执行力不高，就是工作落实不力、推进不力。结合我所从事的后勤保障工作来看，执行力不高主要有以下几种表现：

一是"推"。在工作中，有些干部职工对领导的要求贯彻不积极、不主动、不到位；有些干部职工凡事先考虑对自己有没有好处和利益，对自己有利可图、能带来好处的事就争着干，没有好处的事就拼命往外推；有些干部职工习惯当甩手掌柜，遇到工作能躲就躲，等等。

二是"怕"。在工作中，有些干部职工抱怨"多干惹事、不干没错"，于是做事缩手缩脚；有些干部职工怕困难、怕得罪人、怕麻烦，看到歪风邪气也不敢出声，畏首畏尾；有些干部职工片面强调任务的困难、程序的复杂、规定的死板，不愿意动脑筋、想办法，等等。

三是"拖"。在工作中，有些干部职工对领导布置的工作不是马上办、立即办，而是拖拖拉拉，推一推动一动，甚至推了还不动；有些干部职工嘴上表态快，实际动作慢，说得比做得好听，等等。

四是"空"。在工作中，有些干部职工习惯于当"二传手"，布置了没下文，开头了没结果；有些干部职工对领导要求机械执行，不敢根据实际情况加以反馈；有些干部职工学习意识不强、本领基础不牢，工作漏洞百出，时常需要返工，等等。

五是"假"。在工作中，有些干部职工人浮于事，习惯了"磨洋工"，看起来忙忙碌碌，实际上什么也没干成；有些干部职工喜欢简单问题复杂化，人为设置许多阻碍、困难，做了许多无用功；有些干部职工专做表面文章，只求领导高兴，不顾群众感受，等等。

以上这些现象，在我们身边不能说没有，极个别甚至表现得比较明显。对此，我们要认真研究，加以解决。

二、着力探索提高执行力的方法，打好队伍建设"攻坚战"

总书记多次强调，党要管党，首先是管好干部；从严治党，关键是从严治吏。因此，要提高团队执行力，就需要抓住党员干部这个关键。

一是要围绕一个"学"字，做到博学勤思强本领。党员干部要坚持走在学习的前列，自觉比身边普通干部职工多学一步、多学一点、学深一些。要加强理论知识学习，提升政治素养。自觉加强对中央政策方针、党章党规党纪和习近平总书记系列重要论述等方面的学习，着力增强自身的"四个意识"，做到在党言党、在党忧党、在党为党、在党爱党，对党忠诚，永葆政治本色，夯实自己抓落实、抓执行的思想基础。要加强业务知识学习，夯实本领基础。随着全面从严治党新常态带来的新变化，后勤保障工作也面临着新的挑战。因此，党员干部要自觉学习信息化、市场运作等方面的新知识新业务，不断把握新要求新精神，并将学习成果迅速贯彻落实到工作中，通过自身不断更新知识储备，拓宽自身的知识面，优化自身的知识结构，为从严把好抓落实、抓执行这个过程中的政策关、业务关、风险关打下良好的基础。

二是要围绕一个"实"字，做到实干有为促进步。 党员干部要自觉狠抓工作落实，加强工作前瞻性和战略性，坚决克服满足现状、不敢担当、不求有功但求无过等消极思想，变"要我做"为"我要做"，变"做得过"为"做得好"。一要进一步自觉做到追求工作抓落实成效。在领导和上级做出决策和部署之后，党员干部要立即进行思考，明确具体办法和责任，一环扣一环地去推进落实，做到每周有安排，每月有计划，每季度有检查，每年度有督促。二要进一步自觉做到落细落小抓推进。党员干部要认真学习习近平总书记身体力行的"夙夜在公"精神，对一些常规性工作，主动着手、提前准备，对临时性工作和突发事件的处理加强应对，通过担当体现强有力的执行力。

当前，我们要进一步抓好"两学一做"学习教育，坚持知行合一，以学促干，学以致用，用丰富的理论知识促进执行力提升，用良好的服务成效体现学习教育成果。

8 | 关于进一步加强大学生村干部管理的思考

(××县委常委、组织部长)

选派优秀大学生到农村任职，对提高农村基层组织能力、促进城乡间人才流动、扩大学生就业渠道意义重大，但也存在着管理不严、流通不畅等新情况、新问题。做好新形势下大学生村干部工作，需要我们认真总结思考，提出思路对策。

一、基本现状

大学生村干部制度实施以来，××县委重点在培养、管理和使用上下功夫，取得了积极成效。一是强化培训。每年安排村干部外出学习，如到××大学开展专题学习，提高大学生村干部综合素质。二是优化管理。明确村干部选聘为2届，6年，强化制度执行，规范日常管理。三是打通出路。为村干部提供事业单位和公务员岗位，推荐村干部参与竞争领导岗位，鼓励大学生村干部创业就业。

二、存在的不足

1. **从管理使用上看，存在职责不清晰的问题。** 部分机关和乡镇村党组织缺乏大局意识，对大学生村干部管理存在"认识误区"，认为大学生村干部主要由组织部门管理，存在不愿管、不想管、管不好的倾向，缺乏三级协同意识；部分村级组织认为大学生村干部就是暂时性的、多一事不如少一事，不想管太严。由于各层级的缺位、不到位，"多头管理"变成"真空管理"，不能有效形成管理合力。

2. **从考评激励上看，存在作用不明显的弊端。**一方面，由于各村情特点和工作重点各有不同，村级组织工作运行规律和时间有别于机关事业单位，而在大学生村干部管理体制机制上缺乏相对有效的管理考核量化标准。另一方面，随着对大学生村干部创业扶持力度的增大，许多大学生村干部加入创业队伍，经常参加市场考察、市场营销等活动，这与严格执行相关日常管理制相悖，成为管理的矛盾和难题。导致了大学生村干部的日常考核中存在"标准低、走过场、老好人"现象。

3. **从锻炼实效上看，存在效果不显著的现象。**乡镇、村社区很多都认为大学生村干部是临时人员，对其培养缺乏系统、长效的思路和举措，大学生村干部荣辱感不强，难以成为"自家人"，基层组织对他们压担子不够，培养成效在一定程度上受到了制约。同时，乡镇机关往往以"轮岗锻炼"为由，长期抽调大学生村干部工作，导致大学生村干部在基层一线工作经验不足，融入农村、融入农业、融入群众的效果不明显。

三、对策建议

1. **明确管理职责，让组织领导"强"起来。**进一步明确管理职责，变组织部门单一管理为县、乡、村三级联动管理。县级层面突出统筹指导。建立联席会议作用，通过明确成员单位职责、定期召开会议等方式，及时总结、推广有效的大学生村干部管理方法。乡镇层面突出职责落实。明确乡镇主任为大学生村干部管理的主要责任人，组织委员为具体责任人，切实解决好大学生村干部日常工作、学习、生活中遇到的困难，积极为大学生村干部健康成长搭建实践平台。村级层面突出具体管理。明确由村"两委"正职干部担任"导师"，帮带大学生村干部，面对面传授基层工作经验和办法，做到工作上手把手教，行动上实打实帮。

2.**优化绩效考核，让村干部管理"活"起来**。研究出台大学生村干部考核量化评分细则，创新绩效考核办法，考准考实大学生村干部工作业绩。突出考核重点，日常考勤，重点考核日常驻村情况；平时考学，重点考核学习培训、民情日记等情况；年中考纪，重点考核执行村干部规范管理制度、村规民约等情况；年底考绩，重点考核履行职责、作用发挥情况。创新考核形式，开展村级考评、村民直评、村干部互评和乡镇比评"四评"，设计科学合理的记分权重，计算大学生村干部综合得分。用好考核等次，将个人综合得分与年度考核结果直接挂钩，与工资报酬直接挂钩，真正考出动力、评出导向。

3.**拓宽分流渠道，让村干部出路"宽"起来**。建议不强制要求一村一官，适当压缩，合力控制村干部总体规模和新招录村干部总数，逐步消化分流村干部。进一步拓宽大学生村干部分流渠道，探索大学生村干部到村"两委"任职，鼓励已考录为乡镇机关事业单位人员的大学生村干部继续留村工作，引导更多大学生村干部真正扎根基层、服务农村。进一步加大公务员、事业招聘的定向从大学生村干部中的招录比例。积极联系协调本地国有企事业单位、外资企业、民营企业等，举行面向大学生村干部的专场招聘会，丰富大学生村干部的就业选择，拓宽分流渠道。

浅析 ×× 局精神文化建设的努力方向

（×× 局干部 ×××）

9

×× 局精神文化是 ×× 局干部职工普遍认同和共同遵守的思想观念、价值标准、行为规范的总和，它渗透于 ×× 局工作的方方面面，体现于 ×× 局发展的时时处处，事关干部职工个人成长，事关 ×× 局长远发展，因此必须从 ×× 局改革、发展、实践出发，逐步构建富有时代性、体现先进性、展示独特性的 ×× 局精神文化体系。

一、把握"三个特性"，深刻领会 ×× 局精神文化内涵

把握一脉相承的共识性。×× 局精神文化是从属于社会文化的亚文化，其核心价值必须与社会主义核心价值"24 字标准"保持思想一致、脉络相承；同时要充分体现本部门作为一个担负 ×× 监督管理职能的重要政府部门的行业特点，必须作为本单位全体成员应当共同遵守的价值观念。

把握独立自主的内在性。本部门从组织特性上看是中央直属机构，与单纯的中央机关相比，多了一层地域特征，除了履行"三保一维护"基本职能，还要为所在地方的经济社会发展保驾护航，更加具有独立自主的内在性。只有将精神文化建设融于 ×× 局的各项监管和服务工作中，通过履职充分展示 ×× 局的形象，从而赢得社会的认同，才能体现其特色和存在的价值。

把握与时俱进的动态性。××局精神文化建设是一个系统工程，需要我们把握方向、突出重点、纲举目张、次第推进。任何急于求成或以偏概全心理只会使××局精神文化建设走入歧途。必须以是否符合××局精神文化发展长远目标、是否符合××局精神文化建设整体布局为标准，将精神文化建设纳入考核考评的基础内容，在与时俱进中解决精神文化建设虚化的问题，确保××局精神文化建设持续发展。

二、坚持"三个原则"，切实推进××局精神文化建设

坚持顺心顺行，构建以人为本的精神观念文化。××局干部职工是建设××局精神文化的主体，没有广大干部职工的积极参与，就不可能形成优秀的××局精神文化。要坚持以人为本，积极践行"关心人、尊重人、理解人、发展人"的管理思想，不断适应干部职工需求，充分尊重干部职工人格，高度重视干部职工的发展性和创造性，切实满足干部职工实现自我价值的合理要求，保证干部职工在良好的工作氛围中充分发挥积极性、主动性。

坚持有规有矩，构建行必有约的制度行为文化。应建立和完善××局精神文化建设工作机制，推动××局高效履责，做到有规必依，有矩必行，保证××局精神文化建设的延续性和传承性，在改革发展的实践中提炼出具有凝聚力、吸引力和感召力的××局精神文化。

坚持分层分类，构建层次分明的物质形象文化。××局精神文化建设是一项创新性工作，要分层分类，循序渐进。要有针对性地提出能长期坚持的一系列文化准则，逐步获得干部职工的认同，形成文化理念，化为干部职工的行为规范；不断借鉴成功的经验，发动群众集思广益，精心设计物化的形象模型，并引导广大干部职工参与塑造，使××局的形象、行为内化为干部职工的自觉行动。

三、发挥"三个作用"，有效推动 ×× 局精神文化落地

发挥领导的示范作用。 ×× 局领导班子是 ×× 局精神文化的倡导者、组织者，不仅要用理论诠释文化，更应用行动助推文化。各下属单位、内设机构负责人的模范行为是一种无声号召，对广大干部职工起着重要的示范作用。要切实发挥好这一作用，示范带动组织文化融合。

发挥制度的保障作用。 在培育广大干部职工整体价值观和精神的同时，必须建立健全和完善必要的规章制度，特别是相应的激励和约束制度，使干部职工既有价值观和精神的导向，又有制度化的规范，使 ×× 局的组织行动和干部职工的言行举止有据可依、有章可循。

发挥榜样的引导作用。 "企业文化论"中提出了英雄人物对企业文化建设的强大推动作用，对于任何一个集体来说都是如此。在开展文化建设的过程中，要大力培养、发现，综合、提炼方方面面身边的先进典型和先进群体，要用榜样的力量鼓舞人，用活泼的事例教育人，用生动的行动启迪人，用典型经验加强文化建设的指导。

在接下来的工作中，要紧密结合 ×× 局的发展战略目标和各阶段发展实际，紧密结合履职的需要，将 ×× 局精神文化建设与重大改革、重大创新、重大活动结合起来，发挥文化育人、文化导向、文化激励、文化管理的作用，使 ×× 局精神文化真正落地生根、润物无声。

10 汲取优秀传统文化，加强当代廉洁教育

（××街道党工委书记）

中华民族传统文化源远流长、博大精深，而其中蕴含的廉洁文化则是我国传统政治文化的重要组成部分，是我国传统政治文明中的优秀遗产。继承和弘扬这份优秀遗产，从传统文化中汲取营养，对于提高当下廉政建设时代性和廉洁教育的感染力，努力建设干部清廉、政府清正、政治清明的现代政治文明，加速和谐社会的建设，具有重要的历史意义和现实价值。要坚持古为今用、推陈出新，使之成为新形势下加强基层廉洁教育的重要资源。

一、感悟"知耻"思想，树立"品端性正"的廉洁意识

规范社会秩序的东西有两样，一是法律，二是文化。"耻"是一种文化，虽不是法律，但却是精神意义上的法律和道德。关于"耻"的文化，中国古代典籍中比比皆是，其与法律刑制一起担当着社会秩序的管理工作。它所起到的社会约束作用，有时甚至超过法律和道德。

从国家和民族层面看，"知耻"是大义。知荣明耻，古往今来，既是维护道德的防线，也是一种精神动力和民族凝聚力。历史上无数志士仁人能够在国难当头之际以身报国，就是由于具有强烈的民族耻辱感。苏武牧羊，

是以变节卖国为耻；诸葛亮鞠躬尽瘁，是以贪图安逸为耻；杨震拒金，是以徇私敛财为耻；林则徐不治家，是以奢侈浮华为耻。龚自珍说，"士皆知耻，则国家永无耻矣；士不知耻，为国之大耻"。这种民族耻感往往是一个民族走向强盛的动力之一，其对于国家和民族意义重大。

从社会和公众层面看，"知耻"是大德。孔子在《论语》说："行己有耻。"孔子这里说的是人都要有自尊、自爱之心，不要做出令自己感到羞耻的事情。丧失了耻辱心，一个人就到了药石难救的地步。他还说："知耻近乎勇"，是说知道什么是耻辱，这样的精神自觉会给人带来勇气。欧阳修也讲过，"廉耻，士君子之大节"。这也就是说，自我修养，应该从知耻开始，一旦有了羞耻之心，社会上的道德建设也就开了一个头。只有全社会和公众能够知荣辱、懂行止，才能在日常生活中做到有取舍、识大体、合规范、守道德。

从基层和个人层面看，"知耻"是大节。孟子说，"人不可以无耻"，又说："羞恶之心，义之端也。"做人有小节大节之分，知道什么是羞耻是做人的"大节"，万不可轻视。康有为则讲过，"人之有所不为，皆赖有耻心"，"风俗之美，在养民知耻"。这也是说纠正风俗，要从知耻做起，让社会上每一个人都知道世界上原来还有一个羞耻之心，社会就会有希望，许多新事物、新风尚的推行就会变得容易得多。

基层干部践行"知耻"思想，就是要把廉洁教育与传统文化相结合，要教育引导大家明"大义"，知"大德"，守"大节"。一要树立荣辱观。引导基层干部牢固树立荣辱观，遵循社会主义公民道德规范和干部从政道德规范。以社会主义核心价值观作为廉洁从政的准则，作为思想与行为的依据，作为公民的道德标尺。二要用好督责权。要像做启蒙工作一样去做知耻的教育工作，在社会上培养知耻明德的风气，要让广大党员干部群众懂得什么是可耻，什么是光荣。三要打好舆论牌。坚持承古开今、古为今用，挖掘、整合本辖区、街道内优质道德资源，并赋予其新的时代内涵，提炼出向善向美向上的区域文化基因，以区域道德文化涵育好的风气。

二、感悟"知足"思想，树立"淡泊致远"的廉洁意识

"知足"，这是做人的品格底线。老子曰："知足之足，常足。"讲的就是客观认识和准确判断已经实现的目标和愿望，充分肯定目前的状态，始终保持愉快、平和的心态。如果贪得无厌，不知满足，那非但没有快乐可言，而且只能落下"人心不足蛇吞象"的笑柄，可能走向欲望的深渊，步入犯罪的牢笼。感悟"知足"，就是要淡泊宁静，知足常乐。

从"人到无求品自高"上理解"知足"。作为一名领导干部，在荣誉面前应做到不争功、不伸手，少些埋怨、多些理解，正确对待组织、正确对待群众、正确对待荣誉。领导干部要学会知足，不谋私利，不贪口腹声色之欲，面对物欲要学会舍得。名誉地位上要知足。名誉地位以能力为基础，与奉献相关、与责任相连，盛名之下其实难副，对待浮名要适可而止，不追求眼前"显绩"，多着眼长远抓"潜绩"，不追求超出能力之外的名、不贪图责任之外的誉，看淡虚名，不贪功名，做到"人到无求品自高"。

从"人到无欲身自刚"上理解"知足"。"无欲则刚"的"欲"，乃"欲望"之欲，是人想达到某种目的或得到某种东西的一种期盼，是人的一种生理本能。做人凡事应有度，应克己制欲。如果欲壑难填，利令智昏，见利忘义，必然走向反面，终至纵欲成灾，自食其果。欲多种多样，关键的是面对钱财的欲望，老子说："金玉满堂，莫之能守；富贵而骄，自遗其咎。"金玉满堂，是形容财富众多。莫之能守，是说财富的价值应有益于社会，如果只是私自藏有，是不能永远保守的。只有在欲望上"知足"，"不守金玉"，才有助于调节人们的心态，让自己的行动不为外界因素干扰，不为内在心性左右。

基层干部践行"知足"思想，就是要知足常乐，欲有所止。一要把握好廉与贪的分水岭。廉者常乐于无求，贪者常忧于不足。是乐无求，还是忧不足，是廉与贪的一个分水岭。要淡泊名利，积极向上地对待人生的得失福祸，以宠辱不惊的心态，寻找自己生活事业的最佳状态，珍惜正在为政府和群众工作的过程，看重当下所拥有的收获，满足今天组织所给予的待遇，在中庸和谐中求得发展，进而为今后的创新和进步提供良好的平台。二要把握好俭与奢的分界线。"历览前贤国与家，成由勤俭败由奢"，俭能助廉，廉能兴政。对于领导干部而言，生活奢侈是贪污腐败的前奏曲。领导干部如果满眼是钱，贪图享受，就会因不满当下的生活铤而走险去违法违纪。要"倡俭戒奢"，不要因满足各种欲望而丧失良心，丧失党心。面对种种物质利益的诱惑保持平常之心，节制贪欲，克服攀比心理；面对清贫，甘于"在陋巷，不改其乐"。做到"不以物喜，不以己悲"，不取不义之财，不贪不义之利，始终保持共产党人的信仰和节操。

三、感悟"知畏"思想，树立"行有所止"的廉洁意识

"心存敬畏"，不仅仅是为官之道，也是为人之道。从孔子的"君子以恐惧修省"到曾国藩的"心存敬畏之心，方能行有所止"，"心存敬畏"一直是仁人志士追求的为人为官的一种境界。《礼记·中庸》云："道也者不可须臾离也，可离非道也。是故君子戒慎乎其所不睹，恐惧乎其所不闻。莫见乎隐，莫显乎微，故君子慎其独也。"讲的就是"畏"的哲学。孔子说，心存敬畏的人时行则行，时止则止，勿意必固我，他不会一意专行，不会刚愎自用，不会固执己见，不会唯我独尊。老子也说，心存敬畏的人有自知之明，他知道最大的灾祸是不知道满足，最大的罪过是贪得无厌，"故知足不辱，知止不殆，可以长久"。基层干部践行"知畏"思想，就是要有所畏惧，敬畏人民、敬畏法纪、敬畏岗位。

一要敬畏群众。共产党人不信神，革命时代讲"无法无天"，说的是大无畏的精神。这是当时历史条件所决定的。然而，马上得天下，马下治天下，当我们的党已经成为一个执政党的时候，就要在心中立个怕字，有个"天"字，这个天不是神，不是佛，而是"民"。儒家认为心存敬畏的人能仁民爱物，推己及人。道家也指出，敬畏天道的人能包容万物，对万物的境遇充满慈爱。具体到当下，我们基层干部心存敬畏，就是要敬畏身边的群众。基层干部直接面对群众，面对各种矛盾和问题，和群众打交道，只有心存敬畏，才能真正把"为人民服务"的宗旨践行好、落实好。

二要敬畏岗位。重点是要处理好"人情关系"。党员干部工作纷繁复杂，各自在不同的工作岗位，要敬畏岗位、敬畏责任，就要处理好一系列的"人情关"。"人情交往"是腐蚀领导干部的糖衣炮弹，一旦疏于防范，就会走向贪污受贿的深渊。要牢记自己手中的权力是党和人民赋予的，必须始终用来为国家和人民谋利，绝不能把它变成谋取个人私利的工具。在人际交往上要交往正直、守信的人，在工作中多结交"志于道"的朋友，而不要交往那些虚情假意、工于谄媚、巧言令色的人，不编织"关系网"，通过平等、和谐的人际交往，密切基层干群关系，树立基层干部良好形象。

三要敬畏权力。领导干部是掌握权力的"特殊群体"，基层干部也有权力，有的权力还"不小"。但权力也是一把双刃剑，一旦"剑走偏锋"，不讲诚信、不懂规矩、不守纪律、缺乏敬畏、目无戒尺，必然使权力滑入偏轨，造成祸害。

一些"小官员大腐败"，就在于他们掌握的资源分配和使用的权力相当集中，基本上游离于制度监管的空地，从而导致贪腐的力度和危害不逊于高级别官员。《大学》云："知止而后有定，定而后能静，静而后能安，安而后能虑，虑而后能得。"能够知其所止，意志才有定力；意志有了定力，心才能安静下来；心安静下来，才不会妄动；不妄动，才能思虑周详；思虑周详，才能真正有所收获。所以基层干部要善于从传统中汲取力量和营养，敬畏权力，敬畏责任，规范好言行举止。

　　传统文化内涵丰富，意韵深远。其中包含的廉洁、廉政文化比比皆是，要把优秀传统文化与当下廉洁教育相结合，提高教育的吸引力和感染力，为廉洁教育下基层、入心入脑奠定坚实基础。

第三章

述职述廉 5 篇

2017 年度安全生产述职报告

（××街道党工委副书记、主任）

2017 年是 ×× 旧城改造和建设开发的突破之年。年初以来，我们紧紧围绕区委区政府关于 ×× 旧城改造的战略部署，狠抓作风建设，强化工作落实，全力以赴推进 ×× 旧城改造和建设，招商融资、工程建设、旧城改造、规划设计等各项工作顺利推进。

一、注重理论学习，强化责任意识，吹响工作"集结号"

一是认真学习贯彻习近平新时代中国特色社会主义思想。我组织相关同志认真学习习近平新时代中国特色社会主义思想，尤其是总书记关于安全生产的一系列重要论述，按照总书记的要求，作为领导干部，切实担当起安全监管责任。牢固树立"红线"意识、责任意识、担当意识，把安全生产放在经济社会发展全局的重要位置，时刻绷紧安全生产这根弦。进一步强化安全监管责任，推动各项监管措施落实。

二是加强安全生产理论学习。在全街道范围内大兴安全生产理论学习之风，通过领导干部带头学，重点岗位人员深入学，一般工作人员普遍学，集中学习安全生产监管相关政策法规，有效提高了街道全体工作人员的责任意识和安全生产管理理论水平。

三是坚持理论联系实际。在理论学习之外，我经常与基层单位的主要负责人进行沟通、交流，并组织相关人员走出去参观学习，了解基层安全生产的实际，通过调查研究，加大对基层安全生产的指导力度，使安全生产的各项政策、方针得到及时有效的贯彻落实。

二、坚决履职尽责，狠抓作风建设，激活工作"动力源"

我与街道领导班子成员坚持把安全生产工作放在更加突出的位置，进一步建立健全相关体系制度，不断加大组织领导和行政推动力度。

一是将安全生产工作列入党政议事日程。我坚持每个季度都召集街道相关领导召开会议，总结、分析上一季度的安全生产工作情况，听取各部门安全生产管理工作汇报，分析辖区安全生产形势，协调、督促、部署各部门开展安全生产管理工作。

二是建立健全安全生产体系。根据街道安全生产工作的实际情况，及时调整街道安委会等相关安全生产组织机构成员，按照"谁主管、谁负责"的原则，进一步巩固和完善在街道安委会领导下的各成员单位分工负责制，建立全方位的安全生产监管责任体系、预防体系、保障体系。做到全街道安全监管工作由街道安委会统一组织协调，各部门、各单位根据其职能，各司其职，各负其责，全面有效做好辖区内的安全生产工作。

三是狠抓安全生产体系制度的落实。通过街道办事处分别与各居委会、各职能部门、各企业负责人签订安全生产责任书，将安全生产责任制的签订工作逐级延伸，逐级落实，在全街道形成了一级抓一级、一级对一级负责，使安全生产工作做到齐抓共管的局面。街道将安全生产责任制的落实纳入考核要求，严格安全生产一票否决制，对发生的每一起事故都将严格按照"四不放过"的原则，在查明原因、分清责任的基础上，严格追究事故责任人和主要负责人的责任。

三、推进八打八治，强化隐患整改，打好工作"攻坚战"

一是招商融资有序推进。自去年 12 月 ×× 日与 ×× 地产正式签订 ×× 中心区棚户区改造项目合作协议以来，经过多轮对接，双方完成了协议正式生效前的一系列工作。同时，加快办理合资公司营业执照等各项注册登记手续。2 月 ×× 日、3 月 ×× 日，分别完成了合资公司核名手续和合资公司营业执照办理，并于 4 月 ×× 日完成所有设立手续。此外，与各大银行保持紧密联系，重点跟踪推进国开行的棚户区项目贷款，争取更多的优质资金支持，做足资金保障。顺利完成前期贷款间隙资金调剂相关工作，截至 3 月底累计调剂资金约 ×× 亿元，有力支持了片区及区内园区发展。

二是工程建设全面启动。积极做好安置房开工前的各项准备工作，第一时间组织代建施工单位召开会议，要求做好安置房复工前准备，督促参建单位在安置房复工后各司其职、各负其责，确保工程按计划推进。目前，×× 安置房项目具备施工条件区域桩基工程已基本完成，一期共计完成工程桩 ×× 根、支护桩 ×× 根，现场的库土方外运约 ×× 方；二期已完成工程桩 ×× 根、支护桩 ×× 根，现场的库土方外运约 ×× 方。与此同时，跟踪拆迁进度，配合安置房建设需要，完成安置房区域拆迁垃圾外运工作，并扎实做好片区市政实施常规管养工作。

三是旧城改造全力推进。根据工作计划，与街道紧密配合，全力推进 ×× 片区一期征迁扫尾、二期征迁工作。二期共涉及住户 ×× 户，企业 ×× 家，拆迁总面积约 ×× 万平方米。截至目前，共完成农户协议签订 ×× 户、交钥匙 ×× 户，占总户数的 ××%，企业协议签订 ×× 户、交钥匙 × 户，占总户数的 ××%。

四是规划设计积极跟进。坚持高起点、高标准的设计理念，积极跟进片区规划设计工作，先后完成安置房一期已发土地证地块工程规划许可证的变更事项，安置房 B 区地勘及施工图审查工作，安置房 A 区、C 区施工图审查工作；启动××路施工图审查及中心城区外相关地块的征地报批准备工作；完成中心城区外××亩土地规划调整工作，继续推进安置房剩余未征土地征地工作，同时落实违法用地整改。

四、加大宣传力度，强化群众参与，搭建工作"大舞台"

我紧紧围绕"安全第一，预防为主"的安全生产工作方针，加大宣传力度，注重提高广大群众的安全生产意识和参与度，进一步将安全工作措施落到实处。

一是开展一系列安全生产宣传教育活动。充分利用新闻媒体"安全生产月"活动，以社区、组（居民楼栋）为单位，采用张贴横幅、标语和印制安全宣传单、出动宣传车、举办安全生产知识咨询、利用电视广播宣传安全知识等形式进行宣传，使"安全为了生产，生产必须安全"深入人心。2014年全街道共出动安保车辆×次、播放安全广告×次、悬挂横幅×条，有效地提高了全民安全意识，取得了良好的效果。

二是广泛发动群众参与安全生产工作。结合党的群众路线教育"整改落实"环节，密切联系群众，畅通举报渠道，鼓励群众举报非法违法线索，落实举报奖励制度，广泛发动群众参与，进一步拓宽安全生产的社会监督渠道。

在取得成绩的同时，我也清醒地认识到，当前街道的安全生产工作依旧面临着严峻的形势。一是由于经济发展迅猛、活跃，我街道历史悠久，部分危房有待改造，人员密集场所、建筑的安全形势复杂；二是货运仓储、印刷塑胶、制衣制冷、特种作业等部分企业安全生产基础设施尚有待提高，安全生产管理人员的安全意识有待增强。

2018年，我将进一步贯彻落实认真贯彻上级关于安全生产工作的精神和要求，落实安全生产两个责任制，加大"八打八治"打非治违和安全生产执法检查力度，力争减少一般事故，坚决杜绝重特大事故，为我街道经济实现跨越式发展打下坚实基础。

2017 年个人述职报告

（×× 银行办公室工作人员）

尊敬的各位领导、各位同事，大家下午好：

　　我自 2012 年参加 ×× 行工作，迄今已有 5 年多的时间了。回首往事，感慨良多。特别是调到市分行办公室工作以来，不仅拓宽了视野、还增长了才干，懂得了艰辛、丰富了阅历。在此，我要感谢在座各位领导和同事给予我的关爱、帮助和鼓励！现我将一年来的主要工作情况报告如下，恳请大家给予批评、指正。

一、主要工作及成效

　　（一）以新闻写作为基点，努力提高宣传报道写作能力。 自调入市分行办公室工作以来，作为一名入行时间不长的青年员工，在对全行业务知识了解不深、掌握不够的情况下，如何快速提高自己的写作能力，尽快符合办公室的文秘岗位要求，是摆在我面前的一道难题，让我备感压力。千里之行，始于足下，一年来，在 ×× 的指导下，我着重从报道我行实时工作动态、业务亮点等方面的小篇通讯报道入手，着力提高自身通讯稿件写作能力。2017 年初，×× 行被赋予新的职能定位，国务院明确要求"×× 行要在强行政策性功能定位的同时，加大对农村基础设施、重大水利工程、农村路网、扶贫开发、新型城镇化建设等领域的信贷支持"。在落实这一发展战略工作中，我行不等不靠，主动作为，年底全行贷款余额达××亿元，比年初增加了××亿元，其中中长期贷款规模达到××亿元，占比××，比年初上升××。据此，我紧扣亮点工作，先后采写了《××扶贫贷款》《××行市分行××亿元助推新农村建设》《市分行××亿元重大水利贷款"落地"》《市××行投放××亿元支农贷款》等稿件，分别被××等媒体采用，有效提升了地方党政、相关职能部门和社会各界对××行服务"三农"、支持新农村建设的认同感和认知度，为全行改革发展良好的外部舆论环境贡献了一份力量。

（二）以基础管理为支点，着力促进全行办公规范化。今年以来，省分行、市保密局相继下发了《关于做好档案等级行申报工作的通知》《关于切实加强县级支行印章管理的紧急通知》《关于组织开展涉密中央、省委、市委文件保密管理专项检查的通知》等文件，对我行档案管理、机要管理等基础性工作提出了新要求。为切实做好相关工作，我重点做好以下三个方面工作：一是进一步加强印章管理工作。按照省分行要求，将辖内各行部公章及电子公章上收统一保管使用。公章做到专人专柜保管，双人用印，并严格履行用印报批审核签字手续。对公章使用细节进行操作提示，先后下发了《关于各行部综合办公平台发文用章使用方法》《××市分行辖内行长使用与管理操作要点》《全市××行印章使用与管理要点提示》等办法，并严格履行替岗交接手续和用印审批手续，切实做到规范用印。二是进一步推进档案管理等级行建设工作。按照省分行档案管理等级行相关要求，在××的指导支持下，我们聘请市××公司对我行2016年档案做"专业指导"整理，并依此为样本指导各行部做好历年实物及电子档案的同步整理、归档工作。同时做到文书档案按时存档，借阅有记录，档案管理员能熟练查档；档案室"八防"措施到位，库容整洁；信贷、会计档案按规定接受，正确保管，借阅手续完备。三是进一步强化保密机要工作。其一对纸质涉密文件，统一归入机要室保管，并建立专门的涉密文件保管柜、专用登记簿，实行专人管理，并每月开展一次涉密文件核查；其二在电子涉密文件有专门计算机，专人管理，且与外网严格分离，涉密文件传阅有专用U盘，并对U盘实行"即存即用、即用即除"。

（三）以优化服务为着力点，充分发挥好综合信息反馈职能。一年来，我立足于办公室文秘岗位，着重抓了以下三个方面的工作：一是加强公文写作能力。一年来，在行领导的鼓励和××的指导下，我逐步着手撰写行内年中报告、年度总结报告以及市委、市政府、金融办、人民银行、银监局等党政部门所需的各类综合性材料，基本达到了领导们的要求。二是及时捕捉、反馈信息。通过运用好行内各项刊物，及时向上级行反映我行工作亮点，全年累计向总行、省分行推荐各类信息稿件十余篇，采用十余篇。同时，通过充分利用我行自办的《工作信息》《政策金融与调研》等平台，及时推广辖内各行部的工作情况，全年共刊发《工作信息》10期、《政策金融与调研》4期，有效促进了各行部工作的沟通与交流。三是进一步加强与市委文明办的沟通与协调，及时反映我行文明创建工作中的亮点，同时加强与各行部的交流，较好地完成了全行文明创建工作标目。继上届获××表彰后，2017市分行机关、辖内两个支行分别被市委、市政府授予2015~2016年度市级最佳文明单位、文明系统，被省委省政府确认为2015~2016年度"省级文明单位"；在2016~2017年度市级"最佳文明单位"创建验收中获得市文明办认可。

（四）以"三个服务"为重点，认真细致地完成好各项日常性工作。办公室是一个起着上传下达、综合协调作用的职能部门，随时会面临很多日常性工作。大到会务组织，小到端茶递水，这些工作虽然看起来琐碎繁杂，但要想把它们做好、做实，需要付出大量的时间和精力。一年来，在处理这些日常性事务上，我始终秉持着"为领导服务、为机关服务、为全行同事服务"的态度，事无巨细地做好每项工作，接听电话、会务接待、文稿打印、发文校对等看似小事的工作，用细功夫去做，用"笨功夫"去干，工作中少一点应付，多一点尽心；少一点放松，多一点精细；少一点马虎，多一点认真。此外，我还积极参加行内组织的各项竞赛活动。去年 5 月，受市分行工会团委领导的信任，我被推荐参加省分行"××辩论赛"，并被推选为辩论小组组长。作为全省××行首届辩论赛，在没有任何资料可以借鉴参考的情况下，我在兼顾本职工作的同时，充分利用业余时间查阅资料，撰写稿件。经过 2 个月的精心准备，辩论赛在全省××行年中行长会上顺利举办，取得较好效果，受到省分行领导的充分肯定，我也被评为全省优秀辩手。

二、存在的不足

2017 年，我在工作上虽然取得了一些进步，但与领导们的要求相比、与同事们的期许相比，还存在很大的差距。归纳起来，主要有以下三个方面：

一是综合业务水平有待提高。由于入行时间短，工作经验少，对全行综合业务特别是客户、信贷方面的业务陌生，在撰写大型材料和专业性强的调研材料时，有些力不从心。

二是写作水平有待提高。平时工作中撰写的材料深度不够、理论不强、效率不高。

三是工作的细致度有待提高。作为一名青年员工，我身上有着年轻人做事不细致、考虑问题不周全的缺点，加之办公室工作的烦琐性，在为领导、为群众服务中出现不少失误，在此，恳请各位领导和同事们多谅解、多包容。

三、2018 年工作初步打算

2017 年，对我来说是不平凡的一年，回顾过去这一年的历程，我在历经奋斗与摔打的路上，收获着喜悦，增长着才干。在新的一年里，我将用更精细化的标准、高水平的要求不断鞭策自己，用更加积极的工作态度、更加饱满的工作热情来面对新一年的机遇与挑战。

一是严于律己，笃于学习，努力成为工作中的"多面手"。 重点从行内各项文件、制度办法、书籍、培训等方面学习，着重加强、加深对全行业务知识的了解。

二是勤于思考，善于研究，努力当好领导的"好助手"。 持之以恒地做好宣传调研工作，努力为××行业务发展创造更加优良的外部舆论环境。

三是强化意识，主动作为，努力做好全行改革发展的"服务员"。 变被动服务为主动服务，凡事早思考、早着手，善于分析、总结工作的基本规律，对一些常规性工作，主动着手，提前准备；对临时性工作和突发事件的处理，有灵活应变的能力，把"清单式管理"真正落实到具体工作中。

谢谢大家！

3 任期届满述职报告

（××单位办公室主任）

各位领导，各位同事：

大家好！在本单位党组和同事们的支持帮助下，近年来我在办公室和政工科工作期间，能按照局领导确定的工作思路和发展策略，以"三化"建设为引领，坚持"注重学习强素质、勇于担当履职责、规范管理践服务、加强创新促转型"的工作理念，同心同德，扎实工作，较好地完成了上级赋予的各项工作任务。现将主要情况汇报如下：

一、努力学习，坚定信念，不断提高政治素质和大局意识。注重加强自身素质养成，注重党的群众路线教育实践活动和专题教育的学习和实践。注重讲政治、懂规矩，自觉加强党性修养，加强共产党员理想信念教育，能站在全局角度主动思考和配合各单位做好各项工作，认真贯彻落实上级和本局各项工作部署。注重学习行业业务知识，主动到业务处室学习取经，及时获取业务知识和业务部门的建议，把学习领会到的理论知识与行业业务相结合，做好行业业务亮点工作的提炼总结。注重当好局领导的"参谋"助手，做好上传下达，关注收集干部职工的意见，提出全局科学发展的合理化措施供领导参考，促进全局工作有效推进和落实。

二、**主动服务，勤政务实，不断提高履职能力和服务效能**。本人能够按照上级的要求，结合"三化"建设工作，全面、正确、高效履职，较好地完成各项任务。近年来，在大家的团结协作下，按照"科技＋管理"双轮驱动战略，坚持服务全局中心工作，承担协助完成了全局信息化顶层设计、制度建设、管理规定的制订和推进，根据需求推进辖区 CCTV 建设，实现重点部位 CCTV 的全覆盖，完成了局机房和网络改造、局指挥中心和各处指挥分中心大屏幕改造、建成并良好运行了智能管理系统，实现了信息化监管从点到线到面的掌控。积极服务基础设施建设，承担协助了 ×× 和 ×× 码头建设；积极融入中心开展内部安全工作，完成制度内部安全管理制度汇编和工作手册，助推了基层基础的夯实。积极服务机关部门工作开展，狠抓规范管理，推行办公室服务质量简要程序，把运行的工作规范化，把规范的工作流程化，把流程的工作简易化，每年处理文件达1500多份，每份文件至少经手三遍，均保证了无延时、无差错、无过失。积极服务基层党组织建设，完成了本单位基层党组织建设示范点考评标准，以及规范管理"十本一册"工作，被上级党组转发。积极承担了智慧监管转型工作的组织和督办，推行转型重点工作目标管理，为本单位智慧转型升级提供了支撑；作为主要完成人之一，承担了中国 ×× 协会科技奖、第十七届中国国际行业展的各项工作，保证了智慧监管模式在上海国际行业展览会成功展示，以及智能管理系统开发及应用获 ×× 年度中国 ×× 学会科学技术奖二等奖。

三、**积极作为，敢于担当，不断提高创新能力和管理能力**。注重与上级、当地政府以及职能部门的沟通，积极创新工作方式方法，主动工作、敢抓敢管，在局领导和同事们的帮助下，完成工作取得了突破。近年来，积极向 × 市政府请示汇报，争取市政府 5000 多万元的资金投入；积极与市有关部门沟通，协助完成了本单位争取全省文明单位的创建；积极协调各行业处和机关处各处室，完成了全局"智慧转型、群众接驳、基层党组织建设"等工作品牌推进；作为主要协调人，高标准完成了全省首个接驳安全管理现场会的会务保障、后勤保障、资金协调、材料准备等工作；高质量承办了全国电子巡查现场会的材料撰写、会务接待等工作；高水平保障了华南片区行业管理工作会议和上级年中工作现场会，得到省政府领导和省局领导的好评。

四、勤于思考，做好融入，不断提高总结能力和组织能力。注重学习和掌握上级精神，注重对各种新情况、新政策的理解和把握，积极适应新常态、努力适应新要求，推进工作新发展。近年来，组织撰写了反映局工作品牌和亮点的多篇政务信息，得到上级主要领导的批示，其中《×地接驳开创安全管理新模式》被省政府领导批示和交通部办公厅简报采用，本人获得省政务信息先进个人，多篇政务信息被上级作为范文讲解。组织撰写了本单位近年的年度工作报告，并根据我局亮点工作推进情况，及时组织策划工作的总结提炼，成功策划了本单位智慧转型大型推介工作，有4篇文章在《中国交通报》半版刊载，有10篇文章在《中国运输报》刊载，《全省行业周报》连续四期刊载评论，在《××运输》策划8篇系列专题报道，被誉为"中国行业转型的一个蓝本"，为扩大×地行业工作影响力做出了贡献，得到了上级领导和干部职工的认可。

五、干净干事，清正廉洁，不断提高自律意识和防控能力。本人能够严格遵守党风廉政各项规定，坚持廉洁从政，始终保持一名党员干部的政治本色。自觉遵守中央"八项规定"，践行上级"六个不准"，自觉参与践行上级"廉政火炬"传递活动，严格落实党风廉政建设责任制的各项内容，加强自身和本部门的党风廉政建设，强化内部的廉政风险防控。要求部门人员做的事，自己首先做到，要求部门人员不做的事，自己首先不做，做到了干净干事，廉洁做事，清白做人。

本人在工作中取得的一些成绩，是局党组正确领导的结果，是干部职工大力帮助关心的结果。在正确面对成绩的同时，我也清醒看到，不管是在学习上、还是在工作上，我还有很多地方需要改进。学习上有时松时紧的现象，工作上有欠沟通和急躁的现象，创新上有怕失误的保守现象，在成果转换上有提炼不到的现象，等等，这些都需要大家的继续帮助和支持，使我能够不断充实自我、完善自我，努力适应新的形势、适应新的要求，继续服务好 × 地行业的新发展。

谢谢大家！

4 街道办主任个人述职述廉工作报告

（××街道办事处主任）

今年以来，在区委、区政府的正确领导下，我立足××街道办事处主任工作岗位，着眼全局，切实履职尽责，有力地促进了街道行政工作的全面协调可持续发展。现将述责述廉报告如下，请各位予以评议和监督。

一、履行职责主要情况和特点

工作中，我自觉践行上级党委要求，主动增强落实主体责任意识，积极明确落实主体责任要求，以抓铁有痕的劲头抓好"一岗双责"，切实做到"两手抓""两手硬"。

（一）明确责任，强化领导，构建预防机制

一是自觉落实党风廉政建设责任制，筑牢思想"防火墙"。参与制订了《加强党风廉政建设党委主体责任和纪委监督责任的实施意见》，进一步划分了责任分工。党委书记是党风廉政建设第一责任人，作为街道主任，与党工委书记深度配合和全方位沟通，实现党政无缝对接。积极建立科长学法、干部队伍定期座谈、定期调研走访社区、辖区单位等制度，根据工作需要，定期不定期传达中央、市区有关精神，部署街道党风廉政建设工作，搭建领导班子、干部队伍、社区、辖区单位全方位的沟通平台。通过常提醒、

常教育、常部署、常要求、常督促，积极抓好分管范围内的党风廉政建设工作。工作中坚持以上率下，层层落实责任，做到了"千斤重担大家挑，人人肩上有责任"，形成了一级抓一级、一级对一级负责的党风廉政建设工作机制，实现了党风廉政建设工作责任和任务由虚变实、由软变硬、由模糊变清晰。

二是坚决贯彻执行民主集中制，拧紧制度"安全阀"。 在集体领导、重大决策等方面自觉贯彻执行民主集中制，注重维护班子团结和书记权威。积极建立党政联席会议制度，对于涉及街道改革发展全局、关系到人民群众切身利益、重大项目招投标等问题，主动同班子成员商量、沟通，重大事项决策由领导班子集体研究决定。全年共召开联席会38次，社区"两委"换届、老旧小区改造、社区服务创建试点、93安保等重点工作都在会上进行研讨。在党政联席会议中严格执行"三重一大"制度等议事规则，注重会前的酝酿准备、会中的程序决策、会后的督促执行，避免事先表态。在日常的党课、组织生活会、民主生活会中，能与班子成员坦诚相对，针对存在的不足和问题进行批评和自我批评，查找原因，认真讨论整改措施，互帮互助，共同商讨，拿出解决办法，理顺工作机制，齐心协力地抓好班子、带好队伍，在组织开展机关作风纪律整顿和"两学一做"教育工作中，对照查找领导班子和个人存在问题12项，全部整改完毕。

（二）正风肃纪，强化内控，构建制约机制

一是致力加强干部队伍建设，激活工作"动力源"。 从严治党，关键在选好干部、用好干部。2017年，街道提拔6名正科、14名副科、6名主任科员、5名副主任科员和3名军转处级非领导职务，在此过程中都严格执行《党政领导干部选拔任用工作条例》等组织人事工作纪律，积极参与干部选拔任用，按照民主、公开、竞争、择优的程序，扩大干部职工对干部选拔任用的知情权、参与权、选择权和监督权，没有出现以权谋私的现象。

二是注重加强队伍作风建设，注射作风"预防针"。结合"两学一做"学习教育常态化制度化，加强对干部队伍的作风教育。主讲"践行四讲四有，做好基层工作"专题党课，充分利用理论中心组学习、干部职工大会、纪律教育学习月等形式开展党风廉政建设和作风建设学习教育。带头严格执行中央八项规定，从严控制会议，切实改进文风会风，从简安排公务活动，禁用公款走访、相互宴请、旅游等活动，杜绝突击花钱、滥发奖金、津贴等现象，严防出现违反"八项规定"或者"不严不实"的现象。

三是主动抓好公共财务管理和使用，念好用钱"紧箍咒"。按照区委区政府相关规定，认真规范预算执行、强化绩效管理、控制财务风险。注重完善制度建设，理顺机制，更新理念，重新修订街道各项财务管理、政采规定，编制《内控手册》，明确工作程序，真正做到让财务工作有据可依、有理可讲，科学化、标准化和合理化，减少人为因素干扰。不断完善预算管理制度，推行精细化管理，强化经费监督，注重突出绩效，对预算进行详细分解，按照节约、高效的原则，科学合理地从整体上做统筹安排。在资金使用中注重依法合规，严格按照程序办事，建立严格的资金支付流程，做到先审后支，不审不支，支出必有来源，进一步规范了科室经费量化管理，全过程监督预算执行，对专项经费进行绩效考评，提高财务管理，保证收支平衡。严格执行中央、市区有关厉行节约、反对浪费的规定，切实加强了公务用车管理、接待管理，大力度缩减"三公"经费开支。

四是从严进行工程建设招标工作，套上基建"金钟罩"。工程建设利益牵涉多，群众关注度高，因此我注重在招投标工作中把握一个"严"字。2015年率先启动"管理＋监理"模式，街道成立了小型工程建设项目领导小组，制订了《小型工程建设项目管理办法》，确认了38家施工单位项目库，两家监理公司，两家招标代理公司，一家评审公司、一家审计公司，除100万以上工程进行社会公开招标外，街道20万元~100万元小型工程均需进行比选招标，2 万元以上工程均需进行竣工结算审计。今年以来，我们进一步优化了工程建设项目的日常管理，按照"关键节点重点管理，复杂问题细致解决"的原则开展工作。通过规范流程，实现了从项目立项审查到项目执行过程全程监督，开展事前预算评审、中期监理监督、管理和后期竣工审计把关，有效地规范了工程、大额货物和服务采购，实现重点环节的内部风险控制。

五是积极支持纪检监察部门开展工作，扎紧廉政"铁笼子"。一方面，在分管范围内积极支持纪检监察部门独立开展各项工作，把纪检监察工作当作确保街道中心工作顺利健康开展的重要保证来看待，通过采取联席会议、信息反馈、定期征求意见、交流谈心等办法，在重心上给予倾斜，在沟通上给予保证，在意见上给予采纳，在问题上给予处理。对纪工委转交的工作做到与街道行政工作一起布置、一起检查、一起督办，认真及时给予解决。另一方面，要求分管范围内机关干部认真接受监督、主动接受监督、勇于接受监督。积极配合纪工委开展"为官不为""为官乱为"问题专项治理工作，不断深化党务公开、政务公开、财务公开工作，自觉接受地区人大代表、政协委员、党风廉政监督员的监督，分管科室按要求定期开展自查自纠，对问题进行分析研判，有力促进了党风政风的好转。

（三）强化作风建设，推动各项工作科学有效发展

今年，我街道秉承为民服务意识，强化作风建设，将 44 项群众最关心、需求最迫切的问题列入街道 2017 年为民办实事项目，进一步提升了街道统筹区域发展、解决群众实际困难的能力。

一是以担当精神为推动，打好环境整治"攻坚战"，不断提升街道环境整治水平。2014 年以来，街道积极协调相关部门，圆满完成了××、××近 2300 户的拆迁任务，其中×地拆迁仅用了 73 天，零纠纷零上访，得到了市区和部队领导的高度评价。在去年 ×× 小区综合整治过程中，街道以攻坚克难的勇气和敢于担当的精神，引导群众理解、支持、参与改造工作，举全街道之力，坚决拆除××小区的违法建筑，全面改造小区的老旧面貌，通过2周时间，共拆除违法建筑104户，受到×书记、S区长等区主要领导批示肯定，经验做法在全区范围内进行宣传，×书记说"×地经验很可贵，拆违整治工作不是简单的执法过程，而是深入细致的群众工作，反映的是我区各级干部敢于担当为民服务的真挚情怀"。今年我们继续保持敢于担当的工作作风，延续×地改造成功的经验、做法，在积极做好×地等既有老旧小区综合整治工程的同时，实施×地等8个社区共计45栋楼、2处平房的节能改造项目以及×师大13栋家属楼、×地2栋楼抗震加固项目的设计工作。

二是以为民服务为己任，不断加大便民服务中心建设力度，搭建服务"大舞台"。依托×区智慧政务综合服务平台，整合失业就业、职业介绍、退休管理、药费报销、一老一小、住房保障、计生、残联等便民窗口，在×区率先实现了"一站式办公、一站式办结"式的便民服务中心建设，实现同区通办三级联动，受到办事群众一致好评。同时不断加强窗口规范化管理，强化政务公开、纪律管理、行政监督，通过打造"亲情服务""微笑服务""高效服务""人性化服务""精细化服务"，不断提高服务质量和服务水平。2015年社保所被评为×市优质服务窗口单位和×市人力社保基层培训工作优秀单位。

二、个人廉洁自律情况

我坚持深入学习党的十九大精神和习近平新时代中国特色社会主义思想，践行"四个意识"，不断增强自身的政治坚定性、敏锐性和鉴别力，坚定不移地与党在思想上、政治上、行动上保持高度一致，不断提高驾驭全局和处理复杂问题的能力，做到对党忠诚。我也坚持以身作则，严格执行个人有关事项报告制度，凡是要求别人做到的，自己先带头做到，要求别人不做的，自己坚决不做，始终保持共产党人的高风亮节。注意严格要求配偶、亲属和身边的工作人员，没有利用职权的便利和职务上的影响为自己和身边的人员谋取不正当利益，以实际行动自觉维护人民公仆良好形象，做到了既干事、又干净。

三、存在问题

一年来，我能够认真履行工作职责和党风廉政建设职责，但还存在一些不容忽视的问题：一是存在重业务轻党建的现象。主观上对自己作为党风廉政建设责任人的角色定位不够清晰，主要关注行政工作，抓党风廉政建设和作风建设不够细致深入。二是在解决社区办公服务用房方面，依法依规的意识还不够。按照市区要求，社区办公服务用房要全部达到350平方米的标准，地区老旧小区多，基础薄弱，虽然采取购买、租赁等方式，但还是不能够完全解决老旧小区办公服务用房，在推进过程中，有急于求成的心态，导致在翻建社区办公用房时流程不够规范。三是对干部关心还不够。由于平时忙于具体事务，工作中对普通干部职工思想、生活、家庭等方面关心仍有差距。

四、下一步工作思路

"作风建设永远在路上，永远没有休止符"。接下来，我将认真总结经验，改正不足，带领全体干部努力做好以下几方面工作：一是继续加强党风廉政建设。自觉把思想和行动统一到上级对反腐倡廉的决策部署上来，进一步增强工作责任感，以更加有力的措施、更加扎实的作风，抓好党风廉政和反腐败建设。二是继续加强作风建设。切实转变工作作风，进一步提高服务态度、服务效率、服务质量，主动接受社会各界的监督，努力塑造××街道的良好形象。三是继续推动街道各项事业发展。围绕加快街道改革发展大局，加快推进工作体制机制创新，扎实推动街道经济发展和党风廉政建设双落实，为街道乃至全区的经济社会发展保驾护航。

以上是我个人的述责述廉报告，讲得不够的地方敬请各位领导和同志们批评指正，谢谢大家！

2017 年述职述廉工作报告

（××银行副行长）

今年以来，在行党委的正确领导下，在各位领导、各位同志的监督支持下，我立足副行长工作岗位，着眼全局，切实履职尽责，狠抓党风廉政建设，有力地促进了办公室、资金计划、客户等工作的顺利开展。现就今年以来工作报告如下，请各位予以评议和监督。

一、落实责任，廉洁奉公，着力抓好党风廉政建设

在新形势下加强党风廉政建设，既是维护我行改革发展稳定大局的需要，也是党员干部的殷切要求。作为党委委员和副行长，我深感职责重大，始终把加强党风廉政建设作为确保分管各项工作健康发展的重要保证。

（一）**加强组织领导**。按照"一岗双责"的要求，狠抓党风廉政建设工作的落实。一是强化领导责任和组织领导，认真落实"一岗双责"要求，积极参与到党委统一领导、分管部门各负其责的责任落实机制中来，认真贯彻落实行党委关于党风廉政建设的工作部署，把党风廉政建设工作与分管部门业务开展有机地结合起来，一同部署、一同落实，贯穿于工作全过程。二是对分管部门党风廉政建设各项工作任务进行细化分解，要求各部门负责人亲

自抓、全体党员配合抓，形成一级抓一级、层层抓落实的工作格局，确保了党风廉政建设"一岗双责"的落实。

（二）加强宣传教育。以"两学一做"学习教育常态化制度化为契机，着力加强分管干部职工廉政教育，筑牢思想防线。一是坚持把党风廉政建设和反腐倡廉教育作为职工思想教育的重要内容之一，在分管的×××主讲"××××"专题党课，充分利用干部职工会议、纪律教育学习月、个别谈心谈话等形式开展党风廉政建设学习教育。二是按照惩防并举、注重预防的原则，注重通过反面典型案例进行警示教育，强化党员干部廉洁从政意识和自律意识，增强分管部门广大干部职工拒腐防变的能力。三是充分利用组织生活会等手段，组织各部门深入开展一次自查自纠，对查摆出来的问题列出清单，深入剖析问题产生的原因，提出问题整改措施。

（三）加强依规用权。以规范管理为切入点，不断健全和完善分管各项工作制度，切实加强对干部职工的廉政监督，为党风廉政建设工作提供坚强的制度保证。一是进一步建立健全科学规范内部管理、合规经营、存款贷款等方面×项制度，用制度规范各项工作，用机制确保各项措施的长效性。二是严格执行财经纪律，贯彻中央、市区有关厉行节约、制止奢侈浪费的规定，切实加强了公务用车管理、接待管理，减少不必要支出，全年分管部门内未发生违法违纪行为。

二、修身立德，率先垂范，着力锤炼思想道德修养

"人无德不立，官无德不为。"作为党委委员和副行长，我始终注重加强党性锻炼，按照"德才兼备、以德为先"的要求，在注重品德修养的基础上增强干事创业能力。

（一）注重学习提升。在日常的工作和生活中，我坚持深入学习党的十九大精神和习近平新时代中国特色社会主义思想，不断增强自身的政治坚

定性、敏锐性和鉴别力，坚定不移与党在思想上、政治上、行动上保持高度一致，不断提高驾驭全局和处理复杂问题的能力。

（二）**注重修身律己**。把品德品行作为立身做事之本，注重加强党性锻炼，讲品德，重品行。一是坚守政治品德。牢固树立宗旨意识和党性意识，坚定理想信念和政治立场，讲大局、讲党性、讲团结。二是严守纪律规矩。始终保持事业心和责任感，工作坚持原则，绝不拿权力和原则做交易，绝不借工作之便以权谋私，办事公道，廉洁奉公。三是遵守社会公德。树立正确的世界观、人生观和价值观，自觉抵制拜金主义、享乐主义等消极腐朽思想观念的侵蚀，带头遵纪守法，带头弘扬社会主义新风尚。

（三）**注重自我约束**。"先去私心，而后可以治公事。"我时刻警醒自己，坚持从点滴做起，防微杜渐，做清正廉洁的带头人。一是带头严格执行中央八项规定，从严控制会议，切实改进文风会风，从简安排公务活动，坚决不用公款进行走访、宴请、旅游等活动，杜绝突击花钱、滥发奖金、津贴等现象，严防出现违反"八项规定"的现象，防止"四风"回潮。二是在工作中践行民主集中制，自觉维护主要领导权威和班子团结，对于分管工作中涉及我行改革发展大局、关系到干部员工切身利益等重要问题，及时主动向主要领导请示汇报，重大事项决策提交领导班子集体研究决定。三是严格执行个人有关事项报告制度，坚持以身作则，凡是要求分管党员干部做到的，自己先带头做到，要求分管党员干部不做的，自己坚决不做，始终保持共产党人的高风亮节。四是严格要求配偶、亲属和身边的工作人员，没有利用职权的便利和职务上的影响为自己和身边的人员谋取不正当利益，以实际行动自觉维护领导干部良好形象，做到了既干事、又干净。

三、履职尽责，推动落实，着力推进分管工作开展

我坚持以责立本，以勤善政，团结带领分管干部职工，积极应对经济新

常态和各种因素影响，攻坚克难，创新作为，不断推进分管各项业务工作再上新台阶。

（一）2017年度分管业务指标完成情况

一是贷款投放和规模大幅增加。截至2017年12月初，累计投放各类贷款×××亿元，同比增加×××亿元，贷款余额×××亿元，比年初净增×××亿元。

二是存款余额和日均存款实现双增。截至11月末，全行各项存款余额×××亿元，比年初增加×××亿元；日均存款余额×××亿元，比年初增加×××亿元。

（二）抓好信贷投放，助力农业经济。积极围绕中央对于××银行业务方向的新定位，重点加大对农业开发和农村基础设施建设中长期的信贷支持，将信贷资金重点投放在关系国计民生、国家粮食安全的领域。严格按照"项目突破年"和"发展兴行黄金月"活动方案和要求，有效落实"三个一批"，全年成功营销并上报各类贷款项目××个，已获审批项目××个、金额××亿元，实现全部投放。同时，按照"两个不动摇、一个确保"要求，扎实做好"两夏收购"和秋季粮棉收购工作，坚持用政策性粮食收储来解决"卖难"问题，全年累计发放收购贷款××亿元，支持企业收购中晚稻××万公斤、小麦××万公斤，没有出现卖难和舆情，有效推进了"两轮驱动"的落地。着力抓好"粮棉油"按期清场结零和客户月度分析制，强化"不良贷款"处置与清收工作，按法定程序先后对2家不良贷款客户进行了起诉，突出资产保全；对正常贷款客户突出信贷再监督机制，切实将"信贷行为审慎年活动""财会基础专项整治活动"落到实处。截至目前，2017年全年小麦收贷率××%、早稻收贷率××%、棉花收贷率××%、中晚稻收贷率××%，充分发挥了农业政策性银行的职能。

（三）树立兴行意识，推进存款营销。牢固树立存款兴行的思想，把增存款保支农作为全年的首要任务。结合项目营销、"发展兴行黄金月"和"存款组织活动",强化企业存款、公众存款、财政存款、同业存款"四位一体"营销及企业账户管理、资金支付管理等,积极挖掘存款营销渠道,不断建立健全存款考核激励机制,着力推进各项存款大幅增长。在此过程中,我多次同相关部门一起有针对地走访重点存款客户,积极宣传我行存款产品,在推广高端营销、全员营销的同时,要求相关部门全面提升服务质量,以良好的服务维持客户。

(四)规范内部管理,强化服务保障。围绕大局,领导办公室充分发挥"参谋、综合、协调、服务"职能作用,做好各项服务保障工作。重点抓好"办文、办会、办事"等"三服务",落实重点工作安排和督办制度,加强公文流转、档案、保密等工作,夯实内部管理基础。结合我行服务"三农"的中心职能,积极开展×××等×次专题调研,形成×篇调研报告,充分发挥以文辅政作用。策划开展×××、×××等系列宣传报道,全年在《××日报》等主流媒体发稿××篇,在各类媒体累计发稿××篇,有效扩大了我行的影响力。

四、存在问题及下一步工作思路

一年来,我能够认真履行工作职责和党风廉政建设职责,但还存在一些不容忽视的问题:一是存在重业务轻党建的现象。主观上对自己作为分管部门党风廉政建设责任人的角色定位不够清晰,有时候精力主要放在业务工作上,抓党风廉政建设和作风建设不够细致深入。二是深入基层调查研究不到位。基层调研还不够、不深入,没有建立完善的工作调研机制,陪同领导调研多,自己主动调研少,掌握的第一手材料还有待丰富。三是对普通干部职工关心不够到位。由于平时忙于具体事务,工作中对普通干部职工思想、生活、家庭等方面的关心还不够。四是工作中动真碰硬不够。在工作中遇到一些贷款、存款等方面棘手问题时，没有攻坚克难的信念，工作偶尔还存在"能摆一下就摆一下，能拖一会就儿拖一会儿"的现象。

"作风建设永远在路上，永远没有休止符。"接下来，我将认真总结经验，改正不足，带领分管干部职工努力做好以下几方面工作：一是继续加强党风廉政建设。自觉把思想和行动统一到行党委对反腐倡廉的决策部署上来，进一步增强工作责任感，以更加有力的措施、更加扎实的作风，抓好党风廉政和反腐败建设。二是继续加强作风建设。要求分管干部职工切实转变工作作风，进一步提高工作态度、工作效率、工作质量，主动接受社会各界的监督，进一步提升××行的良好形象。三是继续推动分管各项工作开展。围绕我行改革发展大局，加快推进分管工作体制机制创新，扎实推动分管部门业务开展和党风廉政建设双落实，为我行打造×××贡献力量。

第四章

交流发言 9 篇

年度优秀工作者发言稿

（××公司党委书记）

回顾 2017 年工作，作为 ×× 安装与维修工程分公司的负责人，我在 ×× 实业公司党委和公司的正确领导下，在班子成员和单位全体职工的支持帮助下，围绕"强中心促提升，抓党建促发展"的工作思路，认真抓好各项工作，积极推动企业发展。现将本人一年来抓企业党务工作情况报告如下。

一、把好方向、谋定思路，不断推动企业经济稳步发展

作为负责人，把关定向是首要职责。为此，我在思想上始终绷紧一根弦，那就是把围绕企业中心、服务发展大局作为推动党务的根本方向，凝聚班子力量，认真履职尽责，推动企业发展。

找准开发油田市场这个"突破点"，企业发展空间进一步扩大。去年，面对油田市场的复杂局面，分公司班子成员一起认真研究形势，扬长避短，瞄准油田产能建设工程等经济效益较好的项目，力争多承揽利润空间大的活源，做到有质量地开发市场，有效益地拓展空间。全年分公司共承揽工程项目 41 项，工程合同金额达 23593 万元，实现了市场开发额的新突破。

紧抓强化内部管理这个"关键点"，企业经济效益进一步提升。班子成员客观查找企业存在的问题，团结共识确立了开展管理提升专项活动，

通过重点推行成本、质量、安全等管理工作，强化了企业内部管理，降低了生产成本，提高了经济效益。2017年分公司完成产值24260万元，同比增长18%，盈利1071.73万元。

二、多管齐下、夯实基础，着力提升企业职工整体素质

基础不牢，地动山摇。员工就是企业发展的基础，是党组织建设的核心。在工作中，我把抓好企业员工素质提升作为党支部建设的主攻方向，通过加强学习、开展活动等多种方式，提高职工的发展力、战斗力、凝聚力，努力打造一支思想坚定、能力过硬的职工队伍。

积极组织共青团活动，提高员工思想觉悟。在活动组织中，我明确要求将企业精神、工作目标、规章制度等企业文化注入活动内容。去年，公司相继组织开展了"××梦·我的梦"系列主题活动，以下发问卷的形式，定期进行了青年队伍思想状况调研，切实了解了青年队伍的价值观念、思想动态及成长困惑。活动拉近了企业员工间的距离，真正做到寓教于乐、放松身心，也使企业文化看得见、摸得着。

认真开展降本增效劳动竞赛，提升员工工作能力。为提高员工的职业素质，我们先后开展了以前线和后线人员分别为主体的两项劳动竞赛，共征集合理化建议10条、"金点子"2个、"五小"成果1个；积极组织参与了××实业公司举办的"我为降本增效代言"演说大赛，演说内容得到了公司领导和相关部室领导的一致好评。通过各种竞赛调动了员工学习知识的积极性，为提升工作能力、更好地开展工作起到了积极作用，取得了以赛代学、以赛代练、以赛沟通的良好效果。

不断丰富宣教文体活动，提振员工精神风貌。去年，我们积极推动、相继组织广大员工参加了迎"五一"职工拔河比赛、"展××风采，向幸福出发"××湖徒步活动、《×××》新赛季家庭电视大赛海选赛、第九

届"××杯"职工系列活动等，进一步增强了企业的凝聚力和职工团结协作能力。

三、以人为本、服务群众，耐心做好企业各群体稳定工作

稳定是全体员工的共同心愿，是企业发展的重要前提。我始终秉持"稳定是企业发展的生命线"的理念，把维护各个群体稳定作为党务工作的重中之重，坚持真情实感，及时到位、用心用力处理职工诉求，做到群众满意、组织放心。

组织帮扶工作，做困难职工的"知心人"。我厂困难员工较多，针对这一特点，我们科学界定帮扶对象，针对不同人群，做好相应工作。对困难学生，开展金秋助学帮扶活动，分别帮扶 ZZ、SS2 人次，发放帮扶金 8000 元；对遗属人员，及时发放生活救济费补助、帮扶金和慰问金，全年对 33 户 34 人共计发放 123329 元，做到无一差错。

解决敏感问题，做退休职工的"贴心人"。2017 年，公司有偿解除劳动合同人员中退休 10 人，现共计有离退人员 118 人。在做好退休人员思想工作方面，我们实实在在开展工作，特别是在涉及退休疗养费用发放等敏感问题方面，及时沟通，主动解释，加大工作力度，时刻关心思想变动，及时化解心中的疑虑。全年共为有偿退休人员发放有偿慰问金 32.5 万元、水电补贴 15124 元，全年无一例上访事件发生。

开展特色活动，做老龄职工的"暖心人"。为不断满足退休人员和老年职工日益提高的精神文化生活需要，我们组织开展了郊游、参观、采摘、参观老年大学等多种适应老年特点的活动，丰富了老同志们的文化精神生活。

总的来说，今天获评为"优秀党务工作者"，我认为只是做了自己应该做的，尽了本分，感谢组织给予这样的鼓励。同时，我更加感到一份沉甸甸的责任，就是我不能辜负了组织的信任。对现在的我来说，负责人的职位不

仅是工作，更是事业，是人生的追求，它融入我的思想、渗透我的工作。今后，在公司党委的坚持领导下，和班子成员、全体职工一道，尽心尽力，攻坚克难，推动分公司发展步入新台阶、开创新局面、争取新佳绩，为党这面红旗贡献力量，增光添彩。

谢谢大家！

传承优良作风，争当发展先锋

（××公司人力资源部主任）

2

各位领导、各位同事：

人力资源部作为电网事业的重要职能部门，始终把为"事业谋人才、为发展尽心力"作为工作的第一标准，不断传承和弘扬×区干部好作风，努力在电网事业发展中勇当先锋、争创一流。

一、**传承谦虚好学、实事求是的学习作风，以培训的针对性提高员工综合素质。**坚持"学以致用、知行合一"，科学设计学习内容、合理安排培训形式，不断提升广大员工综合素质和业务能力。专题学习有特色。组织安排了"两学一做"专题培训、"青年员工演讲与口才"专题讲座、全球能源互联网知识网络学习专题测试等学习，员工的业务能力得到提升。以赛代学有收获。参加省公司兼职培训师竞赛，列全省第×名，直属单位第×名；组织线路设计竞赛调考封闭培训，获得佳绩。专项工程有成效。持续有效推进"百人提升"工程。×人被评选为省公司优秀专家人才，×人被评选为省公司优秀专家人才后备，×人被推选为国网优秀专家人才后备。

二、**传承规范有序、争创第一的工作作风，以考勤的严肃性强化员工纪律意识。**强化员工日常考勤，规范员工日常管理。以日常考勤的常态化

121

提升广大员工的执行力，以制度执行的严肃性强化工作运动的规范性。建立人脸识别考勤系统，对全体员工上下班实行一天四次的严格考勤，增强了员工的时间观念和自我约束能力，有效地改进了工作作风，提高了工作效率，营造了规范有序、运转有力、工作有效的工作氛围。

三、以保障的多样化提升员工归属观念。坚持以人为本，健全完善多层次、多样化的员工福利保障制度，提高员工归属感和荣誉感。完善制订政策，研究制订了《绩效管理实施细则》，夯实了岗位绩效工资管理基础。宣讲宣传政策，针对省公司新调整的补充医疗保险补助方案，邀请×××保险公司工作人员充分讲解，使广大员工及时了解。规范执行政策，会同工会、综合服务中心开展了福利平台上线前准备工作，全程核对、维护了离退休人员、独生子女及供养直系亲属等基础信息库，确保数据准确性。

四、传承效率至上、服务为先的管理作风，以运行的规范化提升管理水平。规范劳务派遣，对现有劳务派遣人员分类梳理，优选外包机构、规范外包协议、创新外包方式，严控派遣比例，杜绝了虚报冒领、私聘用工等问题，确保了外包费用核算的真实性、合法性。规范岗位管理，组织全院员工开展"五位一体"要素比对，征集并吸纳员工意见建议，促使工作运行清晰化、条理化、精益化。

下一步，我们将立足岗位，进一步苦练内功，善借外力，保持定力，不断提升部门整体效能，为电网事业发展做出新的更大贡献。

大胆选用青年干部，助推行业智慧转型

（××局党组书记、局长）

3

青年干部具有学历高、思想解放、思维活跃、勇于创新的特点。近年来，×局党组结合"四型"行业和"五精"行业建设，以×地行业监管智慧转型为契机，选拔、培养和任用了一批政治立场坚定、综合素质高、业务能力强、创新意识浓的青年干部，为争当内陆行业科学发展排头兵提供了新生力量。

一、智慧转型，择优选人

为了解决监管量大与监管资源不足的矛盾，×局秉承以信息化提升行业监管现代化的理念，开始了智慧监管转型的探索之路。在这一过程中，青年发挥了先锋作用，他们探索了"3+1"监管模式（即"CCTV+AIS+VHF+联动执法"安全现场监管模式），总结出"手段＋规定＋执法"的三融合监管方法，深入推进了"电子巡查、电子预警、电子设卡、电子盯防、电子跟踪、电子分析"的"6个电子"智能化监管手段。时至今年，×地行业监管转型基本实现，《×局内陆行业监管模式》在全国行业系统工作会上进行书面交流；×局内陆智能管理系统开发及应用，被中国××学会评为××年度"中国××科技奖"二等奖；×地行业"3+1"现场监管模式代表全省局，作为全国唯一内陆监管模式的代表，参加了在上海举办的中国国际行业展览会。可以说，智慧转型工作是×局这几年现场监管的重点工作，青年职工勇于创新、锐意进取，在转型工作中发挥了关键作用。局党组根据青年职工在转型工作中的表现择优选人，提拔了一批德才兼备、业绩突出、群众公认的青年干部。如在"中国××科技奖"申报项目工作中，全局 13 名重要参与者中，有 9 名是青年同志，占 69%。这 9 名青年同志先后受到提拔任用，为青年职工成长进步树立了标杆。

二、破解难题，量才用人

为破解发展难题，实施以课题研究带动人才的成长机制，我局成立了流通管理、安全检查、危管防污等 8 个学科研究小组，形成了长效管理机制。各学科研究小组每年承担专业领域内的 1~2 项重点课题，每月开展一次集中研讨活动，每季度开展一次课题进度评估，每年进行一次课题成果考核。8 个学科小组各负其责，刻苦钻研内陆行业业务，为单位解决了发展中的疑难问题，打通了瓶颈，扫清了障碍。经统计，全局共 66 名青年职工参加了课题研究小组，在课题研究工作中唱主角，担重任。其中××学科小组自主研发的××装置，取得了国家知识产权局颁发的专利证书。××学科小组以"底数清、责任明、措施实"为工作思路，总结提炼出"管、报、帮、推"四字工作方针，推动全省××领域安全管理现场会在×地召开，该学科小组研究的《×市接驳工具管理标准》以市政府的名义颁布执行，形成×市接驳工具管理的长效机制。××学科小组实施"分类管理、完善制度、挂点帮扶、强化培训、突出自查、齐抓共管"六项举措，与公司安全共建，为其免费举办安全管理提升班，帮助辖区公司解决最现实、最困难、最迫切的问题。通过开展课题研究活动，既培养了一批内陆行业专业人才，又帮助青年业务骨干迅速地成长成才，使他们在承担重要课题和专项工作中脱颖而出。经统计，局学科研究小组 16 名正副组长中，35 岁以下的有 11 人，占 69%，这 11 个年轻人近几年先后被提拔到科级领导岗位上。近年来我局提拔的青年干部，所有人都能在课题学科小组得到培养和锻炼。

三、崇尚学习，培训育人

我局大力开展学习型党组织建设，打造了"三大课堂"，即以实体培训为依托的"固定课堂"、以基层站点为依托的"现场课堂"、以学习园地为依托的"网络课堂"，都取得了较好的成效。去年，我局荣获 × 市第一批学习型党组织建设示范联系点称号；今年，我局学习型党组织建设党员电教片参加了 × 市优秀党员电教片评选，自主开发的学习园地信息平台参加了 × 市"党建创新"项目评选；× 市 64 家单位的党支部书记和 × 市 70 多名党务干部来我局参观学习。我局通过学习型党组织建设推动学习型行业建设，为青年干部培养搭建教育培训和实践锻炼的平台，一批青年职工"站起来会讲、坐下来会写、蹲下去会抓、靠上去会谋"，综合素质得到较大提升。2013 年以来，科级领导干部提拔总人数为 51 人（不含非领导职务），其中 40 岁以下的 38 人，比例达到 75%。近年来，我局干部提拔越来越趋向年轻化，2015 年提拔的领导干部中，40 岁以下的占 50%；2016 年，40 岁以下的占 86%；2017 年提拔的 5 个科级领导干部，全部在 35 岁以下，提拔年轻人的比例逐年提升。

四、搭建平台，选出能人

我局注重为青年职工搭建展现才华的平台，通过竞争上岗、交流轮岗、劳动竞赛、文化活动等多种方式，提升青年队伍的综合素质和能力，促进其成长成才。2017 年开展了全局性的竞争上岗、双向择岗活动，5 名青年通过竞争上岗方式走上了科级领导岗位，3 名同志通过双向择岗方式提拔为主任科员，一批科级基层站点原内设部门的中层领导干部也在双向择岗中得到了妥善安排，干部职工满意度很高。我局还通过交流轮岗的方式，激发干部队伍活力，2013 年以来，全局共平级调动领导干部 95 人次，平均每年调动约 14 人次，其中行业处与机关、行业处与行业处之间调动的为 85 人次，占 89%，满足了干部职工在不同岗位丰富阅历、积累经验的需求。我局连续多年被省局工会评为"劳动竞赛"先进单位，2017 年 1 月份我局举办了"扎实推进四型行业建设"知识技能竞赛活动，竞赛包括笔试、现场实操、综合竞赛三个环节，历时 11 天，来自 5 个基层站点和局机关的 6 支队伍共 96 人次参加了竞赛。这次竞赛实际是对全局青年职工的一次大检阅，一些青年职工借竞赛的平台赛出了水平，赛出了能力，在工作中得到了重用。总体来说，我局的青年干部有一个比较明显的特点，就是"活"。这不仅秉承 × 市"敢为人先"的文化渊源，很大程度上也得益于我局为青年干部提供的成长平台多、活动载体多、锻炼机会多。

当然，青年干部大多具有鲜明的个性和特点，有思想，有激情，有闯劲，但实践经验不够，人生阅历不丰富，在处理某些具体事务时可能会急于求成，产生急躁情绪，这些是青年干部的通病。一些领导干部担心年轻人太嫩顶不住、太冲稳不住、太浅压不住、太轻站不住。我局在选拔和使用青年干部上，提倡看主流、看长处，不求全责备，打破论资排辈，不拘一格选用青年干部，保护青年干部的锐气和冲劲，营造拼搏进取、奋发作为的氛围。近几年，我局智慧监管转型工作取得了一定的成效，在很大程度上也要归功于青年干部的敢为人先、敢闯敢干、开拓创新的意识和勇气。

青年是行业发展的未来，青年干部是青年队伍中的优秀人才。下一步，我局将以提高干部人事工作科学化、制度化、规范化水平为主线，以"抓班子带队伍、抓基层打基础、抓行风树形象"为重点，继续加大青年干部培养管理和使用力度，全面加强和改进干部人事工作，全面推进"革命化、正规化、现代化"建设，助推 × 地行业智慧转型。

同心同力谋发展，五联五共促双赢，积极探索党建联建新路径

（××供电公司党委）

4

国网×市×供电公司隶属于国网×市电力公司，供用电面积达521平方公里，服务120万各类客户。管辖的X、Y区域是×市重要的政治中心、交通枢纽中心、科教文卫中心，也是×市最大的工业基地和最繁华的商业圈之一，对设备的可靠性要求极高。2017年公司售电量180.779亿千瓦时，最高负荷347万千瓦，电网运行安全稳定，较好地发挥了服务社会经济发展大局的作用。

国网×市×供电公司党委始终把社会责任理念融入公司各项管理和供电优质服务工作中，以"经济发展联建共兴、优质服务联创共赢、资源整合联动共享、党建活动联抓共融、公益事业联帮共助"等"五联五共"为抓手，凝聚多方合力，深化联建共建内涵，有效地将党组织的作用体现在电网建设、实事工程、社区服务、公益帮困等工作中，充分彰显了电力企业的品牌形象和社会责任。

一、加强建设，提供保障，经济发展联建共兴

经济发展，电力先行。×公司紧扣X、Y两区经济社会发展实际，周密组织，科学安排，严控节点，不断改善用电环境，提高供电质量，积极

127

为社区、企业提供更加优质的电力服务，为区域经济发展贡献力量。

一是注重服务大局。公司以服务 X、Y 两区经济社会发展大局为出发点和落脚点，抢抓机遇，直面挑战，在全区项目建设工作中，早介入、早立项、早进入、早施工，本着"项目建在哪里，电就通到哪里"的工作态度，为项目建设提供了强有力的电力支撑。这些年，公司供电区域内 ××、××、×× 等重大工程涉及的供电配套任务相当繁重，为确保工程有序进行，公司不断探索与管线单位共建共创的新途径，公司建设部门所在党支部相继与轨道交通相关施工单位、× 市高速公路建设发展有限公司等开展党建联建。双方针对施工项目工期紧、任务重、技术要求高的特点，通过加强沟通、提前介入、优先安排、及时协调等方式加大推进力度、加快实施进度，确保了涉及的电力设施配套工程和客户工程的质量和进度，出色地完成了服务地方经济发展先行官的职责。

二是注重保障民生。通过"大党建"平台的相互沟通协调，公司先后为 × 区用电布局，为 ××、×× 公司等企业用电困扰提供积极帮助，为社区卫生服务中心、幼儿园和老年人活动室等解决用电难题。2014 年，公司配合 × 街道推进老旧小区的综合改造，为 ××、×× 生活块区进行电网改造施工，近 5000 户居民受益。2015 年，针对街道提出的需求，及时为 ×× 小区进行低电压改造。2016 年至今，公司对区域内近 400 个社区的 16 万户居民用户实施 ××× 工程即表前供电设施改造，为地方经济发展和城乡居民用电提供了有力保证。

二、拓展渠道，发挥作用，优质服务联创共赢

× 公司始终坚持在为民服务和保障供电上下功夫，坚持客户导向，持续强化服务理念，提高服务质量，优化便民服务措施，提升优质服务水平。

一是积极拓展渠道。公司与"12345"市民服务热线管理办公室、× 市

广播电视台×××广播新闻中心、中共×市委党校、中国电信×市公司×营业厅、××街道、××居委等十余家单位长期签约结对，着力将电力服务与社会服务工作相结合，共同拓展服务沟通渠道。

二是发挥党员作用。公司成立了国家电网×市电力（×小彭）共产党员服务队和国家电网×市电力（×运检）共产党员服务队，开创"电力管家"一站式菜单服务。推进"社区电力课堂微公益""守护社区特困孤寡老人用电安全的微公益"等公益服务，开展"进社区、进企业、进学校、进医院"专项服务，整合各类服务资源，提供个性化的用电服务，满足社区用户对于预约上门服务、用电检查、抄表核收、电力政策宣传等各种服务需求。在公司"光明工程"供电设施改造过程中，党员服务队结合服务区域内优秀历史建筑较多的情况，与街道、社区及时开展沟通联络，制订最优化的表位装置改造方案，着力于在保护历史建筑风貌的同时提升用户用电体验和电力保障服务水平。

三、优势互补，资源共享，资源整合联动共享

×公司高度重视与地方的资源共享，一方面公司积极投入资源，提升地方居民的生活品质，另一方面地方对公司自身的发展建设提供助力。从而有效让公司融入地方之中，发挥了1+1大于2的作用。

一是积极交流合作。公司积极依靠各方支持，结合各自特点和优势加强统筹合作，动员包括公安、消防、交警、社区、媒体、政府部门等各种社会力量，建立健全多方联动机制。

二是促进联动发展。作为区域化大党建网络的一环，无论在服务民生工程，还是服务社区居民方面，公司都积极投入开展工作。依托区域大党建平台，主动服务、听取意见，积极参加"国字号"企业党建沙龙等活动，认真参与服务在基层活动，同时积极贯彻市委一号文件，落实在职党员到社区报

道，联合 × 区 × 街道开展"寻找 × 责任人"活动。

四、外树形象，内聚合力，党建活动联抓共融

当前，加强基层党的建设是全党的一项重大战略任务，× 公司牢固树立"抓好党建是本职、不抓是失职、抓不好是不称职、出了问题是渎职"的理念，真正把党建工作摆到突出位置，有效促进了公司各项工作的开展。

一是积极打造品牌。公司进一步深化行业党建联动机制，开展涵盖业务交流、信息沟通、施工管理、文明创建等内容的交流互助和各类优质服务现场宣传主题活动，进一步履行社会责任，提升供电公司"责任央企"的形象。

二是加强行风建设。在与各共建单位的沟通互动和互帮互助中，公司赢得了共建单位的好评和支持。在年度行风评议、文明创建考评中，得到共建兄弟单位的鼎力支持，推动企业精神文明和行风建设再上台阶，实现多方"互惠共赢"的局面。近年来，公司先后荣获国家电网公司和 × 市文明单位、× 市重大工程立功竞赛优秀公司、全国电力行业用户满意服务单位、× 市电力公司安全生产先进单位、迎峰度夏优胜单位等荣誉称号，市行风网上测评在 × 区和 × 区均名列前茅，塑造了良好的电力企业形象。

五、形式多样，真抓实干，公益事业联帮共助

× 公司立足于实践社会责任，积极开展涵盖助残扶弱、爱心助困、敬老爱老等一系列公益活动，全面展现了公司以真情服务群众的成效。

一是履行社会责任。公司通过员工募捐建立了"爱心基金"，对社区内困难的或需要帮助的群体提供志愿服务；坚持数年对多个社区的家庭困难同学牵手结对，每个新学期到来之前都会为助学对象送上助学金、文具和学习资料。

二是创造社会价值。公司发挥特长开展各类用电咨询、社区志愿服务，

组织志愿者积极参加学雷锋、蓝天下的至爱、道路交通执勤、地铁文明宣传、社区定向赛跑、小区外墙绘画、网络文明宣传等活动，实现了公司自身成长和共建单位的和谐发展。

近年来"五联五共"活动的持续开展，为国网×市×供电公司探寻一条凝聚多方合力的联建共建之路提供了机制保障，实现了资源优势互补和精神文明建设的共同发展，树立了电力企业的良好形象。一个"纵向深入、横向发展、多点辐射"的共建网络已然形成，精神文明建设也由此走上一条良性循环的道路。

以特色文化凝心聚力
用核心价值凝神聚魂

5

——××工会"10H"特色文化助力企业发展

（××公司工会）

近年来，××工会以文化建设作为开展工作的主题主线和主抓手，找准了工作突破口和切入点，凝聚提炼了富有特色的"10H"企业文化，将公司的文化建设方向明细化、员工先进要求具体化、争创一流业绩制度化，推动广大员工在日常工作和生活中积极发挥作用，为公司蓬勃发展贡献才智、增光添彩。

一、文化建设有目标，明确方向助发展

明确的目标，是工会文化建设的发展方向。我们深知，只有根植于公司实际的企业文化，才能迸发出源源不断的动力。我们围绕××以"科技服务电力、发展回报社会"的公司使命，着眼"做世界一流电力自动化整体解决方案制造商"的公司愿景，紧贴"诚信合规、勇担责任、以人为本、科技创新"的公司核心价值观，立足公司是合资企业的实际以及员工众多的特色，经过充分调研、系统总结，逐渐提炼凝聚形成了富有特色的"10H"企业文化。概括起来说，就是倡导、推行和弘扬"三个价值"：倡导"安全合规（Honesty/HSE）、团结协作（Help）、快乐工作（Happy Work）"的价值理念；推行"勇于创新（Head）、严于质量（Hand）、精于服务（Heart）、

善于聆听（Hear）、敢于拼搏（Work Hard）"的价值准则；弘扬"卓越绩效（High Performance）、和谐共赢（Harmonic Environment）"的价值目标。

在架构"10H"特色企业文化的过程中，我们立足文化理念同公司发展战略规划相结合，文化价值同生产经营中心任务相结合，文化脉络同技术专业创新、市场行业竞争相结合，文化传承同员工思想实际相结合等"四个结合"，使"10H"文化得到企业管理层和广大员工的充分肯定和积极参与，持续不断地扩大和增强了"10H"企业文化的影响力、凝聚力、竞争力，为公司发展提供了优秀的文化基因。

二、文化活动有载体，搭建舞台助发展

文化活动的关键是立足岗位创造佳绩，深入一线为企业服务，使员工有作为、企业得发展。

一是聚焦主业，以赛促学练技能。工会聚焦公司生产经营主业，践行勇于创新、严于质量、精于服务的价值准则，积极营造创先争优、"比、学、赶、帮、超"的学习、工作氛围，组织开展了"提升技能，争创一流工厂""营销技能""工程设计""工程调试和服务""办公自动化"等各项主题劳动技能竞赛活动，大力宣贯"以赛促训、以训带学"的竞赛活动理念。通过劳动技能竞赛活动，员工的专业基础知识得到巩固，专业工作技能得到提高，质量意识得到加强，进一步提升了发现问题、分析问题和解决问题的能力。

二是落实主责，安全规范促生产。工会始终树立"安全是第一责任"的意识，采取多种形式，积极引导员工安全生产、规范经营。建立并推行SOT安全行为观察和安全事项报告制度，通过SOT安全行为观察和定期的专项（消防、用电）安全检查，极大地提升了全体员工的安全意识和规范操作能力。组织开展了技能竞赛和摄影技能大赛等活动，引导员工参与

安全建设，坚决杜绝身边的安全隐患，进一步提高了员工安全意识，规范了员工生产行为。

三是紧扣主题，降本增效优管理。工会始终鼓励员工以积极创新的思维开展各项工作，制订鼓励改进和创新的机制，如专项技术攻关、新产品开发规划、流程再造、专利申报等，通过日常渐进性、重大突破性改进，鼓励各级各类员工对现有的产品、过程等进行不断改进，使产品和服务不断完善优化。坚持开展集中征集职工合理化建议活动，通过职工对工作一线中出现的各类问题进行测量分析，提出切合实际的解决方案并在公司内部加以推广运用，改进了公司运营管理模式，促进了技术改造、降本增效，改善了产品生产、服务质量。

三、文化成效有保障，创造条件助发展

工会积极践行"快乐工作、和谐共赢、团结协作"的价值理念，重点在树立模范典型、真情关爱员工、热心社会公益等方面下功夫，让文化的力量传播开来，使企业的形象树立起来。

一是树立标杆，提升文化感染力。工会注重发掘、表彰工作在身边的先进典型，先后组织"劳动模范""青年安全生产示范岗"等公开评比活动，通过全体员工在网站上点赞的模式，选举推荐出了"优秀班组""集团公司工人先锋号"××同志等先进集体和先进个人。这些典型在公司研发、营销、设计、调试、服务、生产、管理等各岗位上辛勤耕耘，不懈努力，为广大员工"学有榜样，赶有目标"树立了标杆，提升了文化感染力。

二是真情关爱，提升文化向心力。认真开展职工互助互济保险金活动，为家庭发生实际困难的员工发放互助慰问金，让他们感受到团结互助、共渡难关的温暖。成立了职工伙食委员会，加强与运保中心的沟通，推行员工对伙食满意度调查，让员工吃上放心、可口的饭菜。针对公司年轻员工占比高，

为体现公司对孕、哺期女同志的关怀设立了母婴室，并配置了沙发、冰箱、桌椅等各种家具，让广大年轻女员工安心、开心工作。通过真情关爱，员工心向企业的定力更强，服务发展的动力更足。

三是相助公益，提升文化影响力。 工会把企业的社会责任当作企业发展的永动机，长期以来注重培养员工的社会责任感，鼓励员工参与"助梦青春"公益助学、义务献血等系列活动，积极引导员工服务企业、贡献社会，彰显了公司为社会公益所做的努力和付出。

通过推行"10H"特色文化建设，工会充分发挥和履行了联系员工、服务员工的优势和职责。把优秀员工标准变成了具体指标，让优秀员工要求变成了自觉行动，使员工身在企业为企业，做出经得起实践检验的优秀实绩。

6 组织观看《筑梦中国》的情况报告

(××银行办公室)

根据工委关于做好历史文献纪录片《筑梦中国》学习工作部署和××行长的指示精神，我室迅速行动，结合实际，精心组织全体成员进行观看学习并开展讨论交流，现将有关情况报告如下：

一、多措并举，观看学习落到实处

接到文件通知后，我室高度重视，把观看学习活动作为贯彻落实党的十八大、十八届三中、四中全会和习近平总书记系列重要讲话精神的重要内容，仔细筹划，精心组织。

（一）**筹备谋划，认真做好组织动员。**我室第一时间将《关于认真做好历史文献纪录片〈筑梦中国〉学习宣传工作的通知》的文件印发给全室成员，并召开会议，认真学习传达有关文件精神和要求，围绕如何开展学习活动进行讨论，进一步明确了学习时间、学习方式、学习重点和学习目的。

（二）**形式多样，积极组织观看学习。**为保证全室成员认真完成学习任务，各科组多渠道、全方位收集相关视频资料，以短信、微信等方式将网上收看地址链接、各电视台播放时间表发送给全体成员，并下载了全套视频供大家拷贝，大家根据各自的工作情况、业余时间，利用多种方式，广泛开展自主观看学习。同时，我室努力克服日常工作较为繁忙的情况，于8月4日~6日，组织党员干部进行了集中收看，并要求在纪录片观看后，认真撰写观后感、心得体会，进一步强化学习效果。

（三）**延伸学习，不断强化活动效果**。观看学习之余，积极组织开展习近平总书记系列重要讲话重温学习，深入研习了习总书记关于中国梦的重要论述，下载了《党史100讲》《中国精神》等相关系列纪录片视频供大家观看学习。通过延伸拓展学习，更好地领会《筑梦中国》的精神主题，深化了活动效果。

二、深入交流，学习活动成效显著

按照活动方案，大家开展了学习交流会，深入交流学习感想和心得，分享学习收获。通过观看《筑梦中国》，全室党员深受教育，心灵得到洗礼，党性得到锤炼，深深感受到了作为一名共产党员的自豪感和使命感。

大家一致认为，《筑梦中国》是一部记录时代变迁和中国发展的纪录片。该片是对百年中国历史的一次完整回顾，展现了中华民族百折不挠、奋发有为的精神，体现了共产党人敢于担当、不畏艰辛的优秀品质。纪录片特点鲜明、教育意义强，利用思想性、艺术性、观赏性相统一的方式，充分展示了对实现民族复兴进行的种种探索，特别是中国共产党领导全国各族人民争取民族独立、人民解放和国家富强、人民幸福的光辉历程，充分展示了中华民族的复兴之路，生动阐释了中国梦的深刻内涵；以1840年鸦片战争拉开了近代中国人民奋起抗争，挽救民族国家于危亡，为实现民族复兴进行艰苦奋斗的历史巨幕，深刻阐述了中国梦的内涵。场面恢宏，主题鲜明，内容丰富生动，故事朴实感人。

大家一致评价，《筑梦中国》更是一部催人奋进、鼓舞人心的励志片。我们要牢记历史，要明白今天的美好生活来之不易，是一代代革命先驱抛头颅、洒热血，筚路蓝缕，艰苦创业而来；要进一步坚定信念，坚决与党中央保持高度一致，沿着中国特色社会主义道路奋勇向前，不断增强道路自信、理论自信、制度自信，为实现中华民族的伟大复兴而拼搏奋斗。大家纷纷表示，在今后工作中，要牢固树立宗旨意识，加强作风建设，密切联系群众，提高思想自觉性和行动自觉性，认真践行"三严三实"，增强岗位责任意识和历史使命感，兢兢业业，踏踏实实做好工作，为实现中国梦出一份力、尽一份心！

三、撰写体会，理想信念更加坚定

为确保观看学习不流于形式，我室要求全体成员在观看学习后认真撰写心得体会。通过交流学习，进一步鼓舞了干部士气，凝聚了人心，增强了党组织的凝聚力和向心力，营造了创先争优、干事创业的浓厚氛围。全室党员干部明确了作为一名从事为人民服务工作的共产党员，今后要进一步贯彻落实好 × 行长提出的"严、细、实"的指示精神，优质高效、规范有序地做好服务工作。

（一）**突出一个"严"字，狠抓公文质量**。严格按照公文处理规程，严格遵守工作制度，严格仔细校核，把好行文关、时效关、文字关，进一步提高公文质量。对来文送审送签、加盖公章、查阅档案以及领导批示、交办事件的落实，及时完成，切实做到办文讲程序，办事讲效率，件件抓落实，事事有回音。

（二）**突出一个"细"字，优化日常服务**。提高会务服务质量，按照领导要求，及时拟写会务筹备方案，细化工作任务，将工作任务落实到人，确保相关会务及接待工作不出现失误；切实创新档案管理，将归档文件收集、清理、归档，做到应收尽收，确保档案的完整性和连续性。

（三）**突出一个"实"字，改进工作作风。**切实抓好作风建设，增强全室同志的政治意识、大局意识、责任意识、保密意识，增强履行职能服务的自觉性；开展丰富多彩的文体活动，使全室干部在喜闻乐见、丰富多彩的活动中增长知识、受到教育、凝聚人心、鼓舞士气，激发工作热情和实干精神。

7 | 以学习推动工作，用经验指导实践

（××电信分公司总经理）

在学习《××董事长对××分公司发展经验调研报告的批示》《××分公司发展经验调研报告》的过程中，我深刻认识到，董事长的批示和××分公司的经验报告，为我们做好工作指明了方向。如何将学习成果转化为工作实效，我认为应当从以下几方面入手：

一、坚定不移执行上级战略部署

我将认真学习××分公司在执行力方面好的经验与做法，坚定不移地执行上级战略部署，以三大业务为基础，实现五项领域的突破，提升八项能力。一是在分公司内广泛开展学习讨论，掀起学习贯彻董事长批示精神热潮，结合"两学一做"学习教育，进一步引导干部职工统一思想，引导干部职工立潮头、精敬业、敢担当、勇争先；二是严抓执行力，在上级做出决策部署之后，督促分管部门立即研究具体办法，明确具体责任，一环扣一环地去抓，一项一项抓落实，做到每周有安排，每月有计划，每季度有检查，每年度有督促，以一抓到底的狠劲，努力开创分管工作的新局面。

二、坚定不移加强人才队伍建设

人才是公司发展的首要因素。我将深入学习××分公司在人才队伍建设方面的经验，进一步严格按照上级决策部署，完善分管部门用人、激励与约束机制，打造高素质团队。一是促进分管部门优秀干部职工有序流动，促进人才培训、培养、岗位交流常态化。不断关注年轻干部职工成长，夯实队伍基础，通过实施人员合理调配和流动、新进大学生充实一线等措施，持之以恒将结对拜师、压担子压任务、岗位轮换、薪酬激励、目标考核等员工成长载体用好，打造能力强、业绩优、作风实的干部职工队伍。二是从组织、制度、机制等方面入手，精心设计绩效考核体系，从制度体系上保障考核工作有效实施，狠抓绩效考核结果分析应用，扎实推进分管部门人力资源管理工作。

三、坚定不移推进重点任务落实

××分公司在艰难险阻面前的勇于挑战为我们每个人都带来了启迪，我要勇于坚持方向不变线，提升竞争力，坚持创新，确保目标的完成。一是坚持方向不变线，始终按照"坚持客户导向、强化战略执行、提升销售能力、提高运营效益"的工作主线，带头做到在其位、谋其政、尽其责，变"要我做"为"我要做"，变"做得过"为"做得好"。二是努力适应知识更新周期大大缩短、各种新知识新情况新事物层出不穷的时代变化，提高自身和分管干部职工各方面的知识素养，主动加快知识更新、优化知识结构、拓宽眼界和视野、提升专业市场销售效能。

四、坚定不移做好客户服务工作

××分公司成功经验中很重要的一条就是以客户为中心，聚焦客户需求，关注客户体验感知。在接下来的工作中，我将以客户满意度为抓手，做好各项服务工作。一是以问题为导向，以客户满意为目标，主动查找问题，提升服务满意度。将查找问题整改问题融入日常专业管理，努力解决客户和干部职工反映的焦点问题，确立目标，制订措施，实现闭环管理。针对每一条原因制订可量化、可验证、可执行的整改措施和阶段性的提升目标，全面提升客户满意度。二是聚焦客户需求，完善产品线配置，进一步坚持"开渠是核心、专营是基础、零散是保障、代理代办是关键"的"全渠道"拓展核心思路，完善销售网络，扩大销售半径，提高销售能力。

在单位工作推进务虚会上的发言

（××市烟草分局局长、党组书记）

党的十八大以来，党中央高度重视创新发展，把创新发展提高到事关国家和民族前途命运的高度，摆到了国家发展全局的核心位置。对于我们烟草行业而言，创新是引领行业发展的第一动力，抓住了创新，就抓住了牵动行业发展全局的"牛鼻子"。因此，工作中我们必须做到"知行合一"，创新当头，实干立标，扎扎实实用创新发展理念推动工作，用优异的工作成绩体现创新发展理念的成果。

一、准确把握行业创新发展理念的丰富内涵，吹响烟草创新工作的"集结号"

随着国家经济发展进入新常态，传统发展动力不断减弱，烟草行业也面临着经济下行、卷烟提税顺价、控烟等巨大压力。因此，必须通过创新打造行业发展新引擎，培育新的业绩增长点，持续提升工作的质量和效益，开辟烟草行业发展的新空间。

一是传统的行业发展模式面临着严峻挑战。当前，随着宏观经济增速放缓，行业发展面临着较大的经济压力。随着控烟履约工作的不断推进，行业也面临着控烟"片面化、绝对化、扩大化"的过激倾向，业务增长乏力。与此同时，国家实施的卷烟提税顺价也对行业带来了严峻挑战，烟草税的提高将直接导致卷烟终端零售价格的上涨，从而导致销量的降低和产量减少，抑制社会对烟草的需求。因此，去年全国卷烟销量下降120万箱，成本单箱增加289.3元，都体现了行业传统发展模式所面临的挑战，这也有利于行业以问题促改革，以困难促创新。可见，创新发展是大势所趋、形势所迫，势在必行。

二是创新发展可以把握行业面临的新机遇。机遇往往与挑战并存，能否抓住机遇，关键就在于能否创新发展。当前，市场的需求导向，为行业优化种植布局、提高科技含量、彰显技术水平，试验新型经营管理发展模式，加快职业烟农队伍培育，推进专业化、科学化、流程化、制度化的行业管理体系网提供了良好的发展机遇。与此同时，随着××省、××市大力推动城镇化、工业化进程，行业也迎来了仔细研究消费变化、着力提升服务水平、大力培育稳定消费群体、建立新的业绩增长方式、拓展新的市场空间的良好机遇。

三是创新发展对行业体制机制提出了新要求。要做到创新发展，就需要我们按照"两个略高于"的发展目标要求，认真研究市场变化，主动调整思路，加快转变发展方式。要大力推进营销体制机制创新，稳步推进卷烟营销市场资源配置改革，坚持效益第一，挖掘新的业绩增长点。要积极研究细支卷烟、异型卷烟、中式雪茄烟、低焦油卷烟等创新产品，推动产品转型升级。要进一步创新人才培养机制，在用好、吸引、培养人才上下功夫，广泛吸引各类创新人才特别是最紧缺的人才，形成一支规模稳定、创新精神足、担当意识强的创新型人才队伍。要推动烟草品种培育、新型卷烟研制、卷烟降焦减害、卷烟自主调香、烟叶和卷烟产品质量安全等新技术、新成果、新工艺的研究，借助科技成果提升产品效益。

二、坚决推动行业创新发展理念落地生根，打好烟草创新工作的"攻坚战"

我们要坚持把思想和行动迅速统一到中央和行业上级的工作部署上来，按照创新发展的新任务、新要求，解放思想，统一认识，抓住机遇，积极作为。在我看来，要推动创新发展理念落地生根，主要要围绕下面六个方面。

一是要围绕一个"学"字，做到博学勤思强本领。××局长在工作报告中强调，2016年是"十三五"的开局之年，是打造××烟草"升级版"的关键之年。因此，要做好关键之年、开局之年的工作，就需要我们加强学习，消除本领恐慌。尤其作为领导干部，我们是本单位全体员工的"大脑"，应当走在学习的前列，应当比广大员工多学一步、多学一点、学深一些。一是要加强理论学习，提升政治素养。自觉加强对中央政策方针、习近平总书记系列重要论述、国家省市局重大决策部署方面的学习，列出详细的学习计划。学习中坚持做到原原本本地学，联系实际地学，带着问题去学，确保学深学透，着力增强自身的政治意识、大局意识、责任意识，增强自身干事创业的责任心和做好工作的自觉性。二是要加强业务知识学习，夯实本领基础。不断抽出时间学、挤出时间学，认真学习精益管理、供给侧结构性改革、烟叶战略地位巩固、卷烟营销等方面的新知识新业务，把握创新驱动发展、全面深化改革等带来的新要求新精神，并将学习成果迅速贯彻落实到工作中。通过认真学习有关业务知识，不断丰富自身的知识储备，拓宽自身的知识面，优化自身的知识结构，为从严把好工作的政策关、业务关、风险关打下良好的基础。

二是要围绕一个"新"字，做到新益求新促发展。要努力适应知识更新周期大大缩短、各种新知识新情况新事物层出不穷的时代变化，提高本单位全体员工特别是领导干部各方面的知识素养，主动加快知识更新、优化知识结构、拓宽眼界和视野。一是要深入了解创新发展带来的行业领域新变化。

准确把握行业改革发展面临的卷烟增速放缓、烟叶规模调整、打假重点转变、深化改革加快、法治烟草建设、外部环境趋紧等6个新常态，积极把握有效竞争的市场结构和市场体系，促进资源优化配置，提高服务质量和水平。二是要主动引领创新发展带来的行业领域新变化。要以扎实的工作基础和管理基础，在法治建设、企业管理、降本增效、多元化经营等方面进位赶超。要持续开展主题营销活动，提升整体销售进度，深化现代终端建设，培植优质零售客户。要坚定信心，稳定销量，深入推进精益管理工作，持续提升各项工作水平，保障企业持续健康平稳发展。

三是要围绕一个"谋"字，做到深抓调研善谋划。要做到本单位上下"一盘棋"，主动围绕行业上级布置的中心任务、重点工作进行思考，克服图近有余、图远不足等现象，扎实谋划和推动工作发展。一是要谋出务实作风。对各项重点工作"定责任、定措施、定时限"，推动任务分解落实。严格控制会议数量和会议规模，在会前做好调查研究，会后抓好督促落实。进一步提高文件质量，注重对工作的针对性、指导性和可操作性。二是要谋好重点工作。要按照上级要求，坚持稳中求进总基调，认真落实"五保"卷烟经营指导思想，打好烟叶战略地位的开拓战、卷烟营销稳量顺价的攻坚战、卷烟打假打私巩固根治的持久战、改革发展进位赶超的总体战和改进作风提升形象的巩固战，不断提高本地区烟草商业发展质量和效率，从而进一步为公司发展指明方向。

四是要围绕一个"严"字，做到严以为常转作风。要不断增强执行纪律的自觉性，把作风转变形成习惯，把严格执行和维护纪律规矩放在首位。一是要进一步规范权力运作，提高决策水平。推动建章立制，修订完善决策等流程实施细则，开展领导班子权力清单梳理，排查权力事项，列示权力边界，梳理制约措施，实现用制度管人管事，进一步加强制度执行，确保各项工作有章可循、规范有序。二是要进一步注重坚持慎独慎微慎初。在严格自律、接受他律上下功夫，严守廉政纪律，以警惕之心对待外界诱惑。严格按照组织程序和规矩办事，绝不允许擅作主张、我行我素。在情况不明确时绝不允许胡乱拍板，在违反相关规定时坚决予以纠正。

五是要围绕一个"实"字，做到实干有为提效能。要狠抓工作落实，加强工作前瞻性和战略性，坚决克服满足现状、不敢担当、不求有功但求无过等消极思想，带头做到在其位、谋其政、尽其责，变"要我做"为"我要做"，变"做得过"为"做得好"。一是要进一步加强队伍建设。坚持开展"以案说法"等学习活动，结合实际案例中存在的难点或问题，组织全体专卖人员进行学习和研讨，提高专卖人员的执法规范意识。着力加强员工技能培训，由内训师为专卖人员开展岗位技能培训，将组织培训与竞赛一体化，组织员工开展卷烟鉴别、许可证办理、案件处理等培训及竞赛，提升员工实操能力。积极抓好技能鉴定备战，结合相关培训开展岗位技能竞赛，不断提升员工综合素质。严格落实执法规范，进一步严格依法行政、规范执法，维护专卖队伍的良好形象，力争优秀基层建设的达标率达到100%。二是进一步自觉做到追求工作抓落实成效。在上级做出决策和部署之后，立即研究具体办法，明确具体责任，一环扣一环地去抓，一项一项抓落实，做到每周有安排，每月有计划，每季度有检查，每年度有督促，确保整治真烟非法流通、市场规范经营等难点工作有突破、见成效。

六是要围绕一个"细"字，做到落细落小抓推进。要按照精益管理的要求，以细致的作风和务实的态度着力推进市场整顿、规范经营、销量保障等重点任务的完成，进一步提升企业管理水平。要以"功成不必在我"的境界、一抓到底的狠劲，努力开创本单位工作的新局面。一是进一步抓好精益管理。坚持每月召开精益改善活动碰头会，修订精益管理考核办法，强化奖惩力度，加强沟通协调和情况反馈，进一步激发员工热情。持续加强精益知识培训，邀请兄弟单位精益岗位明星前来指导，继续学习借鉴各单位被市局采纳立项的项目，组织员工前往兄弟单位交流学习，促进员工掌握合理化提案、TWI 等精益改善工具。持续提升精益改善经济效益，针对价值流程方面的改善，整合各部门的力量成立精益攻坚小组，提出更多具有经济效益的自主改善项目与合理化提案，进一步提升企业运行水平。二是进一步抓好党风廉政。不断强化领导责任和组织领导，认真落实"一岗双责"要求，积极参与到市局党委统一领导、各部门各单位各负其责的责任落实机制中来，认真贯彻落实市局党委关于党风廉政建设的工作部署，把党风廉政建设工作与本单位业务开展有机地结合起来，一同部署、一同落实，贯穿于工作全过程。认真对本单位党风廉政建设各项工作任务进行细化分解，要求各部门负责人亲自抓、全体党员配合抓，形成一级抓一级、层层抓落实的工作格局。

以精细化管理提升工会履职和服务能力

（××局工会）

近年来，×地行业局工会在上级工会和局党组的正确领导下，在 2010 年被授予行业系统基层工会"先进职工之家"、2011 年被授予全省"模范职工之家"称号的基础上，结合本局实际，确立了争创行业系统基层工会"模范职工之家"的目标。工会围绕这个目标，以"强素质、建和谐、促发展"为建家主题，以"因地制宜、发挥特色"为建家思路，以"精细化管理"为建家理念，在"职工之家"创建工作上创先进、争优秀，进一步提升了工会的履职能力和服务水平，为我局争当"全国内陆行业科学发展排头兵"充分发挥了桥梁、纽带作用。

一、基本情况

我局工会成立于 1996 年 6 月，下设经费审查委员会、女工委员会以及五个行业处分会，工会组织覆盖率 100%。全局工会会员 197 人，专职工会干部 1 人，兼职工会干部 14 人，职工入会率 100%。严格遵守财经纪律，收好、管好、用好工会经费，按时足额划拨和上缴工会经费，会费收缴率 100%。

局"职工之家"建设采取三步走策略：第一步加强建家管理规范化，争创"先进职工之家"；第二步加强建家管理精细化，争创"模范职工之家"；第三步加强建家管理特色化，争创"品牌职工之家"。近两年，局工会高度重视模范职工之家创建工作，成立了创建工作领导小组，大力加强职工之家建设，致力于在管理上求精，追求最优、最佳成效；在服务上做细，落实细化、实化举措；以精细化管理提升建家水平，向"模范职工之家"目标迈进。

二、主要事迹

（一）以"强化阵地建设"为抓手，把职工之家管理做精做细

为加强"职工之家"建设精细化管理，工会认真分析了具有的优势和存在的不足。优势是基础扎实，会员有活力；不足是场地有限，硬件不到位。针对此问题，工会采取了"没有场地，建阵地；硬件不足，软件补"的举措，从阵地建设、信息化建设、小家建设三个层面加强精细化管理。

在阵地建设上，从"局、处、点、站"四个层面推进创建工作。在局层面，大力开展"职工之家"建设，争创"模范职工之家"；在行业处层面，大力开展"职工小家"建设，争创"模范职工小家"；在监管点层面，大力开展优秀"工会班组"活动，争创"工人先锋号""安全优秀班组"；在基层站点层面，大力开展"管用养修"活动，争创"安全优秀站"。

在软件建设上，着力提高工会的信息化管理水平。一是建好工会电子台账。目前已建立健全工会电子台账 26 项，涵括工会规章制度、活动管理等各个方面，基本实现台账的无纸化建设。二是建好工会网页。在局域网建立网上"职工之家"，共设 11 个二级目录，23 个三级目录，共录入工会各类资讯 400 多条，成为基层会员及时了解工会工作动态、共享工会资源的平台。三是建好工会论坛。在局网上学习园地信息平台，专门开设有文体休闲论坛，由工会专人担任版主，征集意见和建议，加强学习和探讨。四是充分利用信息化载体。通过微博、QQ 群、企信通等形式，及时发布工会信息，促进相

互联系和交流。

在小家建设上，注重丰富和深化小家的建家内涵。按照"大家带小家，小家促大家"的原则，立足各个小家的实际，发挥各自优势，积极开展"特色职工小家"建设。例如××处"职工小家"注重发挥"文化建家"特色，××处"职工小家"注重发挥"素质强家"特色，××处"职工小家"注重发挥"爱心暖家"特色，等等，力争实现"一家一特色，一会一品牌"。

通过加强"职工之家"建设的精细化，局工会建家管理水平不断提升。2010年被授予行业系统基层工会"先进职工之家"，2011年被授予全省"模范职工之家"称号。×分会、×分会分别于2011年被授予全省"模范职工小家"称号。2008年~2011年局工会连续被评为全省局工会重点工作指标考核优秀单位。5个分会全部荣获了省级以上工会荣誉称号。多名工会干部分别荣获市"十佳工会主席"、市"优秀工会工作者"、全省行业局"职工之家建设先进个人"等荣誉称号。

（二）以"分级分类管理"为抓手，把劳动竞赛管理做精做细

工会结合"争创学习型组织，争当知识型职工"活动开展，探索了劳动竞赛分级分类管理机制，建立了职工技能培训"三大课堂"，提高了竞赛的针对性和实效性。

实施分级管理，将劳动竞赛分为三个级别。一是上级工会和地方工会部署的年度主题劳动竞赛、大型劳动竞赛，要求"高度重视、精心组织、争取成绩"。二是本局开展的重点的劳动竞赛、技能比武活动，要求"统一规划、强化考核、培养能手"。三是各单位、各部门组织的岗位练兵、学习帮带活动，要求"立足岗位、重在普及、提高技能"。

实施分类管理，将劳动竞赛分为三个类别。一是基层站点、班组安全竞赛，注重"严格标准、把好关口"。二是主题、专项、特色劳动竞赛，注重"服务中心、取得实效"。三是业务和综合知识竞赛，注重"全员参与、

应知应会"。

搭建活动平台，打造"三大课堂"。充分利用站点、网络等新方式、新载体开展学习、培训、竞赛、练兵活动，打造了"三大课堂"——固定课堂、现场课堂、网络课堂，激发了职工比学赶帮超的热情，提升了适岗技能，促进了全面履职、建功立业。

倡导岗位革新，开展"五小活动"。发扬创新精神，鼓励职工开展"小发明、小创造、小革新、小设计、小建议"五小活动，为局监管由汗水型转向智慧型服务。其中针对××难题，自主研发了××装置，于2011年取得了国家知识产权局颁发的专利证书，该装置有效降低了发生事故的概率，具有较高的推广价值。

近几年来，局工会组队参加上级和地方举办的劳动竞赛，均取得了优异成绩，被誉为"竞赛强兵"。2009年参加省局首届行业业务知识与技能大赛，取得了团体总分第一名及实操比赛第一名。2010年参加省局职工游泳技能比赛，取得了团体总分第一名。2011年与市总工会共同承办×市职工职业技能比赛安全技能竞赛活动，局属技协中心和局工会分别荣获团体总分第一名和第二名，6名职工荣获"技术状元""技术能手"称号。2012年参加×市安全生产应急知识竞赛，荣获团体总分第一名。

通过组织劳动技能竞赛活动，激励了各处、站点、班组在工作中争创一流、勇攀高峰的意志。××处荣获全国交通建设系统"工人先锋号"称号。×处、×处分别荣获全省"工人先锋号"称号。局属×基层站点被评为"全国系统安全优秀站点"、省局"管用养修"先进站点、"×市先进集体""×市工人先锋号"。局工会连续多年荣获省局工会劳动竞赛"先进单位"荣誉称号。

（三）以"优化细化常化"为抓手，把服务职工工作做精做细

工会按照上级"面对面、心贴心、实打实服务职工在基层"的要求，结合"为民服务创先争优"活动开展,优化、细化、常化服务举措,提高领导认可度和职工满意度,不断增强"职工之家"的吸引力和凝聚力。

一是在优化服务方面,工会创新服务方式,丰富服务载体,为职工提供热忱优质的服务。如工会适应"核编转制"形势需要,以人为本,深入实施"和谐工程",设立"主席工作室""主席接待日",协助党政维护职工队伍稳定,为营造和谐发展氛围、凝聚职工队伍做好服务工作。又如工会针对职工个人办证费时费力的问题,主动为全体职工统一办理了市联合图书馆借阅证、市公共自行车租赁卡、市露天游泳卡等,深受职工好评。

二是在细化服务方面,工会想职工之所想,急职工之所急,为职工提供细致周到的服务。如工会在"送清凉"慰问工作中,细化了服务举措,开展了以送清凉饮料、防暑药品为主的"清凉"服务活动;安排职工食堂煲糖水、绿豆汤等消暑饮食的"消暑"服务活动;以拔火罐、保健按摩为主的"养生"服务活动,充分体现了关爱职工、贴心服务的理念。又如,工会细化节庆日活动主题,根据不同节庆日的特殊意义,组织开展主题鲜明的庆祝活动:春节组织开展职工迎春晚会,劳动节组织参加"幸福×地"万人行活动,中秋节开展"我的幸福家书"寄送活动,深受职工喜爱。

三是在常化服务方面,工会建章立制,固化流程,为职工提供长效满意的服务。如工会制订了"送清凉""送温暖""五必访"活动方案,建立了困难职工台账,每年重大节庆日慰问离退休职工、离退遗属、病休职工、特困职工、一线职工,帮助解决实际困难。加强工会源头参与,推进局务公开,利用局信息平台开展民主议事讨论,维护职工合法权益。定期开展劳动保护监督检查,督促相关部门落实劳动保护措施,保障职工职业安全。为全局职工购买全省医疗互助保障险、交通意外险和女工"安康险",每年组织全局职工体检,每季度开展一次职工生日活动,切实关心职工身心健康,深受职工信赖。

通过优化、细化、常化服务举措，进一步提升了局工会服务职工的能力和水平。近几年会员民主评议"职工之家"满意度均达95%以上，有效投诉为零。

（四）以"点线面结合"为抓手，把文体活动开展做精做细

工会积极践行"快乐工作、健康生活"理念，坚持"大众参与、全民健身、广泛适宜、兼顾特色"原则，以文体竞赛为点，以文化建设为线，以职工健身为面，点线面相结合，大力开展职工喜闻乐见、寓教于乐的文体活动，增强了队伍的生机和活力，培养了团队精神。

一是以文体竞赛为点，点上抓特色。局工会重点抓好各类文体竞赛，注重在竞赛中发挥团队精神。组队参加省局第二届职工运动会，荣获团体总分第一名、篮球第一名、田径第一名。参加省局"康乐杯"职工羽毛球比赛，荣获团体积分冠军、混合团体冠军、女单冠军、男单亚军。参加 × 地"新城"杯夏季足球联赛，荣获冠军。参加省局庆建党90周年演讲比赛，荣获第一名。局职工参加交通运输部机关第一届羽毛球比赛、参加第二届"港航"杯羽毛球比赛、参加全国"廉政使者基层行"演讲比赛，均取得第一名的好成绩。在各项比赛中，局篮球队、足球队、羽毛球队、演讲队实力强劲，表现出色，展现了敢为人先、敢下苦功、敢打硬仗的精神特质。

二是以文化建设为线，线上求丰富。局工会注重在文体活动开展过程中融入文化理念，着力发挥文化的引领和辐射作用。对内，围绕"内陆一流行业、科学发展典范" × 地行业共同愿景，工会将竞赛与文化相结合，生活与艺术相结合，大力开展征文、演讲、辩论、书画、摄影等多种形式的职工文化活动，提升职工文化素养，展现 × 地行业文化精神，构筑职工共同的精神家园。对外，以职工文化主动服务社会，结合"行业服务新农村"活动，组织文艺队到 × 区 × 镇 × 村开展"送文艺下乡"活动，举行篮球、足球联谊赛，丰富了当地几千名村民和外来工的精神文化生活，促进了社会和谐共建。

三是以全民健身为面，面上求广度。局工会成立了职工文化活动协会，制订了《×地行业局职工文体活动协会章程》。球类、游泳、健身、文艺等8个文体活动小组，坚持"多样性、经常性、小型性、娱乐性、普及性"的原则，定期开展文体活动。共举办了三届职工运动会，局领导带头参加，广大职工踊跃参与，增强了体魄，活跃了气氛。在文体活动管理上，采取业余、灵活、多样的方式，如局工会组织的文体活动以大型、集中为主，分会组织的文体活动以小型、分散为主，因地制宜、化整为零、不拘一格，确保职工文体活动普及率与参与率达到100%。

（五）以"党政工青妇共建"为抓手，把先进典型培树做精做细

工会坚持以"党建带工建"为指导，以"逐步培养、重点培树、广泛宣传"为思路，以"党政工共建""工青妇共建"为抓手，深入开展劳模先进典型的选、树、培工作，营造人人学习先进、人人争当先进的浓厚氛围，共同奏响先进培树的交响乐。

一是积极探索党政工共建途径，增强先进培树合力。在党政的领导下，利用工会的组织和群众优势，将职工个人的价值目标与行业整体价值目标有机融合，引导职工立足岗位、勤练内功、自我升华、自我超越，为×地行业事业发展奉献聪明才智，服务发展大局。近年来，局先进典型培树工作取得了一定的成效，在先进集体方面，局荣获了部局"先进集体"、全省"文明单位"、省局"先进单位"、市"先进基层党组织"等荣誉称号。在先进个人方面，通过职工民主推荐，评选出×地行业10名"五型"（学习型、创新型、责任型、服务型、实干型）先进个人，相关事迹材料通过《××运输》《全省行业》等杂志进行了广泛宣传，引起了良好的社会反响。一批同志荣获了全国优秀共产党员、省局"党员标兵岗"、市"先进劳动者"等多项荣誉称号，在职工中起到了良好的示范、教育作用。

二是积极探索工青妇共建途径，拓展先进培树空间。工会按照上级"青年工作规划""女工工作要点"相关要求，利用工会的阵地和活动优势，争取政策、创造条件，为青年职工脱颖而出提供机会，为女职工展现才华搭建舞台。一批青年职工在各类劳动竞赛和岗位练兵活动中得到锻炼，成长为业务骨干和技术尖兵，5 人被省局纳入内陆行业业务师资库，在课题攻关中发挥了主力军作用。充分调动女职工的积极性、主动性和创造性，局财务处荣获了"×地市女职工文明岗"称号，××等同志荣获了省局"先进女职工"、市"优秀妇女工作者"等称号，展现了行业"半边天"的风采。

三、建家体会

（一）促进中心、服务职工是工会工作的目标。工会工作要始终坚持为行业中心工作服务，为行业事业科学发展凝心聚力，在服务中心工作中提高工会工作能力和水平。要全心全意依靠行业职工，热忱服务职工，想职工之所想，急职工之所急，为职工做好事、解难事、办实事，努力维护职工合法权益。

（二）因地制宜、发挥特色是工会工作的原则。×地行业局点多、线长、面广，工作地点分散不集中，且"职工之家"活动场地十分有限，不利于统一开展活动。工会要创新理念，拓宽思路，充分利用便利的社会资源，通过租场地、买服务，努力创造条件，开展丰富多彩的文体活动，形成自己的工作特色和优势，满足职工群众的精神文化需求。

（三）领导重视、齐抓共管是工会工作的关键。工会必须坚持党政领导重视是第一资源的理念，与整合其他资源紧密结合起来，坚持"党建带动工建、工建服务党建"，坚持党政工青妇齐抓共管，统一思想和行动，形成发展合力，打造"党组重视、行政支持、部门配合、群众参与"的一体化格局。

（四）创先争优、真抓实干是工会工作的保障。工会要以行业核心价值观和行业文化理念为指引，在建设"职工之家"、开展文体活动、提升职工素质、维护职工权益各个方面，积极作为，开拓进取，取得实效，争得荣誉，营造"快乐工作、健康生活、平安辖区、和谐行业"的良好发展氛围，为×地行业科学发展增光添彩。

"把简单的事做好就是不简单，把平凡的事做好就是不平凡。"作为基层分支局，今后，我们将继续以党的十八大精神和科学发展观为指导，在上级工会、局党组的正确领导下，围绕中心，服务大局，以人为本，开拓创新，进一步强化"职工之家"建设的精细化管理，从大处着眼，从小处着手，继续发挥桥梁纽带作用，力争把局工会建设成为"组织健全、维权到位、工作规范、作用明显、职工信赖"的"行业职工大家庭"，为推进"四型"行业建设、全面提升履职能力做出新的贡献！

第五章

个人发言 4 篇

收获，成长，转变

——在新录用公务员培训班上的学员代表发言

（××单位新录用公务员）

1

尊敬的各位领导、亲爱的同事们：

大家下午好！我是来自××单位的××。今天，能够作为学员代表发言，我深感荣幸。

2017年9月13日，当集中的号角吹响的时候，我们满怀激情与希望奔赴×地，开始了2017年新录用人员培训。四个月来，A地、B地、C地、D地，都留下了我们的身影和笑声。从炎炎夏日到微寒冬天，我们朝夕相处，携手前行，我们从青涩稚嫩到坚定成熟，也见证了彼此的成长与进步。对我个人而言，这四个月的培训是一个不断收获、不断成长和不断转变的涅槃之旅。

首先，我收获了知识和技能，实现了由"外行看热闹"到"内行看门道"的转变。

作为2017年新录用人员，我感到无比幸运，因为我享受到了前辈们所没有享受到的全面系统的培训。理论课堂上，24位有着不同知识背景、工作经历和个人风格的老师给我们带来了一场场专业知识的饕餮盛宴，从行业文化到职业道德，从人事制度到专业知识，让我对行业工作有了全面而具体的认识；实操实习中，被分配在×局机关的我担任了接驳安全管理工作督导组秘书一职，全程参与了内部自查、联合督查、建言×地市政府和研讨总结一系列接驳安全管理督查工作。从文件解读到现场调查，从总结整理到制作台账，我成功扮演了接驳安全的推进者、服务者和行业形象的展示者三大角色。作为非行业专业出身的我，通过课堂理论学习与岗位实操实习结合的方式，迅速找到了适合自己的学习方法，收获了专业行业知识和实践技能，成功实现了由"外行看热闹"到"内行看门道"的转变。

其次，我收获了能力和友谊，实现了从个体到集体的转变。

作为一名应届毕业研究生，刚刚走出校门的我又走进了一个全新的集体——2017年新录用人员培训班。在这个全新的集体里，我和大家一起洋溢激情，挥洒青春，展示风采。三期杂志，三期简报，一期画册，一期文集，我们用手中的笔记录下难忘的经历，见证了自身的蜕变；征文竞赛，内务检查，我们"新人党员先锋队"和"青年团员突击队"做出了"专注学习，严格训练，低碳生活"的庄严承诺；篮球赛、乒乓球赛、文艺晚会、户外拉练，我们用自身的青春活力实践"健康生活、快乐工作"的行业文化。忘不了，我们共同努力完成的每一个任务，我们团结协作的每一个瞬间；忘不了，那一次次汗水与智慧的交织，那一幕幕庆祝胜利的情景。多彩的集体生活让我们每一位学员全身心投入到学习与训练当中，形成了我们彼此友爱、紧密团结、互帮互助的团队精神。在行业大家庭里，我们从个人生活到集体生活，从工作身份到普通学员，实现了由个体到集体的转变。

再次，我收获了责任和骄傲，实现了由认识行业到融入行业的转变。

四个月的时间里，严格的半军事化管理培养了我们雷厉风行、规范严谨、令行禁止的行业作风；跟班实习时安检员拒绝行政相对人"塞信封"的厉声言辞加深了我对廉政建设的直观认识；一线行业人坚守岗位、严阵以待的优质服务让我明白了"服务型行业"的深刻内涵；而英模杨××用"爱国、敬业、进取、奉献"的精神告诉我，责任至上，奉献为先，直至生命最后一刻。雄壮嘹亮的歌曲激发了我的责任和骄傲，让我明白了身上肩负的重担和责任，也让我更快更好地融入了行业，融入了这个大家庭。

结业之际，请允许我借此机会表达自己最真诚的谢意。感谢省局领导的高度重视和悉心爱护，你们为我们搭建并营造了如此难得的学习和交流的平台，让我们这群行业雏鹰茁壮成长；感谢各位授课老师，你们的精彩讲解为我们打开了一扇扇窗户，让我们如沐春风、受益匪浅；感谢班主任和教官对我们的严格要求和耐心教导，谢谢你们日夜与我们一起坚持；感谢大家组成这临时的大家庭，让我们聚集在一起，抛却一切琐事和烦恼，静心学习和交流。

结业既是一个终点，也是一个新的起点。带着渐行渐远的记忆，带着装满知识的行囊，我们信心百倍。我们一定珍惜这来之不易的学习机会，我们一定牢记领导和老师的教诲，我们一定将在培训班养成的作风、学到的知识和掌握的实践技能，带回单位，带到实际工作中去，在平凡的岗位上做出不平凡的业绩，为事业又好又快发展做出力所能及的努力。

"雄关漫道真如铁，而今迈步从头越。"作为新录用人员，我们将以本次理论知识学习和岗位实操实习为基础，进一步学习相关法律法规和工作制度，开拓进取，献身行业，做一名政治坚定、业务精湛、纪律严明、执法规范、作风过硬、廉洁勤政的国家工作人员！

2 青年干部座谈会发言稿
（××局工作人员）

各位领导，各位同事：

下午好！2016年3月1日，我正式加入了××局这个大家庭。一年来，在领导的指导帮助和同事的关心支持下，我顺利完成了从公司职员到事业单位工作人员的角色转变，脚踏实地，勤奋刻苦，较好地完成了各项工作任务。下面简要向大家汇报，请大家指正。

一是坚持"遵规守矩"，加强学习，提高专业素养。××局工作讲究规矩，涉及很多××规范、文件规定、技术要求、办事程序等。来到单位后，我首先要求自己要"懂规矩"，不能当"门外汉"。为此，在业余及松闲时间，我耐住寂寞，拿出细心，认真学习了相关文件，补充专业知识，熟记法律法规，掌握检查要领，并积极向前辈请教学习工作方法和经验，尽快熟悉了各项业务。

二是坚持"未雨绸缪"，搞好工作提前量。作为一名新人，我时刻提醒自己工作要更加主动，要把问题想在前面，把工作做到前头。去工地检查时，我提前对工地的综合管理情况、检查标准、侧重点做全面了解，现场把发现的问题记录清楚，并进行拍照，以使建筑企业在接受整改通知时能心服口服。2016年，我参与区××局信用综合大检查4次，并参加了××会期间工地扬尘专项检查，以及文明创建建筑工地公益广告检查等工作。

三是坚持"注意细节"，精心做好业务工作。××工作容不得半点疏忽，我牢固树立不厌其小、不厌其烦的态度，对工作每个环节细致入微。为了能够了解区各项目的进展情况和人员配备等细节问题，以及向区建筑企业传达上级主管部门的相关文件和通知，我都会主动电话咨询情况和传达信息，并做好记录工作。2016年，我合计专业分包合同备案184个、省外建筑企业资质核验126个、总包项目经理退证145个，同时协助科室同事办理了建造师注册、监理合同、混凝土备案等，并做好科室领导交办的其他事宜。

四是坚持"廉洁自律"，不断强化良好作风。作为一名普通党员，一名普通工作人员，我倍加珍惜今天这份工作，从点滴细小之处严格要求自己，牢记"两个务必"，风清气正，踏实工作，做到身正、行直、言净。始终坚持努力抓好自身党风廉政建设。在日常工作中，严格按照规章制度和法规程序办事，坚决杜绝吃、拿、卡、要和拖拉、推诿行为。

总结2016年的工作，我所做出的一点点工作业绩离不开各级领导的悉心培养、殷切关怀，离不开各位同事的无私帮助。新的一年，我将继续虚心求教、刻苦攻关，做一名领导放心、行政相对人满意的优秀住建人。我对局工作的意见就是，希望领导能多压担子、压重担子，帮助我们在工作中加快成长。

3 在深圳培训班开班式上的发言

（××市市委组织部科长）

尊敬的×××，各位领导、各位同学：

大家下午好。我是××市委组织部的××。下面由我代表全体学员做个简单发言。

××市第十次党代会提出，要大力实施创新驱动战略，增强××发展新动能，率先形成以创新为主的经济体系和发展模式。而深圳以创新立市，2005年率先提出建设国家创新型城市的目标，近年来更是把创新驱动上升为城市发展的主导战略，推动创新成为发展的核心动力。在GDP总量全国领先的情况下，依然"咬定青山不放松"，十几年如一日坚持创新驱动发展之路。可以说，深圳经验为××树立了标杆和榜样。在接下来的几天中，我们将"眼见为实"，切身感受。

在这次学习中，我个人理解，应当突出学习几个重点内容：

一是学习深圳推动工作的战略思维和世界眼光。21世纪以来，深圳提出"二次创业"、"速度深圳"向"效益深圳"转型的策略，又提出"构建综合创新生态体系"，都充分体现出深圳的战略定力与前瞻性布局，值得我们深入学习。

二是学习深圳小政府、大服务的理念和强烈的市场意识。深圳立足于提供公平、高效的服务，合理确定市场边界，形成了较为健全的市场经济体制。这种不单纯为某个企业解决资金难题，而从顶层制度服务体系建设入手，注重通过市场化的办法，健全利益分享机制，在搭建投融资平台上下功夫的做法，值得我们深入思考。

三是学习深圳对创新的持续追求和胆识气魄。深圳把创新摆在与改革开放同等重要的位置，毫不动摇地抓下去，才有了今天的成就。深圳也树立崇尚创新创业的价值导向，营造敢为人先、宽容失败的良好氛围，充分激发企业家精神，推动大众创业万众创新蔚然成风。我们要争取对此深入领会，有所启发。

为了不虚此行，做到学有所获，我也有三点想法与全体学员共勉：

（一）珍惜学习机会，带着"热情"学。对于这次学习培训，相关部门都给予了大力支持并做了精心安排，有关领导和专家学者在百忙中抽时间为我们做专题报告、讲座，现场调研，立足实际，针对性强。总之，学习机会来之不易，机会确实难得，我们应当倍加重视和珍惜，并且心存感激、满腔热情地投入到学习中去，做到心无旁骛、刻苦钻研。

（二）注重学习实效，带着"问题"学。学而不思才罔，思而不学则怠。在有限的时间内，要取得学习效果的最大化，必须坚持带着问题学。我们要立足于工作实际，聚焦于工作中的热点难点问题，落点于我们正在做着的事情，主动搜集深圳的好经验好做法，积极争取深圳方面专家老师的指导，进一步解疑释惑、促进工作。

（三）严格学习纪律，带着"作风"学。我们要严格遵守党校的各项规章制度，严格要求自己，时刻不忘职责、时刻不忘使命，切实在创新意识、创新精神、创新思维、创新方法、创新文化等方面取得丰硕成果，为推动××创新驱动发展做出新的更大贡献。

最后，我代表××学员，衷心感谢××学院领导和同事，为此次培训所做的精心准备，谢谢你们！欢迎你们到××做客，传经送宝！

谢谢大家！

4 在道德讲堂上的发言

（××厅主任科员）

各位领导、同事：

刚才，听了两位道德模范精彩的发言，收获良多，受益匪浅。下面，我向各位领导、各位同事简要汇报一下我的所思所得。

一是亲身感受到道德的强大感染力。以前提到道德模范，总觉得离我们的生活很远。而两位道德模范用平实朴素的语言，用自身的经历和工作，向我们展示了"做好每一件小事，就是做好大事"的真理。虽然他们的身份和经历与我们在座的年轻人并不相同，但是他们光荣的奋斗历程、感人的亲身体验，都蕴藏着帮助我们奋进的无穷力量。恍然觉得原来感动就在身边，道德就在周围。好人好事看得见、摸得着，并没有那么困难。

二是亲身感受到道德的强大吸引力。古人说"吾日三省吾身"，通过两位道德模范的讲述，我们每个人应当扪心自问，自己还有多少地方需要努力？又有多少地方做得还不够？或许有的朋友会说，我们在最平凡的工作岗位上，每天从事着烦琐的日常工作，似乎人生价值得不到充分的体现，这样的工作似乎离自己的理想太远，这样的生活似乎太不够浪漫。可通过两位道德模范的讲述，我们要认识到，我们的工作虽然没有梦想中的那么光芒四射，没有那么豪情万丈，可是这要求我们更加忠诚履职，更加一丝不苟。我们要时刻牢记"勿以善小而不为，勿以恶小而为之"，从工作中的举手之劳做起，时时刻刻，把道德铭刻在心间，贯彻在日常生活中，从小事着手，从细节开始，珍惜每一个善念，付诸每一个善举，就一定能让道德的花在生活中处处绽放。

三是亲身感受到道德的强大正能量。在刚刚听课过程中，我发现身边很多朋友都默默地掏出手机，将两位道德模范的事迹发送到自己的朋友圈、微信平台，这就体现了道德力量的扩散。在我看来，一个社会正能量强大了，负能量就减少，反之，负能量强，正能量就弱。因此，我们要积极传播两位道德模范身上的责任、关怀、担当等正能量，自觉践行这些好经验好做法。道德需要在传递中才能得以生存，道德的队伍要在行动中才能得以壮大。道德需要能够化身为行动，方可形成社会风气，形成社会主流。如果说，道德是一道细微的光，不能立刻普照人间，绽放光彩，但是，积少成多，这束光就会成为指路的明灯，驱除黑暗，引导方向。

作为××厅的一名年轻党员干部，我要自觉将两位道德模范所带给我的强大精神力量内化于心、外化于行，自觉从小事做起，从小善做起。或许我只是一棵小草，无法如鲜花一样绽放；或许我只是一条小溪，无法如江河一样奔涌，但聚沙成塔、集腋成裘，我将真真切切把学习感受转化为行动，用良好的工作成绩体现本次道德讲堂的实效！

谢谢！

第六章

心得体会 7 篇

赴省分行办公室挂职锻炼心得体会

（××银行工作人员）

根据组织安排，今年2月我到省分行办公室挂职锻炼。能有这样的机会，我深知是领导的高度信任，也是对我自身能力的考察检验。两个月来，我始终珍惜难得机遇、认真躬身学习、积极主动作为，努力在党性修养、业务能力和综合素质等各方面求新、求变、求突破。虽然挂职学习时间尚短，但这段成长的时光，我收获了良师益友、良辰美景，感触很深。下面，简单向各位领导和同事汇报分享一下。

一、要感恩，感恩图报讲奉献

来到省分行工作，我首先感受到的是，省行办公室的同志们，虽然大家在不同岗位，担任不同的职务，但都十分珍惜自己的工作岗位，心存感激感恩之心，在学习工作生活中保持健康饱满的积极状态。特别是办公室工作千头万绪，繁杂琐碎，但同事们没有在工作上拈轻怕重，在职务上不挑肥拣瘦，干一行，爱一行，在一岗，爱一岗，用自己的实际行动让我深切体会到：只有讲奉献，才能充实人生；只有加强公仆意识、服务意识，甘于奉献，为事业拼搏，为群众服务，才能最终实现快乐工作的价值理念。

二、要履责，履责担当有作为

现实生活中，我们可能会听到这样的抱怨，"这又不是我分内的工作，为什么要我做"，等等。出现这种现象，一个重要原因就是缺乏一颗强烈的担责之心，心中想的不是职责使命，而是个人的名利得失。来到省行工作，大家告诉我，其实，没有该不该承担的责任，只有愿不愿意承担的责任，因为责任无关学历、职级、能力，它是一种意识，取决于一个人做事的态度和决心。大家同在一个部门，都有着各自不同的岗位，岗位赋予了我们不同的职责。在工作中，我也看到，大家都主动将工作中的责任担起，找到工作的使命感，以"事繁勿慌、事闲勿荒"的定力，专注于自己负责的工作，不断提升工作能力。

三、要执行，立说立行有时效

习总书记在福建工作时曾有"马上就办"的要求，"马上就办"，就是对工作闻风而动，雷厉风行，有紧迫感、责任感，有工作热情、工作效率。我平时工作中偶尔有些拖拉的情况，有的今天能办的事，留到明天办，成为阻碍工作推动的"软钉子"。来到省行办公室工作这两个月，我感到拖拉这种工作态度，根本不能适应省行办公室的快节奏和高要求。要学习省行办公室的同事们，贯彻"马上就办"的精神，立说立行，做到今日事今日毕，才能跟上发展变化的节拍，才能确保在工作中不落后，在发展中不掉队。

四、要细致，精益求精有质量

《论语》有云：如切如磋，如琢如磨，"精益求精"就是不断追求极致，不断追求完美。现在流行讲"工匠精神"，在这里我就深切体悟到对自己的工作精雕细琢、精益求精的"工匠精神"。特别是在宣传工作方面，无论是新闻报道，还是理论文章撰写，大家都把它当作艺术品来雕琢，心无杂念，全神贯注，凝心聚力，目标如一。这让我相信，做工作绝不能为了追求速度而满足于"差不多""过得去"，要坚持高标准、严要求，把简单招数练到极致，将工作做出境界、做成精品。

来省行学习这两个月，我进一步深刻理解和领会了工作、快乐工作的含义，但最终落脚点和根本点在于践行，今后的工作中要德行如一、知行合一，把理论认知和工作实践紧密结合起来，为省行办公室的工作添砖加瓦，贡献力量。

首先，要经常问一问责任心强不强。过去听人说，挂职干部是个"好差事"，派出单位管不着，接收单位不好管，走个过场，镀层金。在工作中，我要时刻提醒自己绷紧一根弦，挂职不是享受，而是学习，更是历练。要经常扪心自问："我的责任是什么""我尽了哪些责任""我应该怎样更好地履行责任""手头上工作还有什么不到位的地方，有什么可以进一步完善的地方"等等，通过自我发问，切实问出差距不足，找到努力方向、改进措施。

其次，要经常比一比能力水平够不够。不堪重任，贻误工作，无异于尸位素餐。要经常向领导和同事请教学习，促使自己的思维理念与时俱进、思想观念及时更新、能力素质跟上省行办公室的节拍，符合新工作需要。具体到工作中，关键是要提升自己的业务能力，以过硬的业务素质来提高执行效率和工作成果。要把学习掌握新闻文稿写作、做好服务工作作为安身立命的根本，在求深、求细、求实上下功夫，掌握好"看家本领"，努力展示省行办公室的良好形象和过硬素质。

最后，要经常查一查道德品行高不高。"人无德不立，国无德不兴。"挂职锻炼作为党性、党风的一次考验，我的每一言、每一行既要对自己、对原单位负责，更不能给挂职的单位和领导"抹黑"。干事业，除了要有责任、有能力，关键还要有品德。品德，是做人之本。我要经常检点自己，自觉培养高尚的道德情操，做到工作时间和业余时间一个样，有监督和没监督一个样，表里如一，言行一致。

感谢组织给予的这样一次挂职锻炼机会。我将永远珍惜这一段难得的人生经历，不忘初心、砥砺前行、认真履职、扎实做事，把挂职锻炼所学、所感、所思、所获更好地运用到今后的工作实践中去。

累并快乐着，苦并收获着

—— 赴 ×× 区党委党校挂职心得体会

（×× 区党支部 ×××）

2

根据组织安排，今年 5 月我到 ×× 区党委党校教务处挂职锻炼。能有这样的机会，我深知是领导的高度信任，也是对我自身能力的考察检验。两个月来，我始终珍惜机遇，认真学习，主动参与，在思想政治、工作能力、个人素养等方面都得到了较为全面的锻炼，感受很深，收益良多。

"初来乍到，不能老把自己当外人，不要总说外行话"
——加强学习，主动融入，尽快适应角色转变

过去听人说，挂职干部是个"好差事"，派出单位管不着，接收单位不好管，走个过场，镀层金。出发前，我一直提醒自己要时刻绷紧一根弦，挂职不是享受，而是学习，更是历练。抵达 ×× 党校后，工作对象、周边环境、生活习惯都发生了很大变化，我一直思考怎样才能尽快转换角色，加速进入状态？

挂职先"挂心"。我考虑，融入这个新集体，和同事们尽快打成一片，是今后开展工作的重要前提。被分配到 ×× 党支部后，我充分利用这个平台，和新同事一起积极参加支部举办的各项活动。七一大合唱、参观 ×× 区辉

煌 60 年展、参加 ×× 战役纪念馆辩论赛、聆听外聘教授"两学一做"学习教育演讲，一场场座谈，一次次活动，我用真诚朴实逐步拉近了彼此的距离。大家对我，从刚来时的客气疏离，慢慢变得友好热情。

做事不"做客"。由于挂职单位非久留之地，很容易产生"做客"的临时心理，无人管、无事干。为力戒这种松懈心态，我把挂职地区作为自己的第二故乡，积极为单位出力献策，力所能及地多干实事、多办好事。为避免被"边缘化"，先要对自己的工作职责充分了解。通过多方查阅文件资料，翻看近期党刊党报，我对自己所在的教务处逐渐摸清了门道。教务处下设综合培训、干部培训、公务员培训、基层培训等 7 个部门，主要职能是教学管理，具体负责起草培训规划、教学计划、工作总结、规章制度，管理主体班学员、校外兼职教师，组织学员市内参观、调研和异地培训等 7 项工作。有了这些理论基础，我心里底气也足了，主动向领导申请，要求多压担子。领导见我积极主动，安排我参与公文稿件写作、教学计划制订、每周课程编排等工作。在领导的耐心指导、同事的悉心帮助下，我边学边干，对党校情况日渐了解，和同事相处渐渐融洽，工作成绩也得到了大家认可。

"在外工作，不仅代表自己的形象，更肩负组织的厚望"
——脚踏实地，全心投入，尽力完成各项任务。

离开原单位党校培训部，我心里很是不舍，但更多的是感到肩上沉甸甸的责任。挂职锻炼作为对我党性、党风的一次考验，我的每一言、每一行既要对自己负责，更不能给辛勤培育自己多年的单位和领导"抹黑"。两个月来，我自觉发挥青年人有朝气、肯吃苦的精神，把原单位的好传统、好做法带出去，努力做到工作上严格要求不放松，生活中节俭自律不奢侈，不断树立党员干部的良好形象。

开展党员教育培训，是党校的主业，也是党校工作人员的"看家本事"。××区基层领导干部"两学一做"学习教育培训开展后，领导安排我带一个班，并担任班主任。在这次实践中，我坚持多听多看多请教的原则，对视频课堂、专题讲义、案例研讨、学员签到、成绩考核等各个环节精心准备，反复打磨。在不断学习反思总结的过程中，对新区党校的班级办学理念、学员管理制度、教学模块安排、师资力量调配等方面积累了不少实践经验。现在，初期的培训已平稳顺利告一段落。

5月初，领导给我派了个"硬活"。××××管理学院组织××干部（处级）骨干研修班，来××区党校参观学习。考虑到民族的地域性，领导让我全程负责。全程负责说起来就四个字，但内容涵盖了全程安排、全程跟班、全程陪同等等环节，关键是参观阶段我还需要全程解说。才刚来不久，就要接60多人的团，历时3天，光是要现场讲解的教学点就有4个，我心里也有点犯怵。可想到在××××党校时，领导总是教育我们要迎难而上，我不能在这儿丢了人。憋着这口气，我紧锣密鼓地开始安排行程、确定路线、联系单位，能自己完成的事立马做好，把不准的环节、解决不了的问题第一时间向分管领导汇报，和有经验的同事商量。同时，利用各种碎片时间，空余闲暇，背诵××纪念馆、××炮台、××纪念馆、××游轮码头的内容介绍。为了让讲解更加生动，我还利用周末时间，约上同事里的"老××"，一起提前踩点，讨教一些名人趣事。我的努力没有白费，活动举办得井井有条，远道而来的客人表示很满意。可我心里清楚，还有很多地方需要改进、不少细节有待加强，活动结束后，我撰写了总结汇报，希望下一次可以更用心用力，抓得更实更细。

"感受之余，更多的是压力和动力"

——借鉴经验，深入思考，尽心提升工作能力。

通过两个月的挂职锻炼，学习了解和亲身体会，对我冲击很大，收获也很大。既解放了思想，开阔了眼界，丰富了知识，也认识到了差距和不足，增加了工作压力和动力。××区作为第一个××××，有着得天独厚的区位条件、资源优势，党校建设理念新、管理优。作为一个党校工作的"新手"和"小辈"，我个人有一些借鉴学习，促进××党校进一步发展的粗浅思考和想法。

一是在解放思想上有新突破。 在××区工作、生活和学习，我听得最多的一个词就是"先行先试"。领导谈政策、谈引导先行先试，同事谈服务、谈改进先行先试，这也使我在更高层次上明确了解放思想的重要性，理解了解放思想和先行先试的辩证关系。当前，××党校的发展，解放思想是总闸门。我们每个党员干部，要把先行先试作为一种责任、一种使命、一种追求，从具体项目、具体活动开始，甩掉包袱，放下枷锁，树大气魄，谋大思路，动大手笔，先行先试，放胆前行。

二是在教学形式上有新创意。 ××区党校给我印象最深的是，现场教学××××办得非常好，形式多样，内容丰富。特别是每周四都组织一次×××讲坛，请×××等地的优秀学者过来讲学，内容既有当下最流行的时事政治，也包括党史党建、创新科技等内容，授课群体涵盖了全校老师和全区领导干部。我认为，以全党开展"两学一做"学习教育为契机，我们可以创新现场体验教学、情景体验教学、示范公开课等形式，拓宽授课范围，进一步促进信息沟通与资源共享，深化党校加强理论学习研究的氛围。

三是在带好队伍上有新举措。 ××区党校高度重视教师队伍培养，每月组织教研室的骨干老师集中培训一次，内容不是惯例的集体备课，而是台风、讲话、逻辑思维等全方位的提升训练。同时大家各抒己见谈谈课程开发的新感想，反思我校教师培训现状：建议在教学活动中，鼓励教师多加分享学习见闻与体会，汇报课程主要观点，共享信息与课件资料，同时积极开展教师大比武活动，提高全体教师的思想政治素质和教学业务能力。

这次挂职学习，既是一次思想之旅，又是一次取经之旅，更是一次激情和信心之旅。在接下来的四个月里，我将以更加坚定的信心和饱满的热情，全心投入到挂职锻炼中，在新的岗位上洒下辛勤的汗水，留下进取的身影，刻下奋斗的足迹。力争以优秀的成绩向自己、向原单位、向挂职单位交上一份满意的答卷！

3 　《大火种》观后感

（××银行工作人员）

在"两学一做"学习教育中，我们怀着崇敬的心情观看了电影《大火种》，看后令我深受教育和鼓舞。既感慨那水深火热的白色年代，也感动那无私忘我的奉献牺牲，更感激这美好充实的当下生活。我想，这一颗永不熄灭的火种，已悄无声息地播撒在我们心中。

一、信仰之光本色永葆。作为一部献礼之作，《大火种》以倒叙的方式展现了风雨如晦的1926年，展望风光无限的未来。往事随风逝去，但是不逝的是那本见证着一切的《共产党宣言》，它完好如初，展现在人们面前，向这个世界倾诉着当年曾发生的一切。抚今追昔，强烈的对比感让人对革命先辈更添崇敬，那本《共产党宣言》恰恰是共产党人信仰的呐喊，是共产党信念的汇聚，它集腋成裘、聚沙成塔，汇细流以成江海，终于在时代的新风中以恒久之光点亮了时代的火炬。这正是信仰的力量，本色的初衷，正如习近平总书记所言："开展两学一做，要抓好学这个关键，要通过学习，补足精神之钙，强壮力量之肌。"我们自觉加强习近平总书记系列重要讲话精神和党章党规学习，坚守信仰、坚持信念，在学原理、悟原文中让《共产党宣言》的时代强音更加响亮，让共产主义的信仰之光更加明亮。

二、革命之火历久弥新。电影再现了中国首版《共产党宣言》如火种般在爱国党员和人民群众之间传递的故事。女主角带着由陈望道翻译的《共产党宣言》来到广饶，却不知道风声已经走漏，敌人布局准备瓮中捉鳖。面对敌人的围剿，共产党员依然在各地活动，向群众宣讲《共产党宣言》的真义。为此，一个个爱国党员、群众为了保护《共产党宣言》献出了自己宝贵的生命，但革命之火也随着《共产党宣言》的传播在这片土地悄然点燃，经过时代的淬炼，步入崭新时代。虽然没有了刀光剑影、血雨腥风，但《共产党宣言》也融入了崭新的内涵，革命的火花燃烧得更加旺盛。这是当下我们开展"两学一做"学习教育的最生动的教材，它启示我们要在完成好学习规定动作的基础上，抓好自选动作的学习，重在形式灵活生动、内容丰富感人。面对这永不闭幕的"奥运会"，我们人人都要当好火炬手，让革命之火继续传承，继续燃烧，继续释放光和热，让更多的群众感受到党的温暖和力量。

三、奋斗之风矢志不渝。这部正能量满满的电影中还有一点使人印象深刻的就是，这些来之不易的成果离不开每一个共产党人的矢志奋斗，这种奋斗的作风正是当下我们开展"两学一做"学习教育的生动案例。同当一名"四讲四有"的合格党员的精神要义不谋而合。我们要把这种作风发扬光大，同争当合格党员结合起来、同抓好银行业务工作结合起来、同促进个人成长结合起来。尤其是当下进入年底，各项工作进入收官扫尾环节，要发扬务实奋斗的作风，始终同银行保持目标一致、步调一致、行动一致，始终做到讲担当、讲责任、讲作为，碰到难事敢于上、碰到急事勇于拼，力争完成全年目标任务，用我们每个人炽热的火种共同融入无愧岗位、无愧内心的美好未来。

4

学用并重，德行合一，做"讲道德，有品行"的合格党员

（××信息中心主任、党支部书记）

同志们：

今天我们召开"两学一做"第三个专题"讲道德，有品行"专题研讨会。刚才，大家分别做了发言，听得出来，大家有思考、有分析，都讲得很好。我的体会是，"讲道德"重在思想认识层面的认知和把握，而"有品行"则重在行动层面的担当和作为。我们要在深刻理解和深入领会的基础上积极践行、切实落实，做到学用并重，德行合一。下面，我从认识和行动两个层面谈点体会。

一、从认识层面上看，"讲道德"首先要做到"明德、知德、立德"

党的十八大以来，习总书记多次就党员干部"锤炼品格，加强道德修养"做出重要论述，并以身作则为我们树立了新时期共产党人的道德典范。学习贯彻习近平总书记系列论述精神，要做到"明大德，知公德，立私德"。

明大德，就是要讲政治品德。佛家有云："不忘初心，方得始终。"意思是说一个人做事情，始终如一地保持当初的信念，最后就一定能得到成功。忠诚是共产党人政治品质的本质和核心，作为共产党员，入了党，就要一辈子一心一意跟党走，对党要知恩感恩报恩，要把坚守政治信仰和政治信念作

为人生坐标，始终做到在党爱党、在党言党、在党忧党、在党为党，恪守政治品德。

知公德，就是要讲社会公德。没有规矩不成方圆。共产党员在社会交往和公共生活中应该遵守全体公民约定俗成的道德准则。具体来讲，我体会，就是要遵守、培育和践行社会主义核心价值观，在群众和广大干部面前做表率、立标杆、树旗帜。

立私德，就是要讲个人道德。俗话说：正人先正己。共产党员在品德修养上首先要管住自己，管好家人。古人讲修身齐家治国平天下。其中修身、齐家是治国平天下的基础的起点，如果一个党员干部连自己和家人都管不住，怎么能参与政府治理？孔子曰："吾日三省吾身"，我想，党员干部修身养德，就是要常常自省、自警、自律，严格自我要求，做到慎独慎初，树立个人良好道德。

二、从行动层面上看，"有品行"关键要做到"修德、守德、行德"

深刻理解和领会"德"，落脚点和根本点在于践行，要坚持德行如一、知行合一，把正确的道德认知、自觉的道德养成和积极的道德实践紧密结合起来，常怀为政之德，保持勤勉之德，永葆清廉之德，切实把道德的力量体现到具体工作中。

一要常修为政之德。为政之德首要在加强党的领导，深入推进党的建设工作。要切实树立政治意识、大局意识、核心意识、看齐意识，自觉在思想上、政治上、行动上同局党委保持高度一致。要继续以深入开展"两学一做"学习教育为契机，切实加强信息中心党的思想建设和作风建设，做到学而用、学而信、学而行。要切实发挥中心广大普通党员作用，不断创新活动载体，丰富活动形式，提高参与程度，推动党员发挥作用常态化、长效化。

二要常守勤勉之德。信息中心业务量大，任务重要，是市局信息化建设环节的重要信息支撑和技术保障。前三季度，我们中心各项工作任务有序开展，稳步推进，可以说有声有色，有点有面。下个季度，我们要继续保持勤勉务实的作风，勇于担当、善于作为，把心思聚焦到完成好工作任务上来，把精力聚集到攻克好业务难题上来，把作风强化到提高工作效率上来，在系统升级、网络维护、提升质量、优化服务、安全保障等各方面下功夫、做文章，确保保质保量完成好全年目标任务，为市局工作做出应有贡献。

三要常行清廉之德。廉洁之德是抵御贪腐的无形"防火墙"。一方面，要加强党风廉政建设，通过集体学习、警示教育等多种形式，引导党员干部牢固树立党章意识、纪律意识和规矩意识。另一方面，要加强中心制度建设，严格执行"五个不准"和"四项制度"，切实严肃工作纪律，转变工作作风。同时，要加强资金管理，完善财务制度，明确采购流程，真正提高廉政建设制度化水平。

党员之所以成为党员，绝不仅仅是一句空话，而应当是实实在在地在单位做争当业务骨干的表率、在社会做争当有德公民的表率、在家庭做争当孝悌事亲的表率。我们要把道德标准入心入脑，让品行作为见人见事，努力当好合格党员，争创一流业绩。

外事服务中心2017年度工作计划制订、修改过程中的经验与心得

（××中心主任）

各位领导，各位同事：

今年年初，局里开展了一项新的工作内容，要求各处室整理汇总本部门2017年度工作计划任务分解一览表。接到此项任务，我们立即组织员工，结合自身工作职能，认真梳理业务内容，不断琢磨工作进度，历时××月，先后修改了十几个版本，最后整理形成了这个汇总表。在这段和全组同志共同制订整理、反复打磨、不断修改工作表的过程中，我很有感触，下面简单向大家汇报下。

一是坚持"没有规矩不成方圆"。 制订任务分解表首先要明确工作职责，才能确保工作界线明晰。有效明确的职责分工、合理清楚的岗位设置，我认为，对于一个单位的发展来说是至关重要的。在制订工作计划任务分解表时，我们起初只是根据局KPI的项目，按照中心的责任清单照猫画虎，写了五项，没超过十条，这个版本一直没有通过审核。我们认真反思，组织员工开会，激发大家畅谈工作中存在的问题。会后，我们总结，护照、签证工作有它的业务特殊性，员工在工作中有时会出现交叉、含糊的事项，导致大家不知道该不该做，该由谁做。为此，我们在重新完善岗位职责、岗位说明书和工作流程的基础上，组织员工再次修订了岗位职责，清除模糊地带，明确个人责

任，形成了一个完整、严密、相互联系、相互协调的内部职能系统，切实培养起员工的主人翁意识，让大家在自己的岗位上充分发挥主观能动性，更好地发挥岗位职能。

二是坚持"求于精工于细"，制订任务分解表重点在设定任务目标，才能确保工作优质高效。凡事预则立，不预则废。工作有了明确的目标就可以协调大家的行动，增强工作的主动性，减少盲目性，使工作有条不紊地进行。外事服务中心工作涉及面广，工作强度较大，制订任务分解表必须明确指标内涵，细化工作任务。为此，一方面，我们把握适度性，根据对应的不同目标责任，认真分析，制订了不同的预期目标，避免了过高或者过低目标的出现。另一方面，追求精细化。虽然以前也会在月底上报局制订下个月的工作计划，但常有漏项情况发生，同时由于护照、签证工作的实效性强，急件特别多，所以对于时间的管控需要更加科学和合理。为此，我们要求每个员工根据自己的职责制订月计划，并要有明确的时限，力图避免执行出现过大偏差，以便对大家执行过程可追踪和控制。

三是坚持"统筹兼顾"，制订任务分解表不能遗漏强化学习教育，才能确保工作学习两不误。服务中心工作纷繁复杂，尤其是新形势下对我们员工提出了更高的要求，唯有加强学习、不断提升，才能适应日新月异的发展。在制订任务分解表时，我们坚持"既化整为零又合零为整"的原则，见缝插针地安排了党建、学习，外事纪律培训和保密教育，7S管理等学习教育活动，力争不断培养员工的学习意识，引导他们自觉加强自身学习，帮助他们提高推进科学发展、服务人民群众的能力水平，从而适应不断变化着的工作挑战。

四是坚持"三分战略，七分执行"，执行任务分解表关键在加强监督考核，才能确保工作落实到位。俗话说，三流的点子加上一流的执行力强过一流的点子加上三流的执行力。工作计划分解表给今年外事服务中心各项工作提供了规范高效的指引，具有很强的指导性和操作性，但最后还是要落实到认真贯彻执行上。为此，我认为要秉持"信任不能替代监督，监督不能取代责任"的理念，中心的领导班子在抓好单位发展的同时，对于每天重复性的、常态化的业务工作，要依据工作计划任务分解表时时加强监督考核，建立科学、严格、完善的监管机制，促进管控制度完善、细化，点、线控制全面，确保工作计划分解表执行不走样、不打折。

各位领导，各位同事，以上就是我在工作计划制订、修改过程中的一些浅显的看法和体会。总的来说，2017年工作计划任务分解表为我们2017年全年工作做了具体部署，安排很到位，谋划深、举措实，是一张非常全面务实的任务清单、责任清单。在下一步的工作中，我将按照计划表的进度安排，进一步提高工作的紧迫感、责任感、使命感，结合工作实际抓好落实，为外事服务中心的发展贡献自己的力量。

谢谢大家！

6 四措并举，深入践行学习成果

（××民航乘务长）

基层班组是民航工作的最细微单元，加强班组建设，是促进××航全面发展的基本要求。在本次学习中，我坚持认真学习课堂知识，自觉开展课余学习，深入参与交流讨论，做到了原原本本学，联系实际学，带着问题学，确保学深学透。

非常感谢公司领导提供了这样一个难得的学习机会，也非常感谢各位专家、各位教授的指导。通过本次学习，一是我的理论知识得到了提高，比较系统地学习和掌握了班组建设的相关知识，使我对工作有了更深刻的认识，进一步坚定了工作信心。二是我的个人素质得到了增强，学习期间，我认真学习了企业战略、班组激励等与工作息息相关的课程，对如何干好工作、如何提升工作能力有了更深刻的认识，在做好班组长的意识、观念、艺术、方法等方面都得到了有效提高。

通过学习，我深刻认识到，作为班组负责人，我首先要对自己高标准、严要求，争做业务标兵和尖子，同时做到政治素质、业务素质、学习能力、创新能力过硬，进一步提升自己的工作水平，改进自己的工作方法。其次，要采取有力措施做好日常乘务管理工作，积极主动完成好领导交办的各项工作任务，执行好公司和部门重要的生产经营决策，当好领导的参谋和助手。第三，要抓好团队建设，既加强对工作伙伴的管理，增强主动改善服务的意识，又努力为所有工作伙伴营造一个良好的工作氛围，形成工作的强大合力。

要达到这次培训所提出的要求，就需要我们每一位班组负责人在接下来的工作中做到以下几点：

一是要围绕一个"学"字，加强自身学习，提高自身综合素质。 在接下来的工作中，我将充分利用乘务部门的业务第一线工作机会，通过对旅客的竭诚服务和与同事的精诚合作，进一步丰富自己的一线工作经验，更加熟练地掌握一线服务技巧和工作方法，锻炼自身的工作能力，提高自身的业务水平。由于乘务工作往往面临着××、××等一些紧急事务，我将进一步熟练掌握自己的应变技巧，提高处理工作中各种复杂和突发事件的能力。与此同时，我将进一步认真学习有关规章制度和业务通告，熟悉掌握各项工作标准，不断提高自己的业务水平和行政管理水平，为做好班组负责人的工作奠定良好的基础。

二是要围绕一个"诚"字，注重人文关怀，帮助成员成长。 我要扎扎实实按照一线服务员工、员工服务旅客的主线，零距离服务班组内的乘务员、尊重乘务员，为乘务员营造氛围、搭建平台。我将在公司和部门的正确领导下，创造条件，定期举办形式新颖、内容丰富的各类劳动竞赛、健身活动、文化娱乐活动，充分调动广大乘务员钻业务、练本领、献才智的积极性和主动性，打造一支服务型、知识型、团结型的团队，从而真真切切关注旅客感受，让旅客感受到公司的优质服务，提升旅客对我们服务的满意度。与此同时，我要充分发挥班组的纽带作用，积极畅通渠道，及时准确地反映乘务员的意愿和需求，形成相互支持、团结协作、队伍稳定的工作局面。我要与乘务员广泛交流沟通，及时了解疾苦，化解矛盾，释疑解惑，帮助乘务员解决问题、克服困难，构筑起关心人、爱护人的和谐环境，努力将人文关怀引入班组建设中，促进班组的和谐。

三是要围绕一个"畅"字，实行民主管理，发挥全体成员的能动作用。 我将积极落实班组民主管理制度，调动广大乘务员热爱班组、关心班组的积极性，形成气顺心和、凝聚力强、战斗力高的工作队伍。我将结合实际，制订出切实可行的班组管理制度，做好相关台账记录，使班组在工作中做到"有法可依"。与此同时，我要着力加强班组事务公开，拓展乘务员知情的宽度和参与的深度，进一步尊重乘务员的民主权利，加强班组内部交流。对班组的各项事务，我都广泛征求乘务员的意见，对评选、岗位竞争等敏感的事情要做到"公开、公平、公正、合理"，不断畅通班组民主管理的渠道。在日常管理中，我将严格依照程序对乘务员进行评先评优、绩效考核，公平公正地对乘务员年度休假计划进行核查，建立长效机制，夯实管理基础，在组内推动形成民主、公开、透明的氛围，充分发挥出乘务员参与班组管理的积极性和创造性，确保班组的和谐，为乘务工作创造更大更好的效益。

四是要围绕一个"严"字，加强作风建设，发挥好示范表率作用。 我要在公司和部门的正确领导下，在广大乘务员的配合下，严格带头贯彻执行规章制度，发挥自身的模范带头作用。工作中，我必须严于律己，宽以待人，要求别人做到的，自己首先做到；要求别人不做的，自己带头不做。只有时时处处严格要求自己，大公无私，带头实干，才能在与乘务员的零距离接触中，树立起较高威信，更好地履行职责。与此同时，我也要加强对全体乘务员的廉政教育，注重打消侥幸心理，将"一失足成千古恨"作为思想深处的警语，常提醒、常奏鸣。

在接下来的工作中，我将以本次学习为起点，立足乘务长的本职岗位，狠抓自身业务、作风能力建设，用良好的工作成绩体现本次学习的成效。我将坚持学以致用，将理论运用在今后的班组管理工作当中，用实际行动为×××做出自己的贡献。

知行合一，走好新长征

7

习近平总书记在纪念红军长征胜利 80 周年大会上重要讲话中指出，长征是一次理想信念的伟大远征。新时期的党员干部要自觉把握习总书记重要讲话精神的精髓要义和内涵实质，践行长征精神，在"两学一做"学习教育中争当合格党员，在服务大局的具体实践中争创一流业绩。

一、思想是行动的先导，要提振敬业实干的精神

伟大长征的胜利，生动说明了这样一个道理：思想决定行动，是行动的先导和动力。只有积极的思想才有积极的行动，有统一的思想才有统一的行动。思之所及，行之所至，沿着思想的方向，事业发展就有无限的可能。

一要做到"没有任何借口"地实干。长征中，每一个红军战士都不折不扣地执行中央的决策，不找任何借口、不讲任何价钱，从而确保了伟大长征的胜利。因此，对新时期党员干部而言，不找任何借口，体现的是一种负责、敬业的精神，一种服从、诚实的态度，一种言出必行、行则必成的能力。就实际而言，当前经济下行压力大，工作面临的挑战多、困难大，党员干部更要认真秉承这一理念，积极践行这一理念，把"没有任何借口"当作我们工作的座右铭，这不仅对于本职工作，甚至对于自己的整个人生，都是最宝贵的诤言。

二要做到"完不成任务不收兵"地苦干。长征中，红军战士不管面对何等的艰难险阻，都做到了"完不成任务不收兵"。因此，对于新时期党员干部而言，要做好工作，就要有一股子劲头。只要有劲头，就能出色高效地完成各项工作任务。要在工作中要进一步发扬钉钉子精神，集中时间、集中力量，扎扎实实地埋头苦干，做到任务不完成，工作不收兵。

三要做到"甩开膀子迈开步子"地真干。如果没有"甩开膀子迈开步子"的干劲，红军就不能夺取爬雪山、过草地的胜利。同样，对新时期党员干部而言，工作有没有成效，关键看用多大力气，鼓多少干劲。如果凡事拖拖拉拉、一步一停，是完不成任务的。如果干工作干一年、两年、三年还是涛声依旧，那就是不合格的党员，不达标的干部。只有"甩开膀子迈开步子"地真干，才能干出个样子，才能"踏石留印抓铁有痕"，用实际行动为事业发展贡献力量。

二、行动是成果的利器，要强化敢于担当的举措

虽然时空变换，但红军不怕远征难的担当精神永远是党员干部的力量源泉。当前，经济下行压力加大，在各领域、各行业都有所反映，为党员干部的工作带来了挑战和困难。有句话叫作"有多大担当才能干多大事业，尽多大责任才会有多大成就"。因此，在顺境中完成好任务、完成好工作不难，难的是逆境中迎难而上，争创一流。这就要求党员干部事不避难、敢于担当。责任担当的内涵和要求是多方面的，重要的是要勇于攻坚克难、积极开拓奋进。

一要攻任务之难，以身作则求晋位。就工作实际而言，每位党员干部都有着核心任务指标，完成得如何，不仅关系自身工作成效，还关乎事业的发展。虽然完成任务有压力，但压力也是动力，动力促进成长。因此，新时期党员干部尤其是领导干部，要带头树立"完成任务我在前"的标准，通过真

抓实干，攻任务之难，率先、超额完成指标量，争取成为推动工作的排头兵和领路人。对党员干部而言，不仅要当思想上的先进，还要在率先完成既定目标任务上当好示范，起到标杆、带动作用。

二要攻创新之难，以点带面求突破。当前，面对发展中的挑战、工作上的难题，每位党员干部都要坚决杜绝等靠思想，要多闯多试多攻坚。要进一步更新工作理念，转变工作方式，创新具有自身特色、符合形势发展、能够尽快见效的工作方法。要进一步提升业务能力，以过硬的业务素质来提高执行效率和工作成果。要把学习掌握和灵活应用好政策法规作为安身立命的根本，在求深、求细、求实上下功夫，掌握好"看家本领"，努力展现新时期党员干部的良好形象、过硬素质和优良作风。

"路漫漫其修远兮，吾将上下而求索。"党员干部要始终坚持信仰、担当，在全面深化改革、全面从严治党的新征程中，绽放党员风采、实现精彩人生，为经济社会各项事业蓬勃发展做出新的贡献，用实际行动走好实现"两个一百年"的新长征。

第七章

工作总结 6 篇

服务大局，创新思路，
努力开创工会工作新篇章

——××电信职代会××届××次会议工作报告

1

各位代表、各位同事，大家好：

2017 年是公司发展壮大的关键时期，也是工会工作切实推进的时期。过去的一年里，分公司工会在公司党委的正确领导下、在公司领导班子的支持帮助下，深入学习贯彻党的十九大精神和习近平新时代中国特色社会主义思想。主动服务大局，热忱服务职工，求真务实，与时俱进，各项工作取得新进展、新成效，为促进公司业务快速发展、强化民主管理、实现公司工作目标做出了积极的贡献。下面我代表分公司工会就 2017 年的各项工作和 2018 年的工作安排向大会做报告，请予审议。

2017 年，我们主要做了以下几方面工作：

第一，**加强思想教育，职工理论水平不断提升**。一方面，学习贯彻中央精神和公司战略，引导广大职工深入思考，关注公司发展。公司工会深入学习领会党的十九大精神和习近平新时代中国特色社会主义思想，牢牢把握在促进全面深化改革、推进转型升级中的新任务、新要求，努力推进工会工作创新发展。为落实中央双创精神，聚焦公司战略，我们认真开展创新孵化工作。7 月份组织开展了"创新工作室"和"内部创新孵化"工作专题会，面向公司征集创新项目和创新课题。公司运维部的创新孵化项目《×××》已通过了集团公司内部创新孵化第一期项目的初审，通过活动开展，切实提高了职工的工作使命感和责任感。另一方面，深入开展党的群众路线教育实践活动，充分发挥基层工会组织联系职工群众的桥梁和纽带作用。按照上级党委统一部署，我们紧紧围绕为民务实清廉主题，突出作风建设重点，从实际出发，精心筹划，严密组织，分步推进，积极组织职工代表参加"两学一做"学习教育常态化制度化活动，指导大家认真查找问题、制订措施、整改落实，用优良作风凝聚职工群众。

第二，**落实服务项目，为职工办实事、解难事、富有成效。**一方面，坚持以人为本，开展送温暖活动。工会认真执行重病住院探望、慰问制度，坚持开展春节送温暖活动，对参加职工医疗互助的工会会员实施大病救助，同时对特困职工家庭开展扶贫解困救助，给困难职工雪中送炭，解燃眉之急，拉近了干群距离，使职工切实感受到集体的温暖。另一方面，坚持人文关怀，努力做好职工日常关怀。工会坚持把关怀职工、凝聚人心的工作作为工会的首要任务之一，努力解决职工最现实、最关心、最直接的问题，力争当职工的"知心人、贴心人、暖心人"。2017年5月组织了公司521名职工健康体检，使广大职工能及时了解自己的健康状况，保障职工的身体健康；加强食堂管理，成立食堂卫生监督小组，将食品原材料的采购验收表和菜谱进行公示，让员工吃得安全、吃得放心；坚持每月对生日员工进行慰问，从而增强职工对单位的亲切感、依赖感、归属感，切实增强工会的凝聚力。

第三，**推进工会组织自身建设，整体工作水平切实增强。**一是进一步完善工会各项规章制度。为落实工会经费管理要求，加强工会经费核算管理，年初修订下发了《××市分公司工会经费管理办法》，勤俭持"家"，民主理财，做到来往账目清楚，财务手续规范。二是成立县工作小组。今年在三县成立了工会小组，同时下发了三县分公司工会活动经费标准，及时了解掌握县分工会组织建设状况，确保工作有序开展，努力提高基层工会组织服务职工的能力。

第四，多措并举，职工权益得到有效维护。一方面，深化厂务公开，推进企业民主建设。通过员工大会、职工座谈会等多种形式，让广大员工及时了解公司的工作目标、工作进程及重大事项的决策情况。2017年1月23日召开职代会对《公司年度工作报告》进行审议，并充分听取职工代表的意见和建议，以职代会为平台深入开展征集职工提案活动，在召开职工代表大会的同时，印发《职工提案表》《员工征求意见表》，广泛征求职工意见及建议，丰富了职代会的内涵，提高了职代会的质量和实效，真正落实了广大职工群众的通过权、决定权和评议监督权。另一方面，广开言路，倾听基层职工心声。在市分公司层面坚持开展总经理接待日制度，公司领导班子成员定期听取员工对公司发展、员工待遇、企业文化建设等方面的建议，对来访问题进行督办解决，做到事事有着落，件件有回音；各基层工会主席、委员通过座谈会、谈心谈话等形式，听取基层职工群众心声，帮助解决职工群众合理诉求，进一步密切了干部与职工群众的关系。

第五，扎实开展各项活动，职工素养稳步提升。一是开展劳动竞赛。组织广大职工以争创服务明星、服务标兵为重点，以学技能、练本领、强素质、促发展为主题，紧密联系工作实际，深入开展"创争"活动，形成广大职工学知识、强技能、增本领的常态化机制。2017年以来相继开展了员工×××劳动竞赛、×××装机及开通竞赛活动、2017年主题有奖征文和演讲比赛等活动，培育、推荐、表彰了一批"服务明星""创新能手"，充分调动了员工的工作积极性，激发了职工参与岗位技术练兵的热情，实现了公司业务发展和员工技能的双提高双促进。二是开展"读好书、提素质、促发展"主题读书月活动。活动期间，安排职工共读一本书并邀请全国优秀教师讲授国学经典、组织开展"我聚焦，我行动"演讲比赛，提升职工文化素养，努力形成崇尚读书、勤于学习、善于思考的良好风气。

第六，践行社会责任，企业形象深入人心。为了更好地宣传电信公司的品牌，进一步提升公司形象，公司携手市工会举办了2017年"电信杯"全市职工乒乓球比赛，并取得圆满成功。去年8月公司代表市属20多家企业，参加了全市第二届运动会，取得了最佳组织奖。今年5月公司派出30余人参加了"唱响主旋律、建功十三五"的大合唱活动。组织开展夏日送清凉，慰问辖区派出所和附近交警值班点。持续开展"精准扶贫"工作，党员干部帮扶××县城××村贫困户，共结对18户。

分公司工会工作取得新业绩、实现新发展，是各级领导正确指导的结果，是各位干部职工共同努力的结果。在此，我代表工会向各位表示衷心的感谢！

在总结成绩的同时，我们也要清醒地看到存在的问题和不足。主要是改革创新的力度不够，组织体制、管理模式、运行方式等方面遇到的难点和瓶颈问题仍未有效解决；对工作谋划、组织协调不够到位；抓基层的手段和措施不够有力，干部队伍能力建设有待加强，等等。对此，我们要高度重视，下大力气加以解决。

2018 年工作计划和安排

2018年是党的十九大精神开局之年，是公司锐意进取之年，也是工会改革创新的攻坚之年。公司对今年的改革发展任务进行了全面部署，对做好今年的工会工作提出了明确要求。我们要继续以党的十九大精神和习近平新时代中国特色社会主义思想为指导，在公司党委和上级工会的领导下，以更加饱满的精神状态、更加扎实的工作作风，创造性地开展工作，在服务公司发展、服务职工群众中展现更大作为。具体做好以下几方面的工作：

（一）**不断加强理论知识学习。**我们要把思想理论武装放在首位，深入学习贯彻习近平总书记系列重要讲话精神、党的十九大精神和习近平新时代中国特色社会主义思想，坚持用科学理论武装头脑、指导实践、推动工作。认真开展"不忘初心，牢记使命"专题教育，深刻领会党中央治国理政新理念新思想新战略，牢牢把握工会工作正确政治方向。发挥各级工会的示范带头作用，做到深入学、全员学、持续学，切实把十九大精神和习近平新时代中国特色社会主义思想学深悟透，真正将科学理论化作工会工作的理论武装、工作遵循和行动指南。

（二）**广泛开展建功立业活动**。充分发挥工会组织的动员力、号召力，继续广泛开展各种层次、各种类型的劳动竞赛、岗位练兵、技术比武等群众性建功立业活动，推行生产型、技能型和智能型相结合的竞赛模式，把劳动、创造、育人贯穿全过程，不断提高竞赛活动的贴近度、参与面、受益率，把广大员工的积极性、主动性和创造性引导到推动公司改革发展的目标上来，组织公司职工积极投身主战场、展现新作为。

（三）**认真抓好基层工会组织建设**。要适应企业改革发展带来的新变化，完善和加强基层工会小组的建设，以市分公司工会为发力点、基层工会小组为支撑，明确本单位组织建设构架。2018年将加强基层工会干部队伍建设，发挥工会积极分子的作用，进一步做到人员明确、责任明确、计划明确，采取有效措施调动工会干部队伍的积极性，同时加强对基层工会干部职工的培训，不断提高工作能力与素质，促使工会的各项工作正常开展、有效落地。

（四）**深入开展企业民主管理工作**。充分发挥工会委员会在厂务公开、民主管理和员工福利基金使用等方面的作用。紧密围绕公司战略转型目标新要求，广泛开展创建职工创新工作室、合理化建议征集、群众性技术革新、技术攻关等活动，继续坚持"总经理接待日""职代会"等形式的民主参政议政制度，深入员工、深入基层，听取和搜集员工的意见和建议，发挥广大员工的聪明才智为公司的发展献计出力，切实调动员工参与公司管理的积极性和主动性，为职工创新活动培育良好的土壤。

（五）切实解决员工各类困难。从思想上、精神上关心员工，想员工之所想，急员工之所急，建立健全困难员工档案，推行干部联系员工生活困难户制度，深入开展"送温暖活动"，组织开展员工互助互济活动，把员工的甘苦作为单位发展和稳定的一件大事来抓，切实为员工排忧解难。严格按照中共中央国务院《关于构建和谐劳动关系的意见》的标准去保障员工劳动报酬、休息休假、劳动安全、卫生保护、享受社会保险等切身利益，工会干部要深入群众，倾听群众的反映和呼声，了解群众需求，切实解决员工最困难、最操心、最忧虑的问题。

（六）着力丰富职工娱乐生活。按照上级工会的要求，结合公司自身特点，以培育健康向上的企业文化为原则，推进群众性文体活动品牌战略落地。提高广大职工文体活动的参与率，开展生动活泼、有益于员工身心健康、员工喜闻乐见的文化体育活动，为基层员工搭建相互交流学习、共同提高的平台，让员工在活动中得到放松和快乐，进一步增强公司的凝聚力。同时贯彻走出去的思路，积极与外单位联合开展活动和竞赛，通过活动广交朋友，树立公司和谐健康的形象，营造良好的发展环境。

同志们，工会组织责任重大、使命光荣，我们要抢抓机遇、主动作为、锐意进取、勇于担当，团结动员广大干部职工为公司提出的奋斗目标做出新的更大贡献！

更强信心，更大勇气，更深力度，全面推进××发展再上新台阶

（××局局长、党组书记）

2

同志们：

2017年工作会议的主题是：更强信心，更大勇气，更深力度，全面推进××发展再上新台阶。主要任务是：认真贯彻党的十九大精神，落实上级2017年工作会议要求，回顾总结我局2017年工作情况，部署2018年主要工作。

一、转型已基本实现

2017年，是很不平凡的一年，我们在上级和×市的正确领导下，紧紧抓住改革这个主题，共同战胜了前进道路上的挑战，进一步构建了"抓中心、促发展、建和谐"的工作格局，开创了争当全国内陆行业科学发展排头兵的新局面。

2017年是转型年，我们紧紧抓住"转型"这条主线，始终坚持"科技＋管理"双轮驱动战略，共同描绘了转型发展的蓝图，进一步打造了"汗水型"向"智慧型"转变的监管格局，开启了智慧转型的新篇章。

一是转型具备强大基础。新建完善监管大屏幕、CCTV前端视频枪、

VHF 和 AIS 基站，优化提升智能管理系统和自动语音播报系统，升级改造局机房设备和信息网络带宽，提前实现了打造内陆行业现代监管网络示范区的目标。

二是转型得到扎实推进。制订《"6 个电子"工作标准》及配套制度 11 项，统一规范"6 个电子"工作流程，促使"6 个电子"成为监管主要手段和习惯做法。通过召开转型现场会、应用培训及考试等形式，将"三融合"智慧监管体系形成长效机制。今年来，我局对辖区日间交通工具监管覆盖率达 85%，电子巡查比率达 89%，用智能管理系统处置违章行为占总案件的 63%，提升了监管效能和水平，基本实现了监管从"汗水型"向"智慧型"转变。

三是转型获得高度认可。"3+1"监管模式作为中国行业唯一的内陆代表，在第十七届中国国际行业会展上展播；"交通智能管理系统开发及应用"获 2017 年度"中国 × × 科技奖"二等奖。今年来，系统内外的 27 个单位到我局学习交流智慧转型做法，转型工作得到上级领导、专家学者和参观代表的高度认可。

2017 年，既是智慧转型之年，也是协调发展之年。我们紧紧抓住"转型"这个引擎，以"四型"行业建设为主导，以"五精"建设为载体，全面推进"精湛业务、精细管理、精干队伍、精良装备、精美文化"建设，促进各项工作跨上了新台阶：

（一）**监管手段更精湛**。深入应用"6 个电子"，组织开展"江盾"行动、百日安全大检查、安全隐患排查等专项治理，一批长期困扰交通安全的难题得以破解。深化拓展"6 个电子"与夜间巡查执法的联动，辖区夜间交通工具违章率从 13.34% 下降至 7.14%。深层贯彻《× 市接驳工具安全管理标准》落实，推动召开 × 市接驳工具安全管理工作会，建立"以落实责任制为核心，以落实制度体系为重点，以落实责任追究为动力，以落实资金补助为保障"

的接驳工具安全管理工作格局。深度应用"6个电子"预警预报功能，组织完成"人水和谐 美丽×市"交通事故应急救援演习，提高水上应急反应能力。全年，辖区交通安全四项指标明显下降，维护了安全形势的持续稳定。

（二）**管理标准更精细**。组织编制《×××路段通航安全管理规定》，为全面推广"三融合"监管体系打下基础。提炼形成《××安全监管流程》《××货物监管指引》《××活动行业管理工作标准》《费用征收管理工作程序》等指引，促进行业重点工作监管长效化。研究制订《行政处罚工作标准》《"6个电子"行政处罚执法流程和标准》《行政处罚裁量标准》《通行安全管理规定行政处罚指引》等工作标准，进一步提高依法行政水平。建立年度工作目标考评管理机制，组织研究办公场所和交通工具日常管理标准，建立"五星级政务中心"考核规范，进一步提高日常管理的精细化水平。

（三）**人才队伍更精干**。顺利完成"三定"工作任务，进一步明确机构人员、理顺事权关系、优化工作流程、夯实管理基础。通过竞争上岗、双向择岗和交流轮岗，调整干部62名，其中新提拔干部8名，调整后中层干部队伍本科以上学历人数提升了8.6%，平均年龄降低了1.2岁，增强了干部队伍的生机与活力。积极参加系统内外的活动，荣获上级业务知识竞赛第一名、×市第二届安全生产应急知识竞赛第二名、×市市直机关"共筑中国梦"演讲比赛二等奖。组织开展"四型"行业建设知识技能竞赛、"转型"经验征文评比、"我为转型做贡献"主题团日等活动。组织开展课题研究11项，为干部职工搭建展现自我、实现梦想的舞台，干部职工的整体素质得到提升。

（四）**基础装备更精良**。编写完成《×市交通智能管理规划》，为未来七年交通管理科学布局。建成××码头，行业处建设基础得以巩固和提高。推行"人才培养到一线、业务指导到一线、精良装备到一线、精细管理到一线、文化提炼到一线"的"五个一"工程，开展"比作风、看谁深入一线多，比奉献、看谁服务基层多，比业绩、看谁解决问题多，比创新、看谁建言献策多"的"四比四看"主题活动，推动全局重心下移、力量下沉，进一步夯实发展基础。

（五）**党建文化更丰富**。扎实开展党的群众路线教育实践活动，开展"开门评行业、走访听民意、共建解难题"系列活动，为群众解决具体问题28个，得到了上级的肯定。扎实推进学习型党组织建设，被评为 × 市"学习创新"优秀示范单位。局工会荣获全国基层工会"模范职工之家"，× × 处党支部荣获全国"先进基层党组织"。在行业媒体发表《监管转型，其势已成》署名文章，刊载《"转型"经验》等8篇专题报道，扩大了影响力。积极转化智慧转型成果，服务 × 市城市升级，"内陆交通法制服务区"荣获 × 市市"657"普法品牌，得到地方政府的肯定和支持。推行"5+2"廉政文化培育工程，形成学廉、崇廉、守廉、倡廉的良好氛围，为科学发展增添正能量。

同志们，2017 年，是我局在转型之路上奋勇前进、创新突破的一年，也是转型工作转化、收获成果的一年。全局干部职工同心同德、迎难而上、勇挑重担，共同绘制出转型的美好蓝图。转型发展到当前阶段，已经具备了三大有利态势：一是强大的内生动力。转型基调鲜明突出，转型观念深入人心，转型运用日渐成熟，转型已成为全体干部职工的使命和追求。二是强劲的外在推力。转型工作得到了行业系统和地方政府的认可与支持，转型工作与上级要求完全一致，与地方发展互赢共进，与经济需要高度契合。三是强盛的发展潜力。转型成果的先进性、创新性、实用性走在了全国前列，转型品牌已经立稳 × 市、辐射上级、走向全国，转型之路前景广阔、充满光明。

同志们，这些成绩的取得，离不开上级和 × 市的正确领导，更离不开全局干部职工的辛勤耕耘、默默付出。在此，我代表局领导班子向在座的各位，并通过你们向广大干部职工、离退休老同志表示衷心感谢和崇高敬意！

二、汇聚科学发展正能量

成绩属于过去，未来催人奋进。在取得成绩的同时，我们也面临着比往年更严峻的形势、更严格的要求、更严苛的难题，对此我们必须要有清醒的认识和准确的把握。

一是全面推进深化改革，履职要求越来越细。 党的十九大对深化行政体制改革，加快转变政府职能，创新行政管理方式，建设法治政府和服务型政府提出了进一步要求。交通运输部也做出加快推进"四个交通"发展的部署。从中央到地方，深化改革的目标更加明确，重点更加突出，愿景更加清晰，其中涉及的转变职能、简政放权、规范执法、严格管理、服务民生、作风建设等内容，都与我们息息相关，特别是对基层单位的履职和服务能力提出了更为明确、具体的要求。

二是全面推进"三化"建设，工作目标越来越高。 交通运输部提出了"三化"建设的总要求，明确了今后一段时期的发展方向、思路和目标。"三化"建设要求加强队伍革命化、正规化、现代化建设。基层是"三化"建设的前沿阵地，是"三化"建设的执行者和落实者，强调基层发展要在政治上、业务上、能力上、作风上有新突破、新进展、新成效，工作目标要求对我们越来越高。

三是全面推进行业转制，管理难度越来越大。 当前行业核编转制已进入实施阶段，队伍正式纳入公务员管理。随着体制机制的转变，一方面要求我们的权责更加明晰、制度更加完善、管理更加严格、行为更加规范，另一方面也带来了很多管理上的挑战，角色定位转变、管理模式调整、机构人员变动、固定资产转移等许多问题尚未完全理顺，给日常工作造成了一定压力。

其中最为突出的问题是干部职工个人收入降低，引起的思想波动和可能带来的廉政风险，增大了我们做好思想政治工作和反腐倡廉建设的难度。

四是全面推进作风建设，社会监督越来越严。近段时间，中央连续出台关于加强和改进作风建设的文件，上级明确提出"五个禁止"，上级对安全管理、转变作风、廉政建设的规定越来越严格。中央提出强化权力运行制约和监督体系建设的总体要求，网络监督、舆论监督等社会监督渠道越来越透明、手段越来越丰富，加之企业法制意识和公平意识逐渐增强，社会对队伍的要求和监督更加苛刻。

同志们，贯彻落实党的十九大精神，全面推进"三化"建设，促进科学发展上新台阶，必须正确看待问题，勇于迎接挑战；必须一切以安全为要，时刻向安全看齐；必须向科技要生产力，向管理要资源；必须以群众满意为标准，以持续发展为准则；必须同心同德、凝心聚力，汇聚起高质量发展正能量。

汇聚高质量发展正能量，必须紧紧抓住交通安全这个中心。维护交通安全是行业的职责和使命、上级的要求、群众的诉求、社会的期望，归根结底都在于安全。要科学把握交通安全监管规律，破解难题、补齐短板，建立健全交通安全监管长效格局，用安全形势持续稳定为转型创造和谐稳定的发展环境，为高质量发展赢得空间。

汇聚高质量发展正能量，必须紧紧抓住"转型"这个主线。转型是品牌和支撑，是推进"三化"建设的重要抓手，也是推动科学发展的核心驱动。深入推进转型，就是要继续实施"科技＋管理"双轮驱动战略，深化转型的各项工作，注重转型的系统性、整体性和协同性，充分彰显转型的辐射效应，打造转型的"升级版"。

汇聚高质量发展正能量，必须紧紧抓住精细管理这个途径。有效管理能够产生质量、产生效益，产生持久发展的生命力。要全面实现管理高水平、高效能、高质量，就必须建立全方位、多层次的工作标准，理顺工作制度、运作流程、联动关系、评估机制等，让标准成为习惯，让习惯符合标准，建立转型长效机制，实现快、稳、久、远发展。

汇聚高质量发展正能量，必须紧紧抓住队伍建设这个关键。人才是根本，一切部署都要靠人来实现，一切工作都要靠人来推进。谁拥有一支过硬的人才队伍，谁就拥有了强大力量。必须坚持以人为本，以转型为平台促进人才成长，让干部职工充分发挥聪明才智，在推进转型中大有作为，形成人才成长与全局发展的良性互动。

汇聚高质量发展正能量，必须紧紧抓住和谐氛围这个前提。实践证明，同心同德、群策群力是近年来取得成绩的最根本原因。只有全局上下拧成一股绳，形成一股劲，才能不断破解前进道路上的各种难题和挑战；只有营造"风清、气正、心齐、劲足"的良性发展环境，才能推动科学发展。

三、全面推进科学发展上新台阶

2018 年，是党的十九大精神开局之年，也是我们全面实现转型之年。我们要继续坚持以"三化"建设为统领，以"转型"为主线，深入实施"科技＋管理"双轮驱动战略，推动转型在高度、深度、广度上的拓展，充分彰显转型的辐射效应，不断提升有效履职能力、科学执法能力和管理服务能力。

2018 年是转型的深化年、攻坚年、提升年。全面实现转型，就必须全部心思向转型聚焦，各项工作向转型用劲；必须夯实基层、筑牢基础、苦练基本功；必须在"落实"上下功夫，抓好以下八个方面工作：

（一）深入推进"三化"建设落到实处。"三化"建设落实到基层，就是以信息化建设为纲、着力促进现代化建设，以精细管理为纲、着力促进正规化建设，以队伍建设为纲、着力促进革命化建设；就是实施"科技＋管理"

双轮驱动战略，推动全面实现转型。

1. 以信息化建设为纲，全面深化智慧监管。坚持硬件、软件、制度、人员"四位一体"同步推进，进一步深化智慧转型各项工作，提升监管效能和水平。一要深化信息化基础设施建设。在顶层设计基础上，添置高清视频枪、高清夜视仪、雷达监控系统，加强移动执法终端配置，不断提高信息化可视化水平。二要深化交通智能管理系统。拓展业务数据接入范围，不断完善系统基础数据；拓展工作内容自动留痕和工作记录分类统计功能，实现智慧监管记录自动化；拓展风险防控评估功能，提高安全隐患排查智能化水平；拓展智慧服务功能，实现从侧重管理向管理和服务并重转变。三要深化监管转型运行体系。完善"指挥中心—指挥分中心—现场执法单元"三级运行体系，理顺不同部门的配合关系，实现全局统筹、信息共享、分工协作；理顺指挥分中心和现场执法力量的联动关系，实现分中心统一调度、执法力量网格布局；理顺三级架构自上而下的功能定位和运行模式，优化人员配置，确保三级架构运行畅顺高效。四要深化"6个电子"应用。深化"6个电子"在夜间、节假日、洪水、大雾等多种情况下的应用，力争将交通工具监管覆盖率提高到90%，电子巡查率提高到93%，发现违章率即远程执法率提高到70%。五要深化智能系统在其他业务中的运用。探索其他业务的信息化建设，将系统从注重现场监管延伸到事前、事中、事后监管的各个环节，提高智慧管理水平。

2. 以精细管理为纲，全面固化工作标准。坚持向管理要资源、向管理要质量，进一步固化各项工作标准，提高管理精细化水平。一要固化通行管理标准。做好《××路段通行安全管理规定》宣贯工作，扎实推行"三融合"监管体系，做实"内陆行业法制服务区"普法品牌，力争获评省法制示范点。二要固化行政执法标准。持续加强行业行政执法标准化建设，深化电子远程处罚应用，规范常见违法行为行政执法模板、处罚流程和文书制作，实现行政执法案卷标准化，提高依法行政水平。三要固化质量体系建设。完善××活动监管、"四季七节"监管、事故调查处理等工作指引，及时将成熟的工作指引、制度、标准等纳入体系，打造服务质量管理体系"升级版"。四要固化内部管理标准。全面运行内部综合管理系统，精简会议、文件，优化办公流程，提高工作效率，继续推广全面预算管理模式，严格接待管理，严格归口管理，提升内部管理精细化水平。

3．**以队伍建设为纲，全面优化人才培养**。坚持以转型为培养平台，优化人才培养模式，提高干部队伍精干化水平。一要优化学习培训。加大人才培训力度，丰富人才培训形式，对内开展跟班学习、专业帮带、业务交流等，对外实施挂职、深造等，用多层次、多渠道形式，促进人才积累经验、提升能力。二要优化成长平台。充分用好学科研究小组、学习交流园地、党（团）支部、工会等平台，紧紧围绕智慧转型工作，开展课题研究、学习比武、技能竞赛等活动，让职工在促进智慧转型中获得舞台、站稳脚步、实现梦想。三要优化激励机制。在符合上级要求的情况下，继续拿出一定比例的领导和非领导职位，开展多种形式的干部选拔工作，让实绩突出、表现优秀、群众公认的干部得到提拔重用，不断激发干部队伍的生机与活力。

（二）**深入推进规律研究落于事前**。按照"把握规律、抓住重点、关注异常、给力预防"的工作思路，强化规律研究、破解难题，实现辖区监管由警戒式管理向风险式防控转变。一要实现风险管理系统化。以交通智能管理系统为基础，建立并推广安全风险评估系统和安全隐患排查系统，开展辖区风险分析评估，推进安全隐患排查治理，提高辖区风险预防预控能力。二要实现应急管理长效化。以交通事故应急指挥中心为平台，建立成员单位沟通协作工作机制，推动应急救援社会力量建设，不断巩固"政府统一领导、行业依法监管、企业全面负责、社会广泛参与"的交通安全工作格局。三要实现破解难题常态化。加强与地方职能部门沟通联系，共同推进《×市接驳工具安全管理标准》深入落实；加强×市片区公司安全与防污染交叉检查，着力解决交通工具委托经营管理不到位的问题；加强载运易流态化固体散装货物、燃油供受作业、防治污染物污染的安全监管，推进各环节主体责任落实；加强协同管理系统的深度应用，建立人员适任跟踪管理机制和适任能力考核机制；加强接驳工具等重点交通工具的网格化监管，建立专项治理和常态管理相结合的长效管理方式。

（三）深入推进成果转化落实长效。坚持将转型工作转化为制度体系，将转型成果转化为先进生产力，建立转型长效机制。一要形成量化评价指标。建立智能管理系统应用的考核评价标准，明确电子巡查比率、重点交通工具监管覆盖率、违法（异常）远程发现率、违法（异常）远程处置率等量化指标，实现智慧监管效能可预期、可评估、可修正，形成智慧监管的闭环管理。二要形成督查考评制度。对照量化评价指标，定期开展专项督查，评估全局、各处、各监管点转型工作开展情况，及时发现、整改存在问题，确保智慧监管效能得到充分发挥。三要形成转型成果体系。总结、提炼、宣传转型经验和成果，汇编转型系列文集、画册，制作转型系列宣传片，在《中国交通报》《中国运输报》等行业媒体刊发系列报道，举办智能管理系统开放日、宣传日等活动，不断扩大智慧转型的影响力。

（四）深入推进行业转制落在履职。认真贯彻落实上级部署，积极应对转制后的问题，切实做好干部职工的思想政治工作，维护队伍稳定。一要加强思想疏导。跟进干部职工思想动态，加强思想教育，做好政策宣贯，主动适应体制改变带来的变化，及时转变观念，正确对待影响，积极投身改革。二要加强人文关怀。密切关注职工最直接、最现实、最紧迫的利益问题，及时解决职工思想疑惑，组织谈心谈话、慰问走访、集体生日等关爱活动，开展游泳、登山、健身等文体活动，让职工工作愉快、生活轻松。三要加强作风建设。认真执行公务员管理体制下的各项规章制度，强化半军事化管理，实现思想观念、履职方式、行为作风等的全方位转变，着力打造一支听从指挥、素质精良、作风过硬、服务人民的公务员队伍。

（五）深入推进学习品牌落地结果。 推进学习型党组织建设，强化学习园地信息平台的管理，真正用实、用活、用好平台，促进学习品牌形成长效。一要完善平台功能模块。根据实际需求，不断优化平台板块、充实平台内容、深化平台应用，把平台建成学习培训、思想教育、考试竞赛、讨论交流、建言献策的园地，为干部职工搭建学习知识、提高素质的平台。二要完善平台管理制度。制订《学习园地信息平台管理规定》，明确学科研究小组在学习平台的作用，明确相关部门、人员责任，实现学习平台运行的规范化。三要完善考核激励机制。实行职工学习积分管理、学时管理，定期公布职工学习成绩，把职工学习情况与年度考核、评优评先挂钩，不断激发职工学习热情，促进干部队伍素质提升。

（六）深入推进文化建设落成示范。 以转型工作为核心要素，以××处为示范点，推进基层文化建设，促进党建文化有新成效。一要推动示范点文化品牌再深入。积极推进××处示范点建设，不断丰富文化载体，完善办公楼文化建设，制作文化宣传资料，实现文化品牌"有得看、有得学、有得带"的目标。二要推动"五精"建设再拓展。在借鉴××处经验的基础上，推进其他处的文化建设，深入挖掘各处文化内涵，营造办公场所文化氛围，形成各具特色的文化品牌和体系。三要推动×市行业精神再提炼。开展精神大讨论，将转型内涵融入文化，提炼形成特有的"转型"文化，确立共同的价值取向和行为准则，凝聚干部职工思想共识，提升科学发展的内生动力。

（七）深入推进廉洁行业落入防控。 保持廉政建设常抓不懈，创新廉政风险防控手段，促使干部清正、执法清廉、行业清明。一要强化科技防腐。创新廉政风险防控与智能管理系统联动办法，建立纪检监察视频监测工作制度、VHF廉政宣传工作制度，强化对现场执法的监督。以1~2个点为试点，配备廉政防控"单兵"装备，实时开展防腐监控，杜绝不廉洁行为发生。二要强化廉政文化。积极参加上级"廉政火炬"传递活动，继续打造"5+2"廉政文化品牌，开辟廉政文化走廊、廉政文化墙、廉政文化大厅等展示区域，开设廉政文化宣传专栏，开展特色鲜明、内容丰富的廉政文化活动，推动廉政观念入脑、入心。三要强化廉政教育。开展理想信念与职业道德、党纪政纪与岗位风险、正面示范与反面警示等教育，组织廉政风险防控知识培训，强化法纪观念和廉洁自律意识，增强拒腐防变能力，为科学发展提供有力保障。

（八）深入推进行业服务落脚民生。坚持将"两学一做"学习教育成果常态化制度化长效化，积极服务经济社会发展和民生需求，建立和谐共进发展格局。一要强化服务作风。切实把党的群众路线教育实践活动引向深入，坚决整治"四风"，落实"五个禁止"，使行业工作作风更加符合人民期望，服务举措更加贴近人民需求。二要强化服务细节。继续创建"五星级政务中心"，不断规范服务流程，推行服务承诺制、首问负责制，不断提高服务满意度。三要强化服务民生。主动服务民生饮水、民生接驳工程建设，积极服务 ×× 整治、×× 隧道、×× 大桥等重点工程建设，为地方经济社会发展贡献力量，提高社会形象。

同志们，2017 年，我们经受住了挑战，承托起了重任，一个行业监管转型的蓝图已经绘制，一个美丽的行业形象已经展现。2018 年，我们要以更强信心、更大勇气、更深力度，一心一意谋发展，凝心聚力促转型，汇聚起高质量发展的正能量，同心同德、勇于担当、真抓实干，全面实现转型，唱响人民满意主旋律！

挂职工作总结

（××省××市委党校工作人员）

3

根据组织安排，我有幸于 2017 年 5 月至 11 月挂职于美丽的 ×× 市 ×× 区党校。半年来，我始终珍惜难得机遇、认真躬身学习、积极主动作为，努力在党性修养、业务能力和综合素质等各方面求新、求变、求突破，收获了良师益友，是一段成长的时光和难以忘怀的经历。

一、精心学习，努力把理论学得实而又实

充分利用好 ×× 党校第二党支部这个平台，主动融入新同事、新氛围，毫不放松地抓好理论学习。一是在支部活动中学习。积极参与七一辩论赛、大合唱、"两学一做"知识竞赛等活动，获得"学习习近平系列讲话——中流砥柱，不忘初心"征文比赛三等奖，感同身受提高理论素养。二是在参观考察中学习。通过参观 ×× 区辉煌 60 年展、×× 纪念馆、×× 炮台、×× 生产基地、×× 邮轮等，感受党和国家的发展建设历程，提高理论自觉。三是在协助工作中学习。协助支部书记完成党校组织的关于建党 96 周年的各项活动，协助党建部领导校对"两学一做"学习教育资料选编 20 余万字，做到学原文、看原著、悟原理。

二、尽心工作，努力把主业抓得准而又准

我虽然是挂职人员，但始终以在职在岗者的意识要求自我、鼓励自我。按照区委党校工作部署安排，认真抓好主业，积极参与党员教育培训带班和跟班，努力在实践锻炼中提升"看家本事"。一是带班工作有收获。带了"基层党务领导干部'两学一做'培训班""领导干部（处级）进修班"等培训班，坚持多听多看多请教，对视频课堂、专题讲义、案例研讨、学员签到、成绩考核等各个环节精心准备，反复打磨。通过带班，在××党校的班级办学理念、学员管理制度、教学模块安排、师资力量调配等方面积累了实践经验。二是跟班学习有特色。全程跟班××骨干研修班来××区党校参观学习，努力熟悉行程、查阅资料、实地考察，提高了工作针对性。参与了"中青年干部培训班""领导干部（处级）任职班"、每周一次的道德大讲堂听课以及各类论坛讲座等活动，面对面地聆听了来自××的知名专家、学者、教授的授课和讲解，解放了思想，开阔了眼界，增长了知识。三是中心工作有体会。参加了赴北京大学、中央党校短期培训学习，同时，主动参与公文稿件写作、教学计划制订、每周课程编排等工作，让我熟悉了先进地区党校工作流程和工作标准，工作能力得到提升。

三、清心修身，努力把心态放得平而又平

我始终将挂职锻炼作为自身党性、党风的一次考验，做到每一言、每一行都对自己、对单位负责。半年来，自觉发挥青年人有朝气、肯吃苦的精神，努力做到工作上严格要求不放松、生活中节俭自律不奢侈，不断树立党员干部的良好形象。

短短半年挂职锻炼结束，但这将是我新的工作的起点。我将以此为契机，不忘初心、继续前进。

学习进修结业报告

（××直辖市下属街道党工委书记）

4

根据培训安排，在市委组织部和市委党校的精心组织下，在班委会、班支部的正确带领下，在本班级全体学员的共同努力下，本期街道（乡镇）党政领导干部进修班，采取多种方式学习、多个层次沟通、多种形式交流，认认真真、扎扎实实地完成了各项学习任务。大家坚定政治纪律，自觉服从管理，严守校纪校规。通过学习，大家普遍感到，理论基础进一步夯实，为民宗旨进一步巩固，党性修养进一步锻炼、战略视野进一步拓宽、综合能力进一步提高，保持了共产党人的本色、坚守了公职人员的本职、维护了一线干部的本心。

一、学习系统理论，把握精髓要义，在至善中求悟透。 政治的坚定源于理论的清醒。通过静下心来，认真地而不是敷衍地、系统地而不是零碎地、贯通地而不是孤立地学习和掌握马列主义、毛泽东思想、中国特色社会主义理论和习近平总书记系列重要讲话，理论知识储备得到充实，政治素养得到提升。深入学习了党的十八大及十八届三中、四中、五中全会精神，深入学习了市委十二届七次、八次、九次、十次全会精神，学习中，以至于至善、精益求精为标准，注重把握领导讲话精髓要义、领会精神内涵、探索内在实质，引导大家真学、真懂、真用，进一步加强了理想信念教育、党性教育、从政道德教育和反腐倡廉教育，严明政治纪律，严守政治规矩，深刻领会了"四个全面"战略布局。组织大家研读金一南《苦难辉煌》等书，结合参观考察和专题学习，精心准备、积极发言，组织开展了读书交流和活动，大家谈体会、谈认识、谈打算，在交流切磋中深化了思想、提高了认识、强化了共识。

二、**开展体验教学，不忘为民初心，在正心中求躬行**。全班学员集体参与了在井冈山开展的党性教育体验式教学，大家行程万里，不忘初心，面对革命先烈舍生取义、舍己为人的壮举和义行，进一步坚定了理想信念，强化了宗旨意识。将学习教育同"学党章党规、学系列讲话，做合格党员"等"两学一做"相结合，同践行"三严三实"相结合，同领会"四讲四有"精神相结合。大家领悟到，薪火相传、历久弥新的井冈山精神的精髓是坚定不移的理想信念，一切从实际出发的思想路线、密切联系群众的思想作风、艰苦奋斗的创业精神以及坚持党的绝对领导，伟大的井冈山精神是我们党宝贵的精神财富。面对革命先烈、面对党的优秀前辈，大家正心躬行，不忘初心，是一次触及领会的深刻洗礼。

三、**组织主题党日，开展党性分析，在自省中求自知**。我们组织学员参加两次主题党日活动，组织召开了党支部和党小组民主生活会开展党性分析，学员间组织开展了互相谈心、互相帮助、互相提高活动。个人进行认真思考，撰写党性分析材料，各党小组召开组织生活会，学员进行了个人理论学习和党性教育总结，学员党支部对学习情况、党性教育情况进行全面总结。一方面促使大家更加坚定了"理论自信、道路自信、制度自信、文化自信"等"四个自信"；另一方面，促使大家更加清醒地认识到作为基层党政正职的角色担当，通过领导、专家、学者的理性阐释，让大家更加认清了街道（乡镇）党政正职这个群体的特殊性重要性，要倍加珍惜这份历史荣誉与责任感，切实担当起党和人民、历史和时代所赋予的使命与责任，强化责任意识和担当意识。

四、树立法治思维，强化创新意识，在勤学中求善政。除了党性修养锻炼，我们还按照课程学习要求，认真系统学习了公共管理、经济管理、社会治理、依法行政、领导科学等知识。××的发展离不开区县的贡献，城市的文明离不开基层的治理，大家围绕国家中心城市建设、×××发展战略、×××计划和法治城市、国家创新型城市建设中的重大现实问题，参观考察了我市相关重点建设项目，结合各自基层实际，议发展、论壮大，对发生在身边的典型事件和具体案例开展调研，形成多篇高质量案例报告，坚定了对全面深化改革的信心和决心，强化了对建设国家中心城市、复兴×××而努力的行动共识。

五、强化作风考核、巩固学习效果，在自律中求实效。整个培训期间，班级党支部注重对全班学员进行全面考核，以严的作风、严的纪律、严的要求营造良好学风，确保学习效果。严守组织纪律，定期检查学员是否存在外出吃喝、车辆驻校、接受探望、慰问、不按规定住校、请假等违反党风学纪的问题。考核学习效果。在培训的每个单元通过学习交流和小组研讨的形式进行考核，每位学员结合各专题的内容交流学习收获，与任课老师进行教学互动。结业前组织基本理论知识测试，成绩合格者予以结业。检验学习能力。结业前，每位学员提交了 1 至 2 篇案例报告、1 份承诺书，市委党校组织大家进行个人测评和互相测评，重在对解决实际问题能力的检验和提升。

本次学习培训虽然时间短暂，但却是大家难得的加油站，既理论武装、提高能力，又陶冶情操、增强党性，必将对大家今后的工作产生积极而深远的影响。我们将以此次学习培训为契机，继续加强党性锻炼，坚持自我教育、自我改造、自我约束、自我完善，努力造福一方群众，发展一方经济，维护一方稳定，做一名政治坚定、绝对忠诚、勤政廉洁、作风过硬、让党放心、让人民满意的基层领导干部。

5 案件防范工作责任制贯彻执行情况总结

（×× 支行）

　　根据《关于对 2016 年度案件防范工作责任制贯彻执行情况进行检查考核的通知》要求，×× 支行对落实责任制情况进行了自查总结，现将有关情况汇报如下：

　　今年以来，×× 支行面对错综复杂的内外部形势，全行上下积极应对，直面挑战，迎难而上，在全力以赴完成全年各项工作任务的同时，认真开展系列案防活动，积极落实案件防范工作责任制，支行各项业务持续、快速、健康发展。

一、抓学习，提升认识落实责任

　　一方面，开展好上级精神领会传达。为了将上级行的精神迅速传达到每一位党员和群众，×× 支行党支部紧跟上级行的步伐，认真组织全行员工学习廉洁从业文化手册，通过纪律规章篇、领导教育篇、警示教育篇的学习，要求党员干部对照要求并开展谈论，重点强调中央八项规定、六项禁令、《国有企业领导人员廉洁从业若干规定》《中国 ×× 银行管理人员廉洁从业若干规定》，结合领导的讲话要求，以警示案例为反面教材，做好三位一体的系统学习，提高学习成效。组织全体党员和业务骨干学习《中国共产党纪律处分条例》《中国共产党廉洁自律准则》《中国共产党巡视工作条例》等文件，通过系统学习重新审视了中国共产党在新的历史环境下面对的挑战和机遇，做到思想上高度集中。

另一方面，开展好风险防范制度贯彻。通过组织员工学习各项规章制度、法律法规，分析各类案件、风险事件、服务案例等，切实提高员工风险防范意识和责任意识，使每位员工牢固树立起案件防范需从日常工作点滴抓起的理念。要求每位员工在实际业务操作中查找自身短板，支行针对每位员工不同情况制订不同的关注重点。对于平时工作较马虎大意、风险事件频发的员工，及时由分管行长、业务主管进行谈话沟通，深入查找主观原因，尽快调整工作状态。强化员工责任意识，改变个别员工碰到问题首先考虑的是如何撇清责任，而不能正确认识自身存在错误的状况，让每个员工都勇于承担责任，都能及时改正，都能从中吸取教训。没有规矩不成方圆，在严格执行上级规章制度中，不断采取细化措施，提高制度的执行力。针对不同岗位层次、不同岗位业务性质设定不同考核内容，如对临柜人员从业务量、远程授权通过率、业务集中扫描质量、风险事件情况进行考评，并结合上级行对我行检查和检辅情况进行综合考评，使每个员工都明白自己的职责所在，该做什么，不该做什么，形成一种立体式的内控防案责任网。利用晨会、周会和月度讲评会的平台，传达上级行的会议精神，分析日常工作中出现的各种注意点、风险点和防范要点，同时让员工对照各类专项检查、各项业务检查、内控评价和检辅工作等发现的问题进行点评，分析出现问题的原因，并且经常以近几年来发生的大案要案为反面教材，层层剖析，分析问题产生的原因，及时消除隐患、堵塞漏洞。

二、抓建设，强化举措落实责任

一是规范内控执行，强化制度建设。支行为了更好地将内控合规意识"固化于制、内化于心、外化于行"，在落实网点日常操作规范的基础上，严格执行"一米线"、客户身份信息核实规定、大额现金存取安全提示、电子银行业务风险提示、重要物品交接监管等制度。加强现场与非现场检查，不定时抽查柜面操作服务影像、会计凭证档案影像、电子登记簿等。开展"清雷防险"专项排查工作、网点"一点一析一策"低效提升工作等，使支行员工的合规操作水平得到有效提升，可控风险暴露水平明显下降。如原2015年度支行高风险综合柜员，2016年至今柜面操作零风险。

二是规范网格管理，强化责任落实。 强化网格化管理责任，通过细化支行网格成员工作职责，每月报送履职报告，强化网格管理者的责任感，重点发挥协管员贴近员工、贴近业务的优势，做到网格成员工作分工明确、责任清晰、突出重点。开展了支行行长、业务主管、营业经理、网格协管员对所辖员工行为动态状况打分评测等活动。强化学习积分管理，支行定期检查全体员工在"员工岗位行为规范管理系统"的登录及学习情况，定期通报。对于重要文件采取传阅单签字确认制度，确保传达到位。通过加强学习、提升素质，使××等人作为支行代表在市分行组织的客户经理场景模拟营销竞赛活动中取得了A等奖的好成绩。

三是办好职工之家，强化载体建设。 气顺方能心齐，心齐才能合力。只有把"人"的工作做好了，素质、觉悟提高了，才能更好地做好案件防范工作。支行积极创建职工小家，增强员工归属感，紧跟上级行构建"和谐银行，温馨家园"步伐，努力营造家的感觉，让员工有家的归属感，培养员工的主人翁意识，从内心深处产生对这个"家"的责任感。支行引入健康生活方式理念，认真办好职工食堂。今年春节后，支行员工食堂开张。食堂不但饭菜可口，而且重视环境、炊食卫生以及荤素营养搭配、低盐少油等健康生活理念的传播和实施，努力将职工食堂办成员工娱乐、休闲、健康生活的课堂和港湾，受到员工的喜爱和称赞。另外，支行也经常会邀请员工家属参加工会活动或聚餐，让家属融入这个团队，感受团队文化，也让员工更安心地工作。

四是开展主题教育，强化文化建设。营造内部管理关键在于对人的管理，最大难点也在于对人的管理。支行坚持以主题教育为抓手，积极营造内控文化氛围。把员工行为动态管理融入日常管理中，平时通过对员工言行、举止的观察，掌握其心理变化，结合工作态度、核算质量进行分析。员工一有情绪波动，及时进行交谈与沟通，随时了解和掌握员工思想、工作、生活等情况。一是加强银行合规文化教育，让全行员工准确把握合规文化建设的真正科学内涵，自觉地融入合规文化建设中去。二是深入学习《案件防范工作责任制》《员工违规行为处理暂行规定》《员工行为守则》《员工职业操守》等文件制度，使广大员工更加明确了合规经营的理念。三是有针对性地进行党风廉政教育、案件警示教育，不断增强依法合规经营的意识，自觉抵制各种腐朽思想的侵蚀。

三、抓整改，提高实效落实责任

一是加强领导抓整改。针对支行连续两年被列为内控案防重点关注支行，所以在今年的各项工作中，都高度突出对整改工作的重视。随着支行领导班子调整到位以及中层干部的配置到位，支行成立了重点关注支行整改领导小组，由 × 行长任组长，× 副行长任副组长，业务主管 ×× 为组员，主持全行整改的领导、管理、组织、调整、处理等工作。行长坚持参加客户经理每次晨会，直接参与工作部署和业务讨论，提高解决问题的效率。领导干部深入走访贷款企业，行长和分管行长对在我行有贷款的企业列出清单，带领业务主管与客户经理逐一走访。一方面为企业现场解决困难，减少企业与银行的沟通成本，提高客户的满意度；另一方面，通过实地考察历史遗留的各种抵押物问题，提出解决和整改措施，全力以赴解决隐形信贷风险。

二是突出重点抓整改。为迅速扭转由于经营不善造成的团队气氛沉闷不良的局面，支行党支部和领导班子通过对员工言行、举止的观察，掌握其心理变化，结合工作态度和业绩、核算质量进行综合分析。努力了解员工真实思想和工作学习状况，融洽干群关系。一旦发现员工有情绪波动，及时通过支行各类会议以及个别沟通、交谈并做好谈话记录，帮助员工分析存在的问题，及时提出改进的意见。对营业场 × 位长期问题不断的员工，支行在反复谈话告诫后，采取果断措施，对其予以行政警告处分，并在绩效考核等方面予以对应处罚。此举极大地鼓舞了全行员工正能量的发挥，取得了正气清风的效果，保证了支行管理措施与手段的顺畅落实。

三是严明纪律抓整改。建立员工信息档案，开展重点排查，精准约谈。录入员工工作岗位、家庭居住、社区、个人爱好、经济收入、各类检查违规违章、员工信用卡透支、个人贷款等情况；对员工家庭进行走访，对客户经理重点排查，掌握思想动态，加强客户经理教育学习，增强客户经理的自律意识。据统计，自 2015 年 10 月 × 行长到任以来，领导班子成员已经与全行员工约见谈话累计 × 余次，有些重点员工反复谈话 ×× 次之多。

在今后的工作中，我们将以学习贯彻"两学一做"教育为契机，以抓教育、抓制度、抓监督为重点，狠抓案件防范工作责任制落实，进一步提升干部队伍素质，转变工作作风，强化服务，务求实效，进一步把工作提高到一个新水平。

××县简政放权工作总结

（××县政府办）

××县政府按照国务院和省、市政府要求，把简政放权和职能转变摆在更加突出的位置，坚持高标准、严要求，努力提高简政放权和职能转变工作水平，全力推动中央、省、市决策部署和政策措施落地生效。

一、第一时间传达贯彻会议精神和领导同志讲话精神

全国、全省推进简政放权工作电视电话会议结束后，××县参会人员立即将会议精神向县委主要领导进行了专题汇报。×月×日，××县政府组织召开全县推进简政放权和职能转变工作专题会议，××县长要求迅速将全国、全省会议精神和李克强总理、×××省长重要讲话精神传达到全县政府系统各单位、各部门，在接下来的工作中要充分吸纳、贯彻和落实会议精神。××县长同时强调，要把推进简政放权和职能转变工作作为一段时间内政府的工作重点，准确把握简政放权和职能转变的着力点，突出简政放权和职能转变的针对性、时效性和操作性，以科学的理念、过硬的本领、优良的作风，不折不扣推动简政放权和职能转变工作，确保中央、省各项决策部署政令畅通、落实到位。

二、××县近两年简政放权工作开展情况

近两年来，××县按照省、市政府关于推进简政放权和职能转变，深化行政审批制度改革的工作要求，认真开展了以行政审批制度改革为重点的简政放权和职能转变工作。

一是提高认识，加强领导。××县政府成立了以××县长为组长的县深化行政审批制度改革工作领导小组，下设办公室在县政府办公室。由县政府办公室牵头，县法制办、县政务中心协助，对全县行政审批服务事项进行清理和规范，对清理工作专门进行具体安排和落实。

二是认真做好行政审批事项清理及承接工作。××县先后对行政审批事项进行了 5 次清理，清理涉及行政审批实施机关 18 个，通过合并、取消或调整的原则，共减少行政审批事项 32 项，最终保留县级行政审批事项 119 项。其中，行政许可 94 项、非行政许可 25 项。承接市级下放审批事项 19 项，通过市级下放审批事项进行调整 2 项，各承接单位均按照市级部门要求做好了行政审批事项的承接工作，并及时制作流程，对外公布。

三是推进政务服务规范化建设。根据省、市政府要求，扎实推进我县政务服务规范化建设，圆满完成省级首家政务服务标准化建设试点单位评估验收。截至目前，我县应进单位 40 家，实进单位 38 家，其中，常驻单位 28 家，综合窗口单位 6 家。根据××县行政职权目录，应进项目 226 项，实进项目 181 项。涉费事项均按要求到窗口统一缴费。开通了乡（镇）、社区的网上预申报平台，有 4 个乡（镇）、社区已实现了三级联网，可全程代办部分事项。对县级行政审批服务事项的办理流程进行了缩减，从"受理、承办、审核、审批、办结"五个环节缩减为"受理兼承办，审核兼审批"两个环节，事项审批时限在法定时限基础上压缩了 50%，群众满意度达到 100%。

四是启用首批行政审批专用章。年初，县政务大厅正式启用首批 12 枚

行政审批专用章。行政审批专用章的使用实行单位行政主要领导负责制，并由其授权给派驻县政务服务大厅的窗口首席代表负责日常管理和使用；凡纳入政务大厅办理的行政审批服务事项（即办件除外），须经单位领导完成网上审批后方可用章，行政审批专用章替代单位行政公章在政务大厅窗口使用，有效地方便了群众。

五是加大政务公开力度。××县行政审批事项除以县人民政府文件对外公布外，还在县政府门户网站、县政务中心门户网站公布。各窗口单位通过制作审批流程图，对每一件需要办理的审批进行图形分解并上墙，以便群众能直观了解办理事项的程序。县政务服务大厅还通过查询机和窗口办事指南对详细办件要求进行公开，供办事群众查询。

三、贯彻落实相关精神的措施

××县将认真贯彻落实全国、全省会议精神，积极把握新形势新要求，着力抓好政府简政放权和职能转变工作，努力构建简政放权和职能转变新格局，推动任务更好落实。

一是当好"领头羊"，亲领任务不走场。县政府主要负责同志认真履行简政放权和职能转变第一责任人职责，带头领任务，当好"领头羊"。进一步完善简政放权和职能转变工作机制，由县长针对简政放权和职能转变存在的问题直接过问，亲自协调督导。在县长直接主抓的基础上，各分管副县长分别挂钩联系，确保简政放权和职能转变工作取得实效。

二是建立"快车道"，抢抓时机不等靠。建立健全简政放权和职能转变决策部署快速反馈"快车道"，充分保障简政放权和职能转变各项决策部署得到及时落实。一方面，积极加强与上级部门沟通，明确工作责任，紧扣工作重点，推进职能转变。另一方面，及早行动，对工作任务"早分解、早进入"，做到任务提前明确、责任提前划分、分工提前细化、进度提前安排。

三是消除"中梗阻"，动真碰硬不含糊。 紧盯新常态下简政放权和职能转变工作新要求，敢碰硬，敢较真，综合运用多种方式化解工作落实中的"中梗阻"。针对当前存在的行政审批部门职能"越位"、少数部门部分事项仍在原单位受理和办理、少数单位未使用中心网上审批系统开展网上审批工作、乡镇社区尚未通过网络系统有效开展为民服务全程代理工作、重事前审批轻事后监管等现象，抓紧制订政府权力清单、负面清单、责任清单，充分运用互联网"大数据"技术，切实加以解决。

　　四是善用"指挥棒"，确保落实不走样。 加强政务公开和考核问责制度，确保"再砍掉一批"的要求落地不走样。在工作过程中，将"再砍掉一批"的要求纳入县委县政府重点工作督查考评机制和县委县政府工作问责范围，以考评问责倒逼工作落实。

四、下一步工作打算

　　××县将结合会议精神和领导同志重要讲话精神，重点抓好下列工作。

　　一是抓好审批事项清理。 主动对照李克强总理提出的五个"再砍掉一批"，按照"权力有没有真放，放下后有没有接好，有没有做到放管结合"的要求，配合省有关部门开展行政审批事项的清理工作，全面清理行政事业性收费项目，一件件审核，一项项落实。加快建立健全权力清单、负面清单和责任清单制度，以更有效的"管"促进更积极的"放"。

　　二是积极运用信息技术。 大力推进综合管理、创新管理，进一步改进、提升管理方式和手段，积极运用大数据、云计算等新一代信息技术，加强政务服务、公共资源交易、电子政务"三个平台"建设，进一步汇集各部门数据，打造集中与分布式相结合的政府信息资源服务体系，对内共享交换，对外协同服务。定期对各单位各部门数据共享、数据质量、合作应用等情况进行评估，纳入年度绩效考核。

三是加强和优化服务。通过开展上门服务、主动服务、精准服务，积极为民生服务、为"大众创业、万众创新"服务。注重培育新的产业业态，推动大数据、大健康等新兴产业实现跨越发展，让更多人创业就业，让小微企业发展壮大。进一步完善公共服务提供方式，鼓励和发展社会化服务，加大购买基本公共服务的力度，满足多样化需求。强化全县范围内政府中介机构清理，推动中介活动与行政职能彻底分离，促进市场竞争。

五、相关工作建议

简政放权和职能转变工作责任重，压力大，关联性强，环节多，必须注重整体性、系统性。

一是要着力解决"放权不匹配"。当前，下放权力还一定程度上存在着与基层要求和地方经济社会发展不符的现象，放权针对性、有效性不强。

二是要着力解决"放权不稳定"。要避免出现上级部门在权限下放一段时间后，以审核或备案为由，变相收回下放的权限。

三是要着力解决"放权不完整"。当前，或多或少依旧存在上级只下放受理权或初审权，终审权没下放到位等现象，造成一半环节在上级办、一半环节在县里办，群众反而更不方便。

四是要着力解决"接权力量不足"。县级部门在行使省级、市级权限中，相应机构设置、人员、资金、硬件设施还有待加强，接权力量不足的现象依旧存在。

第八章

演讲稿 4 篇

教研室主任竞聘演讲

（××大学教师）

1

尊敬的各位领导、评委、同事们：

上午（下午）好！

很荣幸今天能够参加这次竞聘。在这里，我要感谢学校为我们提供了一个公开、公平、公正的竞争舞台。与此同时，这次竞聘对我个人来说，也是一次难得的锻炼机会，它将帮助我不断成长，促进我在日后的工作中不断提高。

下面我简要介绍一下我的个人情况。我叫××，今年××岁，中共党员，20××年×月××大学硕士毕业后进入我校工作，具有思政讲师职称，现任校学生工作部团委干事。

我之所以参加本次竞聘，是因为我觉得我有以下三个优势：

第一，我熟悉思政业务，自觉学习提高。 进入我校工作以来，我一直从事学生工作和思政教学，拥有丰富的教学和工作经验。在教学过程中，我能积极主动进行课前调研，了解学生需求，把握学生特点，有的放矢地进行教学内容的设计，课堂效果良好。工作之余，我能认真钻研，不断提高自己的教学水平和行政管理水平，积极通过新媒体手段与学生交流，师生关系良好。这些都为我做好教研室主任的工作奠定了良好的基础。

第二，**我团队意识较强，沟通协调能力较强**。工作中，我尊重领导、善待同事，注重配合和发挥工作伙伴或学生干部的作用，具有一定的团队管理实践经验。我也注重在工作中及时沟通，能较好地协调好学生工作部、团委与校内各部门、各院系、各学生组织之间的关系，具有较好的人际关系和亲和力。

第三，**我注重工作细节，工作成绩优异**。我始终坚持"小事成就大事，细节成就完美"，无论是在思政教学中，还是在开展团学活动中，我都善于发现细节、抓住细节，有着良好的工作习惯和严谨的工作作风。我也先后获 ××、×× 等荣誉，工作表现得到领导、同事、学生的一致肯定。

思政教研室主任承担着师生在思政教学之间承上启下的作用，职责重要，使命光荣。假如我有幸竞聘成功，我将从以下三方面入手做好工作：

第一，**实现角色转变，履行岗位职责**。我将在基础部领导的正确指导下，尽快适应角色转变，积极参与全校思政教学的分析研究，为思政教学的发展改革积极献计献策，做好领导在思政教学方面的参谋助手。我也将按照领导授权，协助思政教师开展工作，在力所能及范围内为思政教师提供资源和帮助，协助思政教师更好地完成教学任务。

第二，**发挥带头作用，凝聚团队力量**。作为教研室主任，我将自觉做到多学一步、多学一点、学深一些，实现个人教学与科研水平的不断提升。在工作中，凡是要求其他思政教师做到的事情，我自己首先做到，起到模范带头作用。同时，我会和广大思政教师坦诚相待，抓好教研室队伍建设，营造一个良好的工作氛围，不断提升全体思政教师的工作积极性，鼓励和团结大家齐心协力做好各项思政教学工作。

第三，**注重开拓创新，力争再创佳绩**。当前，无论是中央、各级党委，还是学校、基础部都高度重视思政课的建设工作。可以说，作为高校"第一课"，办好思政课对于巩固马克思主义在我们高校意识形态领域指导地位，对于学校实现立德树人的根本任务，都具有重要意义。因此，我将进一步深刻领会做好教研室主任工作的责任使命，着力从教师教学、课堂纪律、学生管理等方面着手创新。一是协助思政教师增强授课的吸引力，改变重说教、轻启发，重灌输、轻交流的教学方法，探索讲授与讨论相结合、传授与启发相统一的方法，使思政课教学"活"起来。二是协助思政教师加强对学生思政课课堂纪律的约束力，维持良好的教学环境，加大思政教学课堂的考勤、考核等力度，保证课堂教学活动的顺利进行。

各位领导、各位评委、各位同事，综上所述，如果有幸竞聘成功，我一定恪尽职守、不负使命，积极适应角色转变，发挥带头作用，力争开创佳绩。如果这次竞聘没有成功，我也将一如既往、勤勉工作。我也要再一次谢谢学校、基础部和各位领导提供的这样一个平台和锻炼机会！

如果将思政教学工作比作一幅画，我想说，只要给我一个机会，我会画出一片更加美丽的明天！

谢谢大家！

2

廉洁是一种力量

（××局 工作人员）

尊敬的各位领导，各位同事：

大家上午（下午）好！我是来自×单位的×××，我演讲的题目是《廉洁是一种力量》。

英国著名哲学家培根说"知识就是力量"；抗战时期，军民咏唱"团结就是力量"……而今天，我要和大家分享的是"廉洁的力量"。

中央电视台一则公益广告这样说：他拒人门外，人们却说他是最亲切的人；他满身泥水，人们却说他是最干净的人；他疲惫辛劳，人们却说他是最有力量的人；他斤斤计较，人们却说他是最无私的人。廉洁作为人生的价值取向和道德标准，维护着人格尊严，守护着幸福安宁，支撑着精神家园。一个平凡的人因廉洁而备受尊重，一个领导干部因廉洁而享有号召力，一个单位也会因廉洁而赢得社会赞誉。

作为一名×单位的人，我真真切切地感受到廉洁所带来的巨大力量……

让我第一次感受到这种力量的人，是单位英模文××。在到×单位之前，文××是一家公司的华南区业务经理，年收入高达60万港币。但他却放弃了优厚待遇，成了一名收入还不及以前1/10的×单位的人。文××的妻子半开玩笑地对他说："老公啊，你以前的月薪可都是几万元，现在只有几千块，你说这日子还怎么过呀？"文××却回答说："老婆啊，你给自个儿家干活还能这么算计吗？"

对文××而言，金钱的分量，远远没有他心中的孜孜追求来得重要。大家不妨想想，如果他琢磨的都是金钱、名利和地位，他怎么能舍弃掉60万港币的年薪加入××单位？他又怎么能在短短几个月内，啃下几十本专业书呢？古人常言："壁立千仞，无欲则刚。"正是这种克制私欲、不求私利的心境，让文××能够如同苍松翠柏，不怕乌云翻卷，不惧雨暴风狂，全身心投入到事业中，承担起保障安全的重任。

2008年8月14日，文××到广州×地对×国×项目进行检查。经过5个小时的检查，文××共查出13项缺陷，其中3项是滞留缺陷。老板一看，所有这些缺陷整改完得半个多月，时间延误造成的损失超过百万元，于是开始和文××"讨价还价"，并将一个厚厚的"信封"偷偷塞给了他。但文××用流利的英语，严正拒绝了他的行为，并准确引用法律条款，耐心细致地讲解了各项缺陷。最终，老板心服口服地向文××竖起了大拇指，并在检查报告上签了字。

正如文××在日记中写道："要守得住清贫，耐得住寂寞，抗得住诱惑，管得住小节。"他是这样想的，也是这样做的，直到自己生命的最后一刻。据文××的同事回忆，文××在短短三年多的×单位工作中，共十多次拒绝了外国老板的"信封"，用实际行动捍卫了中国人的尊严，构筑起"海天一色"的安全屏障，为祖国赢得了荣誉。

文××因公殉职的消息传开后，曾经与他打过交道的外国友人纷纷自发地为他致哀。一位老板还寄来一封饱含深情的信件，讲述了自己眼中的这位中国检察官，并称赞文××是×单位的明星，是中国的骄傲。

如果说，文××式的廉洁是一种战斗力，那么，在"中国×单位第一船"——"12345"船军××船长的身上，廉洁也是一种号召力。

2005 年，怀着自己多年的梦想，军××毅然放弃企业的高薪待遇，选择了"12345"船，肩负起代表祖国监管万里海疆的神圣使命。作为执法部门的负责人，军××经常会面临各种利益的诱惑，但他常说："我代表的是国家形象，这份荣誉，不是用金钱可以衡量和交换的！"

2010 年 11 月，广州亚运会帆船比赛在广东×海域举行，"12345"船被指定为海上安保指挥船。在比赛的十几天时间里，军××指挥安保船队严密监控，管制、拦截和查处船舶共计 1500 多艘次。为了逃避监管，有些船主用尽了各种办法。有揣着厚厚的"信封"前来求情的，有提着烟酒说要意思意思的，更有气急败坏恶语相向的。但军××始终不为所动，像钉子一样钉在岗位上，严防死守，坚持原则。最终，亚帆赛海上安保任务圆满完成，中央电视台、人民日报、新华社等媒体也对"12345"船的事迹进行了报道。

文××、军××、"12345"船，这一个个响亮的名字都来自于同一个集体——×单位。在廉政建设的道路上，×单位人人自律，事事从严，更是率先在全国系统启动了廉政风险防控工作，打造了风正气顺、心齐劲足的良好局面，先后荣获"全国精神文明建设先进单位""全国五一劳动奖状""全国文明单位"等数十项荣誉称号。廉洁，是战斗力，是号召力，更是一种凝聚力。在这股力量的感召下，大家心往一处想，劲往一处使，推动着这艘巨轮，在争当全国排头兵的旗帜下破浪远航。

青松被人赞美，因为它四季常青不畏风霜；蜡梅凌寒怒放，因为它坚强不屈品格高尚。唯有廉洁的力量存在，一个人才会两袖清风，一身正气，一个集体也才会风清气正、缔造辉煌。朋友们，让我们以廉为本，以德立身，向着美好明天扬帆起航！

我的演讲完毕，谢谢！

心系民生命脉，奉献如海深情

（××局工作人员）

3

尊敬的各位领导、评委，亲爱的朋友们：

大家下午好！我是 ×× 单位的选手 ××，今天我演讲的题目是《心系民生命脉，奉献如海深情》。

或许大家已经留意到了，在我手中有一张小小的卡片。这张卡片对我很重要，因为它是我与 × 单位的"第一次亲密接触"，也是我逐渐理解"民生"的起点。去年 8 月，刚刚离开校园的我怀着满腔热忱走进了 × 单位，接受的第一项任务，便是向前来办事的群众派发这张"联系卡"。卡片上印着 × 单位的服务承诺和联系方式，同事告诉我，这是我们便民利民的一项举措。

如何做到"把人民利益放在第一位"？这是每个人都要认真回答的问题。在思考这个问题的答案时，我想起了这张卡片。它犹如一盏明灯，指引着我找到了正确的方向。小小一张卡片，凝聚的是服务，是责任，是 × 单位权为民所用、情为民所系、利为民所谋的坚持。正如总书记所说，只有我们把群众放在心上，群众才会把我们放在心上；只有我们把群众当亲人，群众才会把我们当亲人。在我身边，这样的事例很多很多。

记得在今年 3 月，我到 × 基层单位上班第一天，同事们就叫上我一起来到×地，忙着为群众讲解安全知识。那天，我看到×地人并不多，便奇怪地问道："也没几个人，犯得着这么忙碌吗？"同事笑着对我说："你刚来还不知道，等到清明节就明白了。"

随后的日子里，我又和同事们多次来到×地，有时是为了组织演练，有时是为了安排清明当天的服务。看着同事们忙碌的身影和略显冷清的×地，我心中的疑虑更加深了，为这么个小地方，这么干值得吗？

然而在清明那天，一切都有了答案。当天，我们像往常一样来到×地，可我惊呆了，那是怎样的场景啊？往日冷冷清清的×地此时早已是人山人海，人流、车流排起一条条长龙，将一个小小的×地堵得水泄不通。准备前往扫墓的村民们不住地眺望着，等待着，一张张质朴的脸上写满了焦急与渴望。

同事们领着我，引导着一个又一个村民有序离开，一遍又一遍叮嘱他们注意安全，然后又等待着他们安全返回。从晨曦微露到烈日当空再到渔光点点，我们的脚酸了，衣服湿了，嗓子也哑了，但看到村民们归来时轻松释然的神情，看到他们竖起的大拇指，我的心中涌起一股由衷的快乐与幸福。

夜幕降临，喧嚣的×地又恢复了平静，但我清楚地记得，那天我的内心是多么澎湃，这其中有第一次完成重要任务的兴奋，更有从工作中领悟到自身价值的喜悦。在这个繁忙的清明节，我读懂了什么是贴心服务，什么是鱼水之情，什么是对生命的守望。

如果说×单位用数十年如一日的保驾护航，演绎了一段细腻动人的鱼水深情，那么，对"奥运水"的悉心呵护，则彰显了×单位心系民生命脉的强烈责任感。

在保障奥运会配套的引水工程中，×单位用1000个日日夜夜、19个预案和8次演练的艰辛付出，确保了奥运会运动员和1000多万市民的用水安全。奔流不息的江水啊，记录下他们对职责的坚守，也记录下他们无悔的誓言。

这涓涓水流，诉说着 × 单位心系民生的博大情怀，也诉说着 × 单位无私奉献的大爱无疆。

人们常说，水是生命之源。作为天天与水打交道的 × 单位，就是在做一项最大的民生工程。正如 ×× 局长所说，要牢记责任使命，服务民生大计，唱响科学发展的主旋律。

亲爱的朋友们，古语有云，上善若水，海纳百川。让我们立足民生，心系群众，用海一般的胸襟和深情，为百姓营造一片幸福与安康！

我的演讲完毕，谢谢大家！

4 科技助推梦想，青春书写未来

（××银行科技信息部员工）

尊敬的各位领导，各位同事：

大家下午好！

我是×××，来自科技信息部。今天我演讲的题目是《科技助推梦想，青春书写未来》。

今天是5月×日，5月是万物生长的季节，奇花异草开始竞相绽放。5月是激情四射的季节，青春的汗水在5月尽情挥洒。5月，同样是梦想起航的季节，让我们在这里畅谈未来，共话梦想。

作为去年才进入××银行的一名新兵，我有幸加入了科技信息部这支积极向上、奋发图强的团队，有幸经历了大显身手、大展宏图的一年，有幸在我行波澜壮阔、风云激荡的大发展中锻炼自己，提高自己，贡献自己。过去一年，在领导的正确指引和全体工作伙伴的团结协作下，我们修订完善了全行整体IT建设规划，抓紧制订了外包风险管理、科技风险管理、业务连续性管理等制度，加紧进行了××项目建设，依托××团队建立了××中心。这一系列的丰硕成果来之不易，凝结了我们科技信息部每位同事的心血和汗水。

一年来，在成绩的背后，我看到的是在"××梦"的旗帜下，我们高度的凝聚力和无私的奉献。科技信息部是一支年轻的团队，对于银行来说，我们是员工；对于家庭来说，我们还要履行好父母、夫妻的职责。要找好家庭和工作的平衡点，我们的同事往往要付出常人无法想象的艰辛。为了保障前台业务运行，我们制订了严格的制度，要求白天轮流双人8点到18点专人值班，同时晚上还需要轮流值班进行晚间批量作业。很多同事初为人父人母或是孩子刚刚上学，但是由于工作关系很难照顾家庭和孩子，但他们从不抱怨。同样，系统上线、硬件升级等工作任务重人手少，同事们加班加点是常态，甚至一周有三到四天住在单位，但他们依旧乐此不疲、充满斗志。

在科技信息部，这样的例子还有很多。今年年初，×××不慎因公脚踝骨折，医生嘱咐他要长期休养。可他第一想到的是工作。作为团队的负责人，团队的工作还没有完成。剩下的任务怎么办？年度的目标怎么办？于是仅仅经过三个月的休养，刚刚能下地的他就坚持拄拐工作，他的这种轻伤不下火线的精神，深深激励了科技信息部的每位伙伴。

是什么培养了我们"特别能吃苦、特别能战斗"的精神？是"××梦"的号召。作为××银行的一分子，我们每个人都应该有着相同的个人梦想，那就是尽职尽责完成工作，为银行发展添砖加瓦。而建设成为以"行"为魂的区域精品银行，致力于为最广大城乡客户提供优质金融产品与服务，则是小梦想汇聚成为的"××梦"。个人梦想仿佛点点水滴，汇入"××梦"的汪洋大海，它像前进的号角，激励着我们奋进向前。

在仰望星空的同时，我们也应该脚踏实地。当前，我们的科技系统对全行运营的支撑作用还不够突出，科技化水平和维护能力还有待进一步提高，这些都需要我们每位同事，尤其是年轻人，行动起来，积极努力，为梦想的大厦奠定基石。

一方面，我们要勤奋学习，刻苦钻研。当前，互联网时代的金融变革浪潮深刻地影响着我们每一个人，互联网技术与传统金融产品逐步融合，传统柜台业务迁移到互联网是大势所趋。因此，我们必须不断提高学习、运用和创新知识的能力，掌握在互联网时代服务的现实本领。曾经听过这样一种说法，说我们每天那么多的工作，时间满满当当，哪来时间学习。那我想宋朝大文学家欧阳修早给我们做了精辟的解释。欧阳修说："吾平生所作文章，多在'三上'。"三上就是指的马上、厕上、枕上。所以学习需要我们抓住一切空闲时间，积极主动去钻研。"业精于勤荒于嬉，行成于思毁于随。"我们只有不断钻研，认真学习，才能在时代的浪潮里勇做弄潮儿。

另一方面，我们也要爱岗敬业，艰苦奋斗。有的年轻朋友抱怨，我们每天从事着枯燥繁重的工作，似乎人生价值得不到充分的体现。工作似乎离自己的理想太远，这样的人生似乎不够浪漫。在这里，我想和大家一起回顾一下党的光荣历程。正是由于艰苦奋斗，红军战士才能发扬不怕牺牲、英勇作战的精神，在战斗频繁、物质待遇菲薄的条件下不出怨言。正是由于艰苦奋斗，党和红军才能经受常人所不能忍受的二万五千里长征的困难考验，开辟了革命新天地。今天，我们依旧要向先烈学习，保持这样艰苦奋斗的精神，扎实做好自己的工作。或许我们的工作没有那么光芒四射，没有那么豪情万丈，可是它需要我们更加忠诚履职，更加一丝不苟。人生虽然没有那么浪漫，但是需要我们更加勇敢！

朋友们，青松被人赞美，因为它四季常青努力向上；蜡梅为人称道，因为它坚强不屈勇于绽放。让我们携起手来，从你我做起，汇聚点滴梦想，付出点滴汗水，在"××梦"的风帆指引下下，向着××银行的美好明天扬帆起航！

第九章

事迹材料 6 篇

勇立潮头，争创一流

——记 ×× 团队业务开拓先进事迹

（×× 银行）

商海如战场，硝烟弥漫，唯有勇立潮头，才能立于不败；机遇如时间，转瞬即逝，唯有咬住不放，方能成就未来。正是这样一个团队，他们以敏锐的商业嗅觉、尖刀般的行动能力、协作的团队意识，共同创造了值得称道的一流业绩。

同心谋事业，锻造一流的凝聚力

把握方向，才能纲举目张。大家心往一处想，劲往一处使，团结起来，共同把业绩抢上去。这是 ×× 团队在工作中的真实写照。

×× 团队在工作中，稳扎稳打，有始有终。围绕服务客户定下一个个目标，围绕强力营销定下一个个方向，坚持"一张蓝图干到底"，同心同向同发力。通过党建引领，实现了行内贡献度不断提升、资产质量持续稳定的优秀业绩。

不出虚招，不务虚功，不走形式，不搞花架子。只有这样，才能用硬碰硬的实力，获得实打实的业绩。

合力干事业，强化一流的执行力

"大家共同努力，力争圆满打好黄金销售季节的攻坚战"，这是 ××

团队在今年喊出的响亮口号！放弃休息时间，没关系！克服身体疲惫，应该的！在业务黄金销售季节，个体团队始终把业务上永争一流放在心中，牢牢把握房产销售的黄金季节，加班加点干工作，积极营销××楼盘，揽收业务达××亿元，签约排名全省第一，获得了省行通报表扬。另外，团队的个贷业务也获得了长足的发展，在省行百日劳动竞赛中新投放量及客户经理排名均保持在前××名。

"宁可身体透支，不能工作欠账"。正是有这样一流的执行力，才有了××团队来之不易的荣誉和成绩。

并肩闯事业，展示一流的战斗力

一人难挑千斤担，众人拾柴火焰高。一个优秀的团队，其整体的战斗力既来自个体的过硬能力，要做到八仙过海各显神通，又有赖于整体的相互协调配合，通过相互补台、相互协助，才能发挥"1+1>2"的整体功效。

一方面，××团队注重个人业务能力提升，要求每个团队成员勤于学习、善于钻研、勇于探索，以"业务过不过硬，专业够不够强、技能熟不熟练"作为加入团队的第一标准。在这样的氛围下，队员时刻保持危机感和紧迫感，与时俱进抓学习，勤学苦练成尖兵，不少人成了本单位的业务能手、业务骨干、业务专家，打造了一个个不同业务的"单打冠军"。

另一方面，××团队注重整体合力的发挥。团队坚持树立一盘棋思想，努力做到思想一根弦，指挥一个调，行动肩并肩，大家既是同事，更是兄弟；既是竞争者，更是好伙伴。有这样的氛围，团队上下一条心，左右一个调，更加团结凝聚在一起，整体战斗力得到有效提升。

用"三心"诠释青年党员风采

（××街道科员）

2

　　××，女，现年 ×× 岁，本科学历，中共党员，现任街道工委办科员。2015 年进入街道工作以来，她能够时刻以共产党员的标准严格要求自己，用"事业心、责任心、服务心"诠释了年轻党员的风采。

　　常怀事业之心，不断学习提高。她始终以严谨、细致、求实的态度面对工作，做到了干一行、爱一行、钻一行。办公室工作烦琐复杂，事无巨细，该同志能够自觉加压，挤时间学习。在从事文件收发、会议筹备、人事档案管理、工资核发等工作中，她都做到迎难而上，虚心求教，每天加班加点研究政策，反复琢磨、理解和消化，通过自己的努力很快掌握了相关政策及业务流程。在工作中该同志还牢固树立了"细节决定成败"的理念，养成了一丝不苟、严谨细致的工作作风，每天对收发文情况进行逐一核对，确保无疏漏；规范了收发文流程、发文用印手续及涉密文件管理办法，使办公室工作有条不紊扎实推进。面对工委办繁重的文字工作，她积极学习公文写作知识，通宵达旦修改文稿、制作 ppt，文字材料水平有了较大提高。近年来，她以高质量完成了街道 2017 年工作总结、2016 年半年工作总结、2018 年工作部署会、三严三实党课等大型材料的幻灯片制作及历年来各类总结、报告的撰写，受到领导的充分肯定。

常怀责任之心，吃苦耐劳工作。工作中，她任劳任怨，不计得失，一门心思扑在工作上，有着较强的责任心。2016年，新婚宴尔的她为了保证办公室有效运转，主动放弃婚假，办过婚礼后就急忙从老家赶回来投入到紧张的工作中。结婚后，她克服孩子小、爱人是军人照顾家庭时间较少等现实困难，始终兢兢业业、保质保量完成工作，做到早到迟归，即使在哺乳期间也"白加黑""五加二"，面对繁重艰巨的工作任务从来不叫苦、不叫累。虽然她的家庭住址与单位距离较远，单程就要花一个半小时在路上，但她始终做到早来晚走，体现了对工作的高度责任心。在工作中，她也始终保持端正的工作态度，面对办文办会、协调服务等工作，做到了"眼勤、嘴勤、手勤、腿勤"，以高度的责任感、使命感和工作热情，积极负责地开展工作。她负责过保密工作、人事工作，她能够自觉以制度、纪律规范自己的一切言行，做到了不该说的坚决不说，不该做的坚决不做，严守工作秘密，保障了组织的有效运转，得到广大同事的交口称赞。

常怀服务之心，积极排忧解难。办公室工作繁杂、琐碎、量大、机动性强、预见性弱，而且又要发挥落实领导决策的"润滑剂"、沟通上下的"传感器"、协调左右的"磨合器"、联系基层的"黏合剂"等作用，但成绩却不明显。她能在工作中杜绝"为他人作嫁衣"的思想，满怀热情地为领导分忧、为科室解难、为基层服务。对来上访的群众、询问政策的同志及来盖章开证明的同事，她能够做到仔细倾听、耐心解释，始终以笑脸相迎，尽力为他们提供周到细致的服务。在从事人事工作期间，1990年荣获×市优秀思想政治工作称号的一位退休老干部向组织提出要求享受之前未享受的荣誉津贴。但由于年代久远，档案中查无获奖材料，按政策规定不能享受。面对老干部的殷切希望，她积极向区工会层层核实，不断向人事局申请，最终追回老干部2002年2月至2013年5月未享受的荣誉津贴共计25142元，用行动体现了服务意识，受到老干部的衷心感谢。

她作为一名年轻党员，始终在工作中勤勤恳恳，任劳任怨，淡泊名利，乐于奉献，时时处处以一个共产党员的标准严格要求自己，以"事业心""责任心""服务心"影响和带动着周围同事。她也先后获得街道考核优秀个人、街道先进工作者等荣誉，起到了较好的先进模范作用，是一名优秀的年轻共产党员。

3 点滴勾勒敬老心，倾心尽现爱家情

——××敬老孝亲模范个人事迹

（××国企干部）

×××，是××公司××分公司副总经理。提起他，真是个"多面手"。工作上，他脚踏实地，履职尽责，成绩领导认可、同事信服；家庭中，他作为丈夫，体贴关爱；作为父亲，谆谆教诲；作为人子，更是恪守"事父母竭其力"的人生格言。在漫漫十余载的岁月中，以拳拳之心、眷眷之情，无怨无悔地侍奉双亲，做到了百善孝为先，用实际行动赢得了单位同事和亲朋好友的称道，塑造了敬老孝亲的新典范。

"身为独生子，首先要让老人觉得你靠得住。"
——关注点滴，细心呵护，做父母的坚强后盾。

×××本有个幸福安康的家，父母亲善，妻子贤惠，儿子乖巧，一家人生活虽谈不上大富大贵，可也平安顺遂，日子舒心。可好景不长，2005年噩运袭来，父亲毫无预兆突然病倒，卧病在床的父亲一瞬间打破了这份平静祥和。怎么办？母亲虽身体硬朗，可年事已高；妻子远在××银行工作，鞭长莫及；儿子才3岁，正是脱不开手的年纪。作为家中独子，这份重担一下子压在了他身上。

照顾人，说起来很简单似的，陪着他，照顾饮食起居即可。可做起来是真麻烦，事情琐碎，过程艰辛。妻子虽能提醒，母亲也着手帮衬，可起初还是手忙脚乱。父亲行动不便、身体虚弱，有时甚至处于昏迷状态，一切的日常生活都需要由他人去琢磨考虑，去帮他实现。×××笑称自己是"大老粗绣花"，可经过一段时间细心观察学习，他逐渐摸出了门道，有时比母亲还照顾得周全，多久要换一下卧床姿势，什么时候该喝水、会不会饿等等，不需要老人开口，他就能把准时间，安排妥当。有了这份缜密心思，卧病在床的父亲床铺总是干干净净，房内没有任何异味，身上也从来没有生过痤疮、湿疹。

可×××在单位还有工作，对工作的事情他可是一点也不马虎，经常要加班加点，对父亲就不能时时在床前伺候。不在身边时，心里总惦记着。每当天气突变时，他都会尽早提醒老人多加衣服；当老人有些头痛感冒时，他不能端水递药，便多打打电话问寒问暖；老人需要多休息，他就时常嘱咐父亲要早睡，为保证良好的睡眠质量，还购买了有助睡眠休息的健康枕；母亲有风湿病，照顾父亲更是累，他便在医院预约中医按摩，父亲睡着后让母亲能好好歇歇。

俗话说，久病床前无孝子。父亲从2005年患病到2016年去世，整整十年。十年，3600多个日日夜夜，对任何人来说，都是人生中的一段漫长经历。回首过去，从三十而立到四十不惑，这段青春时光，×××仰无愧于生育自己的父母双亲，俯不悔于自己为孝敬父母付出的十载光阴。抬望前路，他觉得身上的担子依然很重。孔子说："父母之年，不可不知也。一则为喜，一则为惧。"因为父亲去了，母亲需要自己更多的关怀和照顾。光阴难留，岁月易老，怎能不倍加珍惜？殚精竭虑，安守孝道，尽己所能，回报亲恩，让操劳一生的母亲度过祥和的晚年，这就是他最大的心愿。

"作为家庭一分子，关键要让大家觉得你谈得来。"

——沟通协调，排忧解虑，做家人的精神支柱。

原先，×××的家里充满了欢声笑语，双亲也经常到公园散步打拳，自己和妻子偶尔还能带小孩出去旅游散心。可父亲病后，家里气氛变了，大家笑容少了，每个人愁眉苦脸，唉声叹气，想高兴下没时间，更没心情。×××知道，物质上的照顾是有形有限的，家人更需要理解、信赖和安抚。作为一家之主，×××甘当家庭"开心果"，用上心理学，给不同的家人，对症下药。

父亲原本性格爽朗，和蔼可亲，可突如其来的疾病，让这个顶梁柱瞬间坍塌，老人躺在床上，动都不能动，思想敏感、心理落差、情绪急躁可想而知。×××知道父亲爱看书看报，便常抽出时间给他读书念报纸，单位有什么事情也第一时间告知父亲，在清醒时问问老人意见。虽然父亲病后常常不大清醒，说话也不利索，可×××说，越是这个时候，越不能让父亲觉得自己没什么用，是这个家的拖累。父亲病了，母亲背地里不知偷偷抹了多少眼泪，×××看在眼里，记在心上。手头闲了就和母亲坐在一块闲聊天，拉家常，方便的时候就带母亲到附近转一转，陪她打打太极，宽宽老人的心。甚至偶尔下个厨，给二老做点吃的，味道不怎样，主要让他们吃得高兴，吃个顺心。父亲病后火气也大了，发生不快时，×××便做起了"和事佬"，周旋于两人之间，尽最大的努力去排除两人误会、化解矛盾，母亲的脸上渐渐泛起了久违的笑容。

家里遇到变故，妻子心里又着急又内疚。以前小两口还偶尔出去吃个饭、逛个街。父亲病后，妻子再没主动提过，可×××知道她没少为这个家操心。即使那会儿家里钱财很紧张，他依然从自己的收入中拿出一部分钱，给妻子添置衣物，买些爱吃的东西。妻子的生日，他精心准备一份生日礼物，送上贴心的祝福。妻子感念他这份关怀，2014 年为支持他的工作，为了全家人的团聚，辞去了 ×× 的职位，毅然决然来到了举目无亲的 ××。知亲恩，善待儿女；求子顺，孝奉双亲。儿子在这种母慈子孝的氛围中长大，也特别心疼老人，没事总给大家揉腰捶背，爷爷奶奶常乐得合不拢嘴。

就这样，××× 从点滴中关爱着老人，在琐碎中牵挂着妻子，用言行感染着小孩，他和家人心灵的距离日渐拉近，家里重新恢复了往日的欢愉，成了温馨的避风港湾。

"肩挑事业家庭两副担，重点要让双方都觉得你信得过。"
——兢兢业业，恪尽职守，做优良家风的忠实传承者。

工作和家庭如何平衡，对很多人来说，是个不解的难题。可在 ××× 这里，父母言传身教，无论在工作上还是生活上，都给后辈们做出了表率。母亲是一名 ×× 退休职工，早年中专毕业后为支援三线建设，积极投身到 ×× 县参加 ×× 水电站的建设中去。1975 年电站建成后，随 ×× 局返回 ×××，先后又参加了 ×× 水电站、×× 水电站等大型水利水电工程的建设。父亲病后，她常独自一个在家侍候，尽量不给儿子增加负担。"百善孝为先，百孝顺为首。"××× 认为，"顺"关键是把家庭的优良传统顺延、传承下去，他也将这种品德转化为工作生活的格调、立世做人的风范。

干工程的人漂泊在外是家常便饭，聚少离多更是生活常态。2015 年，×× 分公司成立后，接了 ×× 风电项目，不巧赶上国家对新能源电价下调政策，如果 2015 年没能投产将少收益 1.8 亿元。可眼见着父亲的身体一日不如一日，这边工作脱不开身，那边老父亲又放心不下。这一年，他没吃上一顿安心饭，睡过一个安稳觉。12 月 5 日，××× 接到老家电话，一下得了两个病危通知。父亲因心肺功能不全在重症病房治疗已有半月左右，情况危急；母亲休息不好，当天因高血压晕厥摔倒，头部颅骨骨折，脑干出血，已处于无意识状态。当时正值××项目最后冲刺收尾的阶段，现场工期紧。×××只能当日返回，找了两名护工照顾两位老人。母亲清醒后，一直催促他回到工地，怕耽误工作。×××明白，家人需要他，但项目此时更最需要他，施工生产技术和安全质量管理工作比自己的生命都重要。家人情况稍有好转，于是第四天他便急忙返回公司。在全体职工的共同努力下，25日××变电间隔上午安装完成，下午操作送电，一次便成功，26日首台机发电，终于完成了年初制订的保发电任务。至此，他心里的一块大石头才算落了地。可三个月后，父亲却永远地走了。×××告诉我们，有时间真想多陪陪父母，多尽尽孝心，让辛劳一生的父母亲也享受一下生活。

多年来，×××坚持用坚定的信念、善良的身心、无私的行动做好老人的物质支撑、精神支柱、生活挚友和坚实后盾，从平凡中体现了真诚，从细节中倾注了关爱，写下了一篇篇感人至深的敬老诗篇，奏响了一曲曲令人钦佩的孝亲乐章。敬老孝亲，小而言之是家风家德，体现了一家一户待人处事的思想作风，大而言之是民风民德，从中可看出一个地方人民群众的道德观和价值观。在深入开展"两学一做"学习教育活动之际，我们更需要弘扬孝亲敬老的精神，传承中华民族尊老敬老的优良传统。

优秀共产党员感人事迹演讲稿

（××村党支部第一书记）

4

各位领导，各位同事：

大家好！今天我演讲的题目是"情系百姓，扶出希望"，讲述××同志驻村扶贫的感人事迹。××，是我身边一名40多岁的普通党员。去年，响应党员干部投身基层精准扶贫一线的号召，××主动请缨到×村，担任村党支部第一书记。

对××的这一选择，起初大家都很不解，因为这可不是什么好差事。×村穷，村子在山里，耕地都是山地，农业生产以小麦、马铃薯种植为主。近年来，乡亲们外出务工，留在村里的都是"老弱妇幼"，劳动力严重不足，一些农民放弃了种植农作物，土地要么闲置荒废，要么用很低的价格租给小商人种树苗，此外，村民因病返贫现象也逐渐严重。这样的村子要脱贫，可真是不容易。现在，××驻村300多个日夜过去了，扶贫工作日渐显出成效，×村发展颇有起色。谈起这一年的感受，××说"累并快乐着"；谈起具体扶贫做法，他更是侃侃而谈，"做事都要有章法，做扶贫工作关键是要解决三大难题"。

一、加强学习，凝心聚力，解决"谁来扶"的问题

俗话说："火车跑得快，全靠车头带。"村级组织是群众脱贫致富的火车头，而村第一书记就是列车长。××深知，"兵熊熊一个，将熊熊一窝"，要啃×村扶贫这块"硬骨头"，一定要采取力度大、针对性强、效果可持续的措施，和村干部们统一思想，让大家心往一处想，劲往一处使。为此，他主要做了两方面工作：

一是加强学习，给自己"充足电"。 刚去×村，××心里也没底。对基层情况了解不深、一线工作经验缺乏。为此，××认真学习党的十八届四中、五中全会，省委十二届会议，习近平总书记系列讲话和中央省、市、区委有关"三农"及精准扶贫工作文件精神，尤其对扶贫项目资金管理、党建助力脱贫攻坚等内容仔细研读、深入思考，很快就熟悉和掌握了新形势下扶贫攻坚的必备知识。

二是强化沟通，和村干部"通好气"。 "一个好汉三个帮"，取得村干部的支持是开展扶贫工作的先决条件。××抱着一名学生学习的心态，与村干部们同吃同住，一道讨论支农惠农政策、理清帮扶脱贫思路。同时，通过组织系统培训、强化帮带引领、建立交流平台，提高了村党支部和村委会成员的思想认识，提升了开展精准脱贫工作的能力和水平，为推动×村精准脱贫工作"开了好头"。

二、摸清底数，有的放矢，解决"扶持谁"的问题

心中有数，才能不打懵战。××告诉我们，摸清扶贫点基本情况，查找致贫原因，有的放矢解困，才能确保精准扶贫落实到位。为此，××与村"两委"班子成员座谈交流、开阔思路、建言献策，出台了村精准扶贫工作计划，制订了整体脱贫规划。同时，××鼓励村干部"迈开腿、张开嘴"，"多走访、勤联系"，与村民打成一片，在时间节点内搞清楚扶贫情况。

一方面，走村入户，摸清底数。要扶贫，先入户。面对严峻现实，初来的 3 个月，××登岗丘、上山坡，对全村 129 户人家中 102 户进行了入户调查，对外出不在村上的 27 户进行了电话联系。每天 ×× 不是行走在田埂上，就是在村民家串门。田间地头都能看到他的身影，晚上休息还要整理入户资料。一个从省里来的挂职干部，能这样踏实地干工作，× 村的很多村民都表示"确实没想到"。

另一方面，找准穷根，分类扶持。要脱贫必须找穷根。×× 的扶贫日志记得很细，谁家家里几口人、种了几亩地、在哪打工、有什么困难……满满记了厚厚几本，各家贫困户的信息也都精准录入省精准信息网。针对不同致贫原因，×× 相应地制订帮扶措施，在他的办公室，每家每户的致贫原因、帮扶的路线图、作战表都清清楚楚，一目了然。

三、精准施力，真帮实联，解决"怎么扶"的难题

精准扶贫工作现阶段"重在联"。为此，×× 把双联行动作为助推精准扶贫的有效载体，积极借鉴驻村帮扶工作中的好经验、好做法，精心谋划，融合联动，主动为 × 村"找亲结友"，充分发挥联点帮扶单位和联点干部精准滴灌的"管道"作用，有效助推 × 村精准扶贫工作向纵深推进。

多渠道筹措资源，形成联点单位共建帮村。×× 一边在自己单位"化缘"，筹集 3.8 万余元资金，为村子解决 4.1 公里村路修复所需；一边积极与区水务局联系，协商修复了村里破损的 230 米自来水管，解决了村民的饮用水困难。复印难不是大问题，可群众无小事，×× 四处奔走，为村民配备了价值 8000 余元的电脑及复印机各一台。今年，村里又发放 1.7 万元的化肥，切实解决贫困户春耕困难。

精心制订方案，形成党员干部认亲帮户。×× 与村干部多次讨论，制订了《联点帮扶单位干部帮扶计划》，经常组织单位干部职工，进农家、认

亲戚、拉家常、出主意、谋发展。一石激起千层浪，以上措施带来了一连串令人欣喜的成效。春节来临之际，帮扶干部对帮扶的49户困难户进行了慰问，在为困难户送去新春祝福的同时，为每个困难户送去大米2袋，并为村里的学生发放学习文具，价值共计1万元。端午节来临之际，帮扶干部对帮扶的49户困难户进行了慰问，并为全村送去了食用盐0.75吨。

这一件件实事背后，带给百姓的是看得见、摸得着的变化。盛夏的×村焕发新的生机，村民们对摘掉多年的"穷帽子"有了新的期盼。时下，××正和村干部一起穿梭在×村的田间小道上，一同探索增收致富的产业，寻找更多脱贫致富的路子，让贫困群众早日实现脱贫，让×村走在全省精准扶贫的前列。

敬业榜样，做人楷模

——××同志敬业模范先进事迹材料

5

××，×分公司副总经理，作为一名分管建设的副总，刚上任就接到个"烫手山芋"。×项目是分公司成立后的第一个项目，不巧赶上国家对新能源电价下调政策，公司算了笔账，如果2016年没能投产就必须下调×分钱，这意味着一个项目将少收益×亿元。面对这个难题，一年多来，×总在公司班子成员的指导支持下，团结带领项目团队，振奋精神，脚踏实地，抓安全、保质量，抢进度、保工期，愣是把这块"硬骨头"啃下来了，创新、安全、优质、快速地实现了年内并网保电价的目标，切实做到了"当年开工，当年投产"。

一、勇于开拓，大胆创新攻难关

俗话说，"穿袄提领子，牵牛牵鼻子"。牵"牛鼻子"就是抓住事物主要矛盾，找准工作关键环节。A项目地处三边地区，少数民族群聚，民事关系复杂。×总作为"老工程"，根据多年的建设经验，很快判断，民事关系是项目建设进度的最大制约因素。如何应对？怎样破解？××边实践边总结，创了不少新招。

一方面，借鉴模式，明确责任，解决"谁来管"的问题。 A 项目所处地区民事问题繁杂多样，涉及面广、情况多变，需要专业的团队，也牵涉大量人力物力。看看自己人数并不多的建设队伍，单枪匹马肯定应付不来。"巧妇难为无米之炊"，必须"对外化缘、借力打力"。为此，他大胆提出采用××地区的管理模式，建立项目联系人机制。经过多次游说，县领导最终采纳了建议，确定县法院院长为项目联系人，负责该工程所有民事关系以及相关乡、镇、村、运管、公安等的联络协调工作。同时，在施工招标时，我们也明确将处理施工过程中的民事关系写进合同。有了"法院"和"施工方"这两大主力，大大节省了矛盾处理时间，有效提高了工作效率。

另一方面，以民为本，创新思路，解决"怎么管"的问题。 民事关系说到底还是群众问题，关键在于安抚民心。×总坚持"为百姓办实事，让群众得实惠"。针对村民关心的土地补偿问题，他经常和建设人员一道参加村民代表大会，面对面给大家讲政策、说道理，对不理解、情绪大的村民，更是不厌其烦、耐心解释。不仅思想上尊重群众、感情上贴近群众，施工行动上更是深入群众，从道路、集电线路这些方便村民的建设项目入手，先易后难，循序渐进，带动其他工作全面展开。这些"以诚相待，以心相交"的举措争取到了大多数村民的理解，确保了工程按期推进。

二、敢于承担，率先垂范尽职责

作为 A 项目的主操盘手，×× 深感责任重大，人、财、物，事事要管；进度、工期、纠纷，样样要抓。在基层长期从事技术工作的实践中，他得出这样一个结论：事情还靠人来干，而最有说服力和凝聚力的影响莫过于身体力行、以身作则。

一是主动揽责"抢进度"。 并网线路是与其他公司同塔双回共同出资建设。合作前，双方分工明确，我方负责线路路径协议以及设计工作，合作方负责施工招标以及后续的施工管理。为了保证进度，我们还主动承担了较难处理的标段，2015年7月开工后，紧锣密鼓地建设。可在我们的任务快完成时，合作方却迟迟没开工。怎么办？是观望等待回避风险，还是敢于担责主动出击？××第一时间，果断向公司提请，另一个标段也由我们进行管理。9月正式介入后，为了减少窝工和返工，抢抓工作进度，盯现场成了他每日的"必修课"。他白天与施工队伍一道排计划、定人员、催材料，其间及时协调处理了带电跨越运行的110kV线路3回，跨越运行的疏煤铁路1条。大家都被他的精神所感动，积极配合，争分夺秒，12月19日终于掐着时间节点，实现并网线路全线贯通，成功保住了×分钱电价。

二是及时沟通"保供货"。工程建设千头万绪，必须学会"弹钢琴"，各个环节统筹安排、协调配合，才能奏出完整动听的乐章。建设过程中，受电价降价影响，×厂家的订单非常饱满，主吊设备和专业人员一时显得紧张。××坚持未雨绸缪，把问题解决在萌芽状态，利用各种渠道了解并及时掌握主要设备的生产进度，每周跟踪设备生产情况和备料情况，每天了解设备发货和到货情况，并派人到厂家驻厂催货。多管齐下，通过与供货商及时有效沟通，确保了设备按时供货，排除了可能影响工程进度的因素。

三是优化设计"控造价"。如何在保质量的前提下，降低成本，这是门技术活，也是项大考验。为了在控造价上交一份满意的答卷，×总提出了"少折腾，讲科学"的理念。优化设计，与设计院积极沟通，对风机基础工程的基础型式进行优化，由钻孔灌注桩改为复合地基水泥粉煤灰碎石桩（即CFG桩），节约工程造价约×万元；在道路施工方案上，因地制宜，采用山皮石底层和泥结石面层的方案，节约工程造价约×万元。同时，严控施工签证，加快建设进度，在控制性概算的基础上，前前后后一算，节约建设成本×千万元左右。

三、严于管理，全力以赴保安全

安全就是生命，安全就是底线。××深知安全生产是一切工作的重要前提。在施工过程中，始终把抓质量、保安全放在工作首位，采取多种形式和手段，严把指挥关、监督关、操作关，努力在安全生产上争第一。

一是加强学习，定期检查，确保员工安全。强化全员安全质量教育，明确员工安全岗位职责。×总总是带头学习安全知识，遵守安全规定，并坚持召开周安全例会以及月度安全例会，定期组织、参加安全大检查，做到不留检查死角，不留安全隐患，各项工作处于可控状态。

二是从严管理，强化督查，确保质量安全。"要做经得起历史考验的工程项目"是××常挂在嘴边的话。而抓质量安全，他有两大法宝，"向管理要效率，向验收要质量"。定期召开内部会议，督促项目建设人员对设备操作、维修、保养一定要做好记录，及时查漏补缺。同时，针对A项目建设任务重、工作面范围广、工作量大的难题，协调公司层面同意，项目建设部、生产部、监理单位同抓共管工程质量。在工程建设过程中，坚持每天在施工现场，和监理单位现场管理、巡视旁站，发现问题，立即纠正，对重要节点和关键工序，亲自参与，从严验收。整个施工期间共组织检查验收×项，旁站×项，项目建设中未发生重大安全质量事故。

三是明确惩处，关注细节，确保文明施工。A风电场占地面积广，施工单位多，人员繁杂，管理难度大。在加强技术全面管理的同时，×总还十分重视文明施工工作。在施工单位进场前，与各施工方项目经理"丑话说在前头"，明确要求加强环保意识，定期更新五牌一图和动态计划表，对于违反规定的单位和个人"绝不手软"，将进行处罚。另外，由于施工道路路口多且多为新建道路，××要求在各个路口设置道路指示标牌，在各个风机基础处设置规范的风机编号，为各方提供了便利，施工方也都欣然接受。A的文明施工在当地同行业内做得比较突出，得到了A县领导以及电网公司领导的表扬，×总可谓功不可没。

四、甘于奉献，心系项目干事业

干工程的人常笑言，漂泊在外那是家常便饭，聚少离多更是生活常态。可这戏谑背后藏着一般人无法想象的痛苦。

常驻外地，小家无法顾及。 ××是家中独子，父母年龄偏大，特别是父亲身体不好，长年卧床，全靠母亲一人照顾。A项目开工后，长期不着家的×总更是难得见到身影。起初，家人并不理解，工作就有那么忙？长期的积累造成彼此的心理隔阂，经常会吵闹。对此，××只能一遍遍耐心解释，说明工作的难处，请求家人的体谅。渐渐双亲从不解到无奈，从无奈转为心疼。×总心中也很愧疚：作为子女，何尝不想多尽尽孝心，让辛劳一生的父母亲也享受一下生活。

双亲病危，一片孝心难尽。 2015年12月5日，×总接到老家电话，一下得了两个病危通知。父亲因心肺功能不全在重症病房治疗已有半月左右，情况危急；母亲独自照顾，得不到休息，当天因高血压晕厥摔倒，头部颅骨骨折，脑干出血，已处于无意识状态。作为儿子的他多想即刻回到父母身边。可当时，正值A项目最后冲刺收尾阶段，现场工期紧。他只能当日返回，找了两名护工照顾两位老人，情况稍有好转，于第四天便急忙返回公司。×总明白，家人需要他，但项目此时更最需要他，施工生产技术和安全质量管理工作比自己的生命都重要。在公司职工的共同努力下，25日A变电间隔上午安装完成，下午操作送电，一次便成功，26日首台机发电，终于完成了年初制订的保发电任务。至此，×总心里的一块大石头才算落了地，他告诉我们，总算能多陪陪父母了。

爱岗敬业是平凡的奉献精神，因为它是每个人都可以做到的，而且应该具备的；爱岗敬业又是伟大的奉献精神，因为伟大出自平凡，没有平凡的爱岗敬业，就没有伟大的无私奉献。敬业精神，在 × × 身上的体现是对工作要求锲而不舍，对质量把控不断提升，对细节调整精益求精。"这不仅是份养家糊口的工作，更是毕生的事业和追求，要尽力而为，全力以赴！"他总是这样时常告诫自己，更是在朝着这个方向努力奋斗着……

创建省文明单位事迹材料

（某局）

6

×单位现有干部职工175人，其中党员148人。近年来，×单位在×地市委市政府的正确领导下，深入学习实践科学发展观，按照"强基础、创品牌、上台阶"的工作思路，以创建文明单位为主要抓手，以配合×地创建"全国文明城市"为契机，着力构建"抓中心、促发展、建和谐"工作单位，着力创建"学习型、责任型、服务型、创新型"单位，着力营造"创先争优"良好氛围，勇于实践，积极进取，有效创新了管理模式，维护了稳定发展。

2014年至今，×单位连续三年被×部委授予"先进集体"荣誉称号，被×地市委授予"先进基层党组织"荣誉称号，还荣获了全国××系统"工人先锋号""文明示范窗口"，×省及×市"工人先锋号""青年文明号""模范职工之家"等荣誉称号，为创建省文明单位和推进科学发展打下了坚实基础。

科学发展，开拓创新勇于探索的先行者

×地辖区环境复杂，监管量大，监管风险突出。近年来，该单位积极探索有效监管的新路子，坚持用信息化带动监管现代化，不断创新监管方式，向科技要资源、向科技要生产力、向科技要安全。争取各级投资4600多万

元，建立视频监控系统前端 70 个、摄像枪 115 支，基本覆盖了辖区主要区域，形成了点、处、单位的三级点、线、面视频网络监控系统。同时，不断创新视频系统与日常检查结合的现场监管方式，实现了辖区白天以视频监控为主、晚上以联动执法为主的监管模式，保持了高压态势，提高了效能和水平，得到了部××领导"走在了前面"的高度评价。另外，为加强×地安全监管网络和应急反应体系建设，该单位率先牵头制订《×地安全监管与应急反应总体规划》，为全国首创，得到了国内专家和×地政府的充分肯定。

统筹兼顾，打造品牌整体推进的生力军

该单位总结提炼"事前、事中、事后"三个环节的工作做法，形成了具有×地特色的"打造一个单位，形成管理合力；建立一个网络，提升监管效能；构建一个体系，提高应急能力"监管模式，在全国工作会议上作经验交流，在《中国××报》连续报道，产生了较大反响。率先在省内开展落实管理主体责任工作，并以召开现场会的形式加以推进，对辖区 51 家公司进行分类指导，与公司签订共建安全发展备忘录，督促、帮助公司完善管理制度，促进了公司主体责任落实，得到了省领导"管理有成效"的重要批示。积极推动×地颁布《×地辖区应急计划》，从体制机制层面落实应急经费、设备投入，×地应急指挥中心挂牌成立，下辖行政区全部成立分中心，形成了具备快速反应能力的应急处置体系，得到省政协专题调研组的充分肯定。同时，该单位积极探索监管规律，在省内率先实现考试无纸化，进一步推进了各项工作的全面发展。

发挥优势，服务地方经济发展的排头兵

近年来，该单位主动转变监管理念，追求卓越服务。2015 年春节期间，为煤油气运输开设"绿色通道"的做法被《×地日报》头版头条刊载。积极帮扶企业应对金融危机，主动走访企业 21 家，提出的 6 类 15 项具体服务措施，得到 × 地政府的充分认可。积极服务地方工程建设，得到 × 地市委、市政府的通报表扬。积极服务奥运会饮水工程建设，实施长达两年多的管制工作，有力保障了奥运会运动员的饮水安全，为超过 1000 万市民的饮水安全提供了保护，其做法被中央电视台一、二、四、五套播出，并被《人民日报内参》刊载，产生了良好的社会反响，有力提升了 × 单位的社会形象。

固本强基，以人为本构建和谐的践行者

该单位始终坚持将党建工作融入中心工作，坚持两手抓、两手硬。组织开展"创先争优"活动、排头兵主题实践活动、"党员一岗一面旗"活动，实行窗口党员上岗挂牌制度，发挥党员表率作用；深入创建品牌支部，将各支部划分为不同主题的"党员责任区"，发挥支部战斗堡垒作用。加大创建"学习型组织"建设力度，采取"分类培养、立足普及、培训精英"的培训思路，成立 8 个课题研究小组，促进重点课题出成果，派员参加全省业务知识与技能大赛，获得竞赛第一名和实操比赛第一名，其创建学习型组织的做法被 × 地市直工委转发，并作经验交流。积极开展文体活动，广泛调动职工的积极性，促进职工在各项比赛中均取得好成绩。参加 × 地市直运动会取得佳绩，参加全省第二届职工运动会取得团体总分第一名，大力营造了创佳绩、比高低、争第一的"凝心聚力、创先争优"氛围，展示了 × 单位顽强拼搏、和谐进取、奋发向上的良好精神风貌。

第十章

政务信息 8 篇

×市突出"四个从严"，实现"四个提升"，扎实推进驻点联系工作

（××市市委组织部）

1

全面实施镇（街道）领导干部驻点普遍直接联系群众工作以来，×市紧紧围绕创建美丽乡村，强化"三个固定"，落实"最直接、全覆盖、常态化、制度化"四个核心要求，从严推进驻点联系工作。全市34个镇（街道）的393名镇（街道）领导干部，带领2362名团队成员进驻517个村（社区）。2017年上半年，共走访接待群众××万多人次，年度走访率完成××%，收集意见建议××多条，纳入解决问题台账××宗，已办结××宗，占××%，其余问题正在协调解决。

一、从严建立责任落实机制，提升驻点联系执行力

市委高度重视，市委常委会、市委党建工作领导小组定期听取汇报、专题研究推动落实。

一是建立示范带动机制。市委常委每人挂钩一个镇（街道），挂点一个村（社区），市人大、政府、政协班子成员全部挂点联系村居，固定每两个月到村居联系走访一次，带头参与直接联系服务群众，为基层做出示范。2017年1~6月，市四套班子成员累计到村社区联系走访××人次，收集解决问题××项。

二是建立量化考核督导机制。把驻点联系工作纳入各区（功能区）科学发展观考核和年度述职评议，分值占基层党建项目10%比例，推动各区、镇（街道）党（工）委书记亲自抓、严格抓、经常抓。围绕"三个固定""四项任务""全覆盖"设置分值，检查不合格的逐项扣分，凡是暗访发现驻点团队不到位的，一次扣完。

三是建立明察暗访督导机制。市委组织部成立督导检查小组，坚持每周驻点日下基层，不打招呼、实地暗访，随机抽查，定期将抽查情况直接书面通报各区党委书记、副书记和组织部长，以高压态势督导各区、镇（街道）落实。今年上半年，市检查组开展暗访检查25次50个村居，×区建立"周二无会日"制度，区委组织部组织股全体成员坚持每周二暗访检查，推动驻点工作落实。×区主要领导实名加入驻点联系微信群，各驻点团队每周驻点日上传驻点动态照片，建立实时监督机制。

二、从严推进联系走访全覆盖，提升驻点联系凝聚力

市委组织部牵头抓总，规范全市驻点联系工作流程图、驻点日志、工作台账和驻点联系卡，编印2000本《××××（驻点联系工作手册）》作为工具书发放驻点团队，从严做实全覆盖走访基础工作。

一是分组分片联系走访。按驻点村（社区）分布情况，绘制分片走访地图，采取"2+1"（2个团队成员+1个辅助团队成员）方式分组，每组包干一个自然村或者几个居民小区，每月初制订走访任务，推动落实。

二是带着中心工作联系走访。将片区内基层党建、美丽乡村、安全生产、人口计生、消防、民政等工作纳入驻点联系内容，带着任务开展驻点联系，在走访中宣传政策法规、服务群众。

三是延伸驻点时间联系走访。建立在工作地居住制度，市委组织部印发《×市镇（街道）领导干部在工作地居住的管理制度》，要求镇（街道）

领导干部每周工作日在工作地居住不少于 3 天，引导住夜领导干部推行"夜读、夜访、夜值"，深入群众家中、村庄榕树头、健身广场、活动中心，与群众零距离接触、面对面交谈，有效解决了"群众白天忙农活，干部走访遇不着"的实际问题。

四是营造比学氛围，推动联系走访。市委组织部每月汇总各区、镇（街道）走访联系数据，走访率、矛盾问题化解率和请假人次，其中单独汇总全市 34 个镇（街道）党（工）委书记、镇长（主任）走访联系数据，每季度全市通报，形成比学赶超氛围。

三、从严解决群众反映问题，提升驻点联系战斗力

紧紧围绕创建美丽乡村和基层治理，解决群众反映的突出问题。

一是围绕职责定位，建立四级体系。明确市、区的主要任务是强化督促指导和解决突出问题，镇（街道）重点任务是全覆盖联系走访，收集发现问题，村（社区）主要任务是配合驻点团队收集问题。

二是围绕美丽乡村，实施"六大工程"。以创建美丽乡村作为驻点联系重要抓手，通过驻点联系群众，指导村（社区）实施特色产业发展、环境宜居提升、民生保障改善、特色文化带动、社会治理建设、固本强基等"六大工程"，把群众反映的各类需求，纳入美丽乡村建设范畴。2017年上半年，驻点团队帮助 90 个村（社区）成功申请市美丽乡村建设资金8920 万元，为创建美丽乡村提供了坚实保障。

三是围绕基层治理，解决具体问题。以推进基层治理为契机，坚持问题导向，市一级成立 5 个专项小组，全市排查归类 28 项驻点联系群众反映突出的问题，建立工作台账，明确责任部门和完成时限。如针对平安村居建设问题，驻点团队帮助 125 个村居安装了视频监控系统；针对文化需求问题，驻点团队帮助组建了 100 多支农村妇女广场舞队伍，完善了 283 个

农家书屋，丰富了农村精神文化生活。

四、从严做实驻点联系基础工作，提升驻点联系创造力

一是多渠道宣传。创新宣传方式，发动群众参与，在 × 特区报、×电视台、政府网站、政府微博、微信广泛宣传驻点联系工作，如 × 区在大街小巷悬挂"每周二是镇（街道）领导干部驻点联系日"的横幅，极大提升了驻点联系的群众知晓度。

二是广泛应用信息平台。在驻点联系工作中充分应用多媒体技术和互联网平台，以镇（街道）为单位建立驻点联系微信群、QQ 群，指定专人跟踪管理，通过文字、图片、语音等方式，发布驻点联系实时动态，各驻点团队之间互相交流、互相监督、互相借鉴，实现实时管理、动态监督、便捷式操作。

三是强化教育培训。市一级举办驻点联系培训班和全市镇街道党工委书记培训班，组织基层干部到省内地区学习驻点联系工作。

扎根基层解民忧，驻点联系促发展

(××市市委组织部)

2

在广泛开展镇街领导干部驻点普遍直接联系群众的过程中，×市以"有利于固本强基、有利于解决实际问题、有利于美丽乡村建设"为原则，认真做好"规定动作"，积极探索"自选动作"，有效推动了联系服务群众的常态化、规范化、实效化。

一、"白加黑"，构建联系服务群众"新常态"

在处级干部挂点联系美丽乡村的工作基础上，深入研究制订《×市北部地区副处级以上领导干部在工作地居住的管理制度》《×市镇（街道）领导干部在工作地居住的管理制度》，对北区干部提出"五天三夜"的工作要求，大力推行"夜读、夜访、夜值"，切实解决了"时间去哪儿"的难题。

一是开展干部夜读，解决思想认识问题。紧密利用干部晚上住镇的有效时间，集中学习习近平新时代中国特色社会主义思想、党的十九大精神和党的理论路线方针政策，组织观看《焦裕禄》等教育专题片，实现了政治理论武装头脑、廉政警示教育在心。围绕"两学一做"常态化制度化开展专题学习讨论与交流活动，重点从思想上解决干部的世界观、人生观、价值观的根本问题，提高了干部的思想认识水平和干事创业能力。

二是开展干部夜访，解决倾听民声问题。 要求干部晚上深入各自所联系的村民农户家中，与群众零距离接触、面对面交谈，拉近与群众的感情，让群众掏心窝讲真话，实现了"访到真民生、知道真民情、为民办实事"。

三是通过干部夜值，解决办事效率问题。 严格执行干部住读和值班有关规定，在乡镇干部夜值期间，每晚召开班子成员碰头会，对当天的工作进行小结，及时传达当天市、区工作会议精神，并对具体工作按照分工负责的原则做出安排，当天发现的问题及时商议、及时解决。针对干部夜访中发现的问题，镇党委连夜拿出办法，做到有问题不过夜，切实提高了办事效率。以××区为例，干部通过"夜读、夜访、夜值"后，为×××等30户村民办理了农村低保，组织90余农户参加春耕备播所需籽种、化肥、农资真假鉴别培训，清理乡村垃圾乱点11处，得到基层广大党员群众普遍欢迎。

二、"小微信"，搭建联系服务群众"大舞台"

大力推动微信等新媒体平台与基层党建的有机融合，积极号召基层党组织利用手机微信平台，以微信凝聚党员微力量，使联系服务群众扁平化、人性化、及时化。

一是巧用二维码，实现马上关注。 党员干部群众只要使用微信扫描功能，扫一扫微信平台二维码，就可以马上"关注"。利用微信传播速度快、覆盖面广、24小时在线等优势功能，实时参与讨论互动，第一时间获取信息。

二是巧用微信群，开展讨论互动。 要求基层党组织广泛建立微信群，实行实名关注，通过文字、图片、语音的方式，在微信群及时发布会议精神、工作安排等信息。党员干部可通过微信群开展理论学习、通知会议、安排工作、接待信访；居民群众在微信群中可享受咨询政策、反映问题、请求帮助等便捷服务。

三是巧用朋友圈，传递正能量。要求广大党员利用微信朋友圈实时分享所思所学，系统共享法律知识、思想道德、党建知识，定期发布身边的好人好事，使微信平台成为正能量的传递平台和党课学习平台。以高新区为例，区主要领导带头，全体机关干部都加入微信群，机关干部每次走访群众的情况都拍照上传，遇到群众提出的问题即时上传讨论，相关部门的干部线上即时解答，走访干部线下即时回复，促使联系群众工作更加务实，解决群众问题更加高效。今年以来已解答群众咨询 51 次，办理群众热点难点问题 26 件，受到党员群众的广泛好评。

三、"大走访"，实现联系服务群众"全覆盖"

积极推动党员干部特别是领导干部深入基层、服务群众，实现联系服务群众的常态化、制度化。

一是拉网式走访，确保服务"零死角"。通过定点接访、重点约访、上门拜访、带案下访、民情恳谈、问卷调查等方式进行走访，主动深入群众当中，认真倾听群众意见，及时回应和处理群众诉求，做好民情调研、便民服务、稳定调解等工作。

二是聚焦式走访，确保服务"零遗漏"。重点关注五保户、低保户、残疾户、低收入困难户，鳏寡孤独老人、涉访涉诉当事人、老党员、创业致富带头人等特殊群体的诉求，以重在解决问题、重在体现实效为原则，因村施策，推动问题解决。

三是地毯式走访，确保服务"零距离"。要求党员干部"挨家挨户走一遍、男女老少见一面、大事小事问一声、大忙小忙帮一件"，对搜集到的问题明确具体责任人、具体整改措施、具体完成时限，公开整改过程和结果。截至 2017 年 × 月，全市 370 名镇街班子成员全部带头驻点联系，1362 名镇街干部参与驻点工作，占全市镇街干部数的 87.98%，驻点村居联系

24017 次，累计接待群众 37894 人次，走访群众 44920 户，共收集群众反映的问题 5986 件，已解决问题 4417 件，占群众提出问题总数的 73.79%，用看得见、感受到的实际行动认真践行实现干部作风大转变、人民群众得实惠。

开展镇街领导干部驻点普遍直接联系群众以来，全市范围内党（工）委和"一把手"抓村级组织建设的"主业"意识不断增强，干部队伍整体素质显著提高；积案难题得到了有效化解，基层治理环境不断优化；美丽乡村和民生事业发展顺利推进，党群干部关系进不断密切，有力助推了全市经济社会大发展。

×单位念好"实""活""严"三字诀，扎实开展"四型"行业我承诺活动

（××局党群工作部）

4月份以来，×局认真贯彻落实"四型"行业建设学习实践活动组织实施阶段部署要求，坚持将"规定动作"与"自选动作"相结合，在全局干部职工中开展了以"我为转型做贡献"为主题的"四型"行业我承诺活动。干部职工们紧密结合岗位实际，围绕"四型"行业建设、"五精"行业建设、转型等重点工作，量化定诺、公开亮诺、扎实践诺，切实让承诺"实"起来、"活"起来、"严"起来，有力推进了×地行业创新工作的开展，促进争当全国内陆行业科学发展排头兵进程。

一、"四个统一"量化定诺，让承诺"实"起来

坚持"量体裁衣、具体实在"的原则，组织干部职工立足本职岗位实际，科学设定承诺事项。局领导班子成员就加强自身建设、推动科学发展等做出承诺，中层干部围绕解决实际问题、全力促进转型等做出承诺，普通干部职工结合强化智慧监管、提高服务水平等做出承诺。每个承诺事项要求做到"四个统一"，即明确承诺人身份、具体措施、预期目标和完成期限，细化量化工作任务，确保承诺可执行、可评估、可考核。截至目前，全局共有186名干部职工做出承诺，确定承诺事项243项，细化工作任务893条。

二、"三大平台"公开亮诺，让承诺"活"起来

坚持"形式多样、监督有力"的原则，充分利用各种形式将干部职工承诺内容进行公示，主动接受评议和监督。通过"一栏一会一网"，即公示栏、动员会、局内网三大平台，点、线、面结合，公开承诺事项。点上承诺求深度，在办事处或监管点通过公示栏、板报、LED 显示屏、工作牌等方式公开承诺；线上承诺求宽度，在行业处通过召开推进会、举行动员会等方式公开承诺；面上承诺求广度，通过局内网专栏、交流论坛、QQ 群、微信群等方式公开承诺，确保承诺公示全覆盖。通过公示承诺，既调动了干部职工的积极性，也激发了干部职工的进取心，在全局营造了争做贡献的浓厚氛围。

三、"两项制度"扎实践诺，让承诺"严"起来

坚持"常态管理、务求实效"的原则，建立承诺日常管理制度，确保承诺落到实处、取得实效。严格落实承诺管理流程，建立承诺通报制度，实行承诺台账式管理，对承诺事项、落实措施、责任人、工作成效进行全程记录，切实做到"承诺一件，兑现一件，存档一件"。严格落实承诺点评流程，建立承诺跟踪督办制度，把践诺情况作为领导点评、群众评议、考核评价、评优评先的重要内容，切实做到"一月一讲述、一月一汇报、一月一点评"。承诺活动的开展，让广大干部职工服务大局找到了定位，发挥作用找到了平台，推进转型找到了方向。

巧用微信新媒体，搭建宣传大平台

（××局党群工作部）

4

　　×局微信公众平台自2017年1月底开通后，保持亲民姿态试运行，积极畅通群众联系，共策划发布行业资讯、行业提醒等信息102篇，引来约13000人次关注。尤其是近期发布"××"微提醒，得到多名群众点赞；发布"处长讲廉政""处长廉政论道"微策划，得到省局Z书记"策划及时，文笔与效果都很好"的充分肯定，省局宣传部门也给予"微策划很清新，短平快微文很新颖，提炼有观点，短则易记，长可扩为总结，效果佳，这样的微策划值得各单位学习"的高度评价。

资讯推介新平台

　　省局L局长在2017年工作报告中提及"要注重文化阵地建设，继续办好'一报一刊一网'，提高新媒体应用水平"。×局在不断完善外网建设的同时，不断探索新媒体应用，在"×地行业"微博（粉丝17820人）建设基础上，结合越来越多行政相对人使用微信了解资讯的习惯与趋势，谋划建设了×局微信公众平台，从"便利服务、快捷推送"的角度出发，将行业有价值的资讯"点对点"准确送达行政相对人。

目前，×局微信公众平台分为"微发布、微服务、微互动"三大导航板块，开设了"行业资讯""业务指南""网上申报"等3个栏目。试运行期间，×局微信公众平台策划了"冬季攻略""奔跑吧，兄弟""土豪的游艇梦"等趣味性资讯，运用网络化语言与群众沟通、与职工畅谈，发布资讯58篇，全方位展示×地行业的亲民形象和执法为民的理念。

群众沟通新渠道

"×局是否能办证？""今年考试何时有？"……在×局微信公众平台的管理后台，有很多群众提出业务方面问题。为保证群众诉求及时得到回应，×局组建了由12名热爱写作、富有激情的年轻人构成的管理工作小组，并将微信管理方案纳入局宣传工作计划，每天安排人员跟踪关注微信后台动态，细化分工、及时发布、权威释疑，促使微信发布工作得到认可，逐步走上正轨。

有效的做法得到了×局指挥中心认同，"以前值班电话都被打爆，现在咨询电话很少，原来是局微信平台发布了信息。"据统计，迄今微信后台共收到560条提问，管理工作小组第一时间给予回复。另外，针对群众普遍关注的问题，管理工作小组进行整理并发至业务处室，了解权威答复，共同策划发布信息，促使为×地行业"点赞"的行政相对人越来越多。

廉政教育新载体

建设微信公众平台之初，×局也开始谋划将行业违纪行为的举报方式在微信平台公布，此做法有利于将投诉举报方式延伸至群众手中，行业执法人员不廉洁行为时刻掌控在群众方寸之间，进一步促使行业人员提升遵守纪律、维护形象的自觉性。目前，除了写信、电话、邮件等投诉举报传统方式外，×局还充分利用×市网络发言人平台、纠"四风"监督平台、微博微信等新载体收取举报信息资料，基本上实现了行业投诉举报渠道的全覆盖。

与此同时，×局注重通过微信平台凝聚干部职工的正能量，策划发布了"×地行业的'12道廉味'""职工廉政书画欣赏""处长讲廉政""处长廉政论道""党章知识微测试"等专题，发布信息深受干部职工喜爱，点击量高，点赞人多。

下一步，×局将进一步提高群众朋友的参与度和积极性，制作推介微信的精美名片和宣传海报，将微信二维码印制在名片和海报上，来往群众只需打开微信"扫一扫"，便可关注×地行业，并积极向辖区航运企业、码头单位的相关负责人、新闻媒体记者、系统内干部职工推广微信平台，动员大家积极参与，互动交流，获取资讯，并继续以"互联网＋行业公众服务"的理念，拓展微信平台"网上政务"等功能，以新媒体手段打通行业服务"最后一公里"，携手共建×地平安。

5

全局动员赛作风，深入基层促转型，×单位开展"四比四看"作风建设主题活动

（××局党群工作部）

基层站点是"四型"行业建设的突破口和切入点，也是推进×地行业监管转型的主体力量。为全面、深入推进基层行业建设，自今年2月以来，×局在全局范围开展了"四比四看"作风建设主题活动。通过在局领导班子、机关处室、基层站点和干部职工四个层面，分别开展"比作风、看谁深入一线多""比奉献、看谁服务基层多""比业绩、看谁解决问题多""比创新、看谁建言献策多"系列竞赛活动，推进全局重心下移、力量下沉、资源下倾，全面建立起"领导挂点、部门共建、基层主导、全员参与"的"五精"基层建设长效格局，扎实推进了×地行业监管转型的步伐。

比作风，看谁深入一线多。在局领导班子层面，建立基层建设局领导联系点制度，开展"比作风，看谁深入一线多"竞赛活动。局领导班子成员每周至少到对应联系点开展一次调研，检查联系点工作情况，指导联系点开展业务工作，适时参与现场执法，走访联系点企业；每月至少召开一次联系点工作例会，通报、交流联系点有关工作信息，充分调动一切有利因素，为联系点建设清除外界障碍；每季度至少与联系点职工及家属开展一次座谈交流，做好思想稳定和慰问服务工作，积极主动帮助一线职工排忧解难。

比奉献，看谁服务基层多。在机关处室层面，建立机关处室与基层结对共建制度，开展"比奉献、看谁服务基层多"竞赛活动。机关处室主动了解基层情况，及时组织业务研讨、业务答疑和业务指导。每周至少到结对基层开展一次现场调研；每月至少给结对基层的干部职工讲一次课；机关处室干部职工深入一线，通过跟班执法、执法督察等方式，发现并解决一线具体问题；每季度力争为结对基层办一到两件实事。同时，协助基层做优做精一到两个业务亮点，打造具有辖区特色、起到一定示范和辐射带动作用的业务品牌，提升基层站点业务综合能力。

比业绩，看谁解决问题多。在基层站点层面，建立网格化管理考核评估制度，开展"比业绩，看谁解决问题多"竞赛活动。推行基层站点现场监管网格化，在充分应用智能管理系统的基础上，对重点对象实行网格化管理，将每项重点任务落实到具体跟踪人员，制订现场执法次数、解决问题件数、隐患整改程度、任务完成速度等10项量化考评指标及评分标准，每周按照个人计分情况进行排序，对排名靠前者予以表彰，对排名靠后者予以通报，促进人员、内容、责任落实，确保现场安全监管到位。

比创新，看谁建言献策多。在全局干部职工中，建立学分管理制度，开展"比创新、看谁建言献策多"竞赛活动。将全局干部职工纳入内网学习园地信息平台管理，推行学员学分管理制度，制订量化评分标准，将干部职工参与学科研究小组课题研究、学习论坛发帖交流、专业论文发表、在线学习时长、参加竞赛、培训及文体活动等情况全部纳入学分制管理，每月公布干部职工学分排序情况，评出当月"学习之星"，并予以表彰奖励。鼓励干部职工积极建言献策，研究创新，在全局干部职工中营造"讲学习、爱学习、勤学习"的良好氛围。

6

问政于企，问计于企，问需于企，×单位扎实开展政风建设"大走访"活动

（××局党群工作部）

为进一步深化"两学一做"学习教育，在巩固 2017 年廉政纪律教育月活动成果的基础上，×局深入开展行业政风建设"大走访"活动。通过与行政相对人面对面交流，主动听取意见，自觉接受评议，找准并解决群众反映强烈的问题和损害群众利益的突出问题，进一步加强行业政风建设，维护行业良好形象，推动事业科学发展。

问政于企，行业政风在"私聊"中掌握。 "非工作时间预约行业人员加班的次数多不多？""行业执法人员加班时有没有收取加班费或交通费？""行业执法人员服务态度怎么样？有没有故意刁难？"……×局党组成员深入基层上"微服私访"，开展政风建设"大走访"时，有针对性地询问了行政相对人，掌握辖区行业政风建设情况。×局政风建设"大走访"活动对象主要包括企业、代理公司、社会监督员等。×局制订了《关于开展×地行业政风建设"大走访"及"四个一"体验活动的通知》，自 1 月初至今，党组成员率队深入企业或与群众交流 16 人次，掌握行业执法人员文明执法情况，特别是现场执法过程中是否存在以权谋私、收取"好处费"等行为。深入企业、公司 8 家，掌握行业工作人员工作态度、办事效率、业务熟练程度等情况，征求企业、代理公司意见和建议 12 条。

问计于企，发展计策在"交流"中寻求。行业政风监督员与行业经常打交道，熟知行业有关业务。目前，×局共邀请政风监督员 22 人，分布在企业等单位，具备较高的文化层次、理论水平和实践经验。此次政风建设"大走访"活动选取了××公司等 5 家有代表性单位的政风监督员进行走访，重点从"如何提升行业服务水平、保障企业快速运作、维护行政相对人根本利益、促进×地经济科学发展"等涉及行业各方面的情况，与政风监督员进行深入交流，认真听取政风监督员的意见和建议，共同商讨解决行业政风建设难题，并根据政风监督员的建议，及时提出改进和完善行业工作的对策及措施，以逐个破解制约发展的难题，推动事业科学发展。

问需于企，企业需求在"共商"中解决。"费用征收需要协调解决什么问题？""企业快速运作需要提供什么样的服务，才保证生产需求？"针对×地行业执法人力资源更加不足的现状，可能会导致引发行业政风等问题，在"大走访"期间，走访组成员重点突出询问企业的需求。行业部门与企业存在着"唇齿相依"的关系，发展相辅相成。企业大发展，行业大作为，近年来，×局从企业角度去思考问题，努力给企业营造和谐、公平竞争的发展环境，不断提升行业服务、企业发展的能力和水平，为企业发展提供行业优质服务。"大走访"至今共收集到企业需求 4 个，针对企业的需求，×局相关部门着力研究对策，力保满足企业生产需求，促进企业快速发展。

7 ×单位以"三个一"把好节日廉政关

(××局党群工作部)

×局在开展党的群众路线教育实践活动中,结合自身实际,以转作风推进×地行业监管转型,以转作风促进干部职工廉政建设,切实提高活动的针对性和有效性。在中秋、国庆节日期间,采取"三个一"措施(发送一条廉政短信、寄出一封廉政信函、观看一部廉政影片),向慵懒散奢"开刀",向吃拿卡要"说不",扎实做好节前廉政告知、提醒和警示,促使干部职工保持廉洁自律,杜绝收受礼品、接受宴请等不廉洁行为,营造为民务实清廉的节日氛围。

廉政短信到个人,干部群众齐参与。 9月16日,×局全体干部职工都收到一条廉政短信:"转型之年,月圆之日,我们邀清风,赏明月,聚亲朋,庆佳节!局党组温馨提醒您:廉洁从政,年年可赏明月;清白为人,岁岁共享团聚。"×局通过发送贴心的廉政短信,善意提醒干部职工在节日期间注意廉洁、守好防线。同时,通过向行政相对人发送短信、在窗口LED显示屏播放警语、发放廉政小册子等方式,邀请行政相对人共同监督行业人员节日期间的行为,确保干部职工生活中不违规、娱乐中不越线、交往中不失节。

廉政信函进家庭,职工家属共监督。 "贪廉一念间,荣辱两世界。让我们从自我做起，从家庭做起，守护幸福美满的家庭，光明一生，清廉一生，健康一生，幸福一生。"这是 × 局在寄给干部职工家属的廉政信函中的一句话。通过廉政信函的形式，及时告知干部家属全局发展情况和工作动态，邀请干部家属协助开展8小时之外的廉政提醒。提倡干部家属看好自家的门，管好自家的人，不仅要做好"贤内助"，更要做好"廉内助"，共同营造廉洁、健康的节日氛围。

廉政影片进单位，案例警示净心灵。节前组织全体干部职工观看《"蚁贪"之祸》《沉沦》两部廉政警示教育片。通过揭露近年来一些领导干部和普通职工走向腐败堕落的轨迹和忏悔，以及有关领导、专家和办案人员的剖析点评，使干部职工接受一次形象、生动、直观、深刻的廉政教育课，教育广大干部职工引以为戒、廉洁从政，进一步增强廉洁自律的自觉性和坚定性，保证广大干部职工度过一个廉洁、和谐的节日。

8

×× 单位以"五查"机制，深入推进"五型"机关建设

（×× 单位总经理 ×××）

今年以来，×× 单位全面贯彻落实上级领导调研期间提出的要求，明确"五型"创建目标、具体任务及工作机制，研究制订单位自查、交叉互查、联合检查、党组审查、整改督查等"五查"工作机制，加强党建引领，严格对标评估，扎实固强补短，不断推进"五型"机关建设深化发展。

单位自查，突出"全"字，对标检查不走过场

对照"五型"机关建设考评体系，各单位分别开展自查。（1）全面领会工作要求。认真学习上级领导调研期间提出的要求，研读考评体系，明确评估的目的意义、内容标准和方式方法，确保统一思想，形成共识。（2）全面准备台账资料。各单位准备参考材料 36 份，各部门提供参考文件 8 份，台账资料覆盖 2017 年 1 月 1 日以来全部工作，确保评估工作有记录、有依据。（3）全面做好人员安排。各单位成立"五型"机关建设领导小组，组长由"一把手"担任，成员由不同岗位人员组成，人员构成科学、分工合理明确，确保高效配合，形成合力。

交叉互查，突出"学"字，比帮赶超不甘落后

不同单位之间开展交叉评估，以比促学、以查促改。(1)比业绩，学做法。及时发现、善于总结各单位在推进"五型"机关建设中取得的好成绩、总结的好做法，互为借鉴、互相帮助，取人之长、补己之短。(2)比特色，学经验。各单位参考其他单位成熟经验，结合自身实际和优势，分别打造具有地域特色、行业特征、业务特点的工作品牌，实现差异化发展。(3)比发展，学创新。对于制约"五型"机关建设长远发展的疑点、难点和痛点，如后劲不强、资源不够、推广不足、落实不细等，交流攻坚克难的体会，探讨突破瓶颈的办法，推动又好又快发展。

联合检查，突出"严"字，深入评价不打折扣

局领导小组抽调各单位、各部门相关人员，组成联合评估工作组，对各单位"五型"机关建设情况开展深度评估。(1)严格对照标准检查。对照100项考核标准，采用台账查看、现场察看、现场访谈、问卷调查和电话访谈等方法，逐个采集数据，逐项审核评定，对每一项标准都不流于形式，不敷衍了事。(2)严格对照制度检查。对照考评体系，看是否建立了相关工作制度，查制度的贯彻落实情况，切实从运作长效机制上，通盘看管理水平。(3)严格对照工作检查。按照2017年度和2018年度重点工作计划，系统查看重点工作开展情况，特别是落实上级要求情况，既注重工作效果，更注重工作过程。

党组审查，突出"准"字，科学研判不改初衷

根据单位自查、交叉检查、联合检查评估结果，党组研究制订整改方案，及时发出党组声音。(1)准确测算评估结果。对存在问题需要整改的评估项目，一个一个地过，一项一项地查；对存在疑义或者待定的事项，局党

组成员共同商议、再次审核后做出判定，确保以事实为依据，给出评估结论。（2）准确总结成绩不足。既研究和总结好的做法，也客观分析存在的不足和原因，找到工作差距和方向，实事求是地评价各单位近年来的工作，不夸大，也不缩小。（3）准确制订整改措施。对每项检查的工作进行细化、分析、归纳、总结，给出正确评价的同时，制订整改具体措施，提出改进意见建议，明确责任单位和完成时限，形成工作闭环。

整改督查，突出"实"字，立行立改不留死角

局领导小组跟踪督查做到：整改方案扎实。不仅有宏观层面的努力方向，也有针对每一项问题的整改措施；不仅有适用于所有单位的改进建议，也有指向具体任务的操作办法；既符合上级精神，也有可操作性。（1）责任划分落实。对每一项整改任务，指定牵头单位、协办部门和完成时限，并落实到具体经办人员，明确谁来做、谁来跟。（2）督办机制切实。整改任务纳入年度主要工作计划和目标考评指标，每月报送进度，每季度公布情况，对于整改完成不力的单位和部门实行局党组约谈，整改完成情况与年度评优评先挂钩，促进"五型"机关建设深入持久开展。

附录

附：公文写作的小技巧

一、写材料的总原则：磨刀不误砍柴工，领导意见要询问

很多人拿到一个题目，习惯性地就开始闷头写提纲、搭架子、找素材、填内容。但我认为，在做这些工作之前，一定要做好准备工作。什么是准备工作？简言之，就是询问领导意见。只有询问了领导意见，你的文章写出来才有用。如果不符合领导的意见，你文章再好，也是白费功夫。

举例来说，作为单位办公室的工作人员，现在你要操刀主笔一篇单位年终的工作总结。那首先要做的是什么？是和主要领导深入沟通，了解领导想突出哪些重点、想强调什么问题。如果事先没有沟通，那可能他想强调的内容没有呈现，就是一篇不合格的总结。

同样，许多领导在布置任务的时候，心中已有定见。不光是文章的重点闪光点在哪里，甚至他们对于文章整体的谋篇布局都有自己的想法。比如，同样是一篇总结，有的领导喜欢党建算一块、业务算一块、不足和下一步打算算一块，简简单单三段论；有的领导就喜欢党建算一块、A业务工作算一块、B业务算一块……呈现出七八块的布局。所以，在合适的机会下，充分地与领导进行沟通，询问清楚他的意见，非常有必要。

具体来说，询问领导意见的方式有两种：

一种是当面沟通。当面沟通中，要侧重了解领导对文章结构的提点、对

重点工作的强调、对来年工作的展望，尤其注意领导是不是对某些理论情有独钟、对某项工作大谈特谈，这些就是你要在文中有所凸显的部分，也要注意领导是不是帮你已经分好了段、分好了块。

第二种是非当面沟通。很多时候，领导可能工作忙，或者你与领导之间还有其他层级不便直接沟通，在这种情况下，一方面，我们要以古为师，看领导之前欣赏的稿子、念过的稿子、用过的稿子，揣摩他的谋篇布局。另一方面，我们要多向领导身边人或中层领导请教，了解领导平时对文字的要求或喜好，尽量去贴近他平时的风格。

总之，写材料很重要的一个目的，就是以文辅政，为领导提供好文字服务。因此，它与其他工作一样，只有深入询问领导的意见，才能有的放矢、不走歪路邪路。

所以我建议大家不管拿到什么题目，先把功夫放到文章外，放到领导身上。比如同样是一篇讲规矩有纪律的学习心得，有的领导喜欢从一些负面典型谈起，有的领导就极度反感文中出现负面典型。只有了解了他们的意见，才能避免你写完再改、写完再删，浪费时间和心血。

这是第一个问题，即写材料的首要功夫、重中之重是询问领导意见。

二、写材料要解决好"由谁写、对谁写、为何写"

从大框架上把握一篇文章该如何写，是询问了领导意见后，就要立即动手解决的一个重点环节。具体来说，作为工作人员，我们首先要想好"由谁写、对谁写、为何写"这三个大问题。

一是"由谁写"，决定文章的高度和宽度。我们作为文字工作者，归根到底是要提供文字服务。那么，在写材料的过程中，就要根据上级要求，完成自身向领导的转变。即我们在写材料的时候，要把自己当成领导。换言之，我们的材料要体现出领导的水平、领导的高度、领导的思路、领导的想法。

举例来说，可能 × 街道办、党政办的同志要同时为街道书记和主任各准备一篇向区纪委、全委会的述职述廉报告。那么，两个人的报告内容，就要体现出较大的差异性。作为书记，报告就要侧重于抓党建、抓队伍、抓廉政建设等内容。而主任，就可以更多地提一些如何管钱、管基建、管社会治理等等的具体事务。也就是说，书记的述职内容可以相对更综合一些，主任的述职内容就要更加务实一些。如果你帮领导写出来的两篇稿子，书记更务实、主任反而更务虚，就产生了角色的错位。

另外，由于领导的身份不同，所以在表述中，对同样一件事情，语气也要有所变化。比如，如果这个部门是行政口领导分管的，那党口领导即使对该工作要提出批评，也要注意方式方法，就可以表述成"希望 ×× 工作得到加强"等。相反，如果本身就是行政口领导讲话，那对该部门就可以更直接地批评一番。

所以综合起来，我们在写公文的时候，一定要把自己当成领导，完全地融入领导的角色中去，这就叫作解决"为谁写"的问题。

二是"对谁写"，决定文章的角度和深度。所谓对谁而写，即充分考虑材料的场合和面向群体。是面向全体干部职工的讲话？是面向上级的汇报？是中心组学习的发言？是上交上级党组织审核的对照检查？根据场合、面向群体或者说"听众"的不同，调整文章的角度，写出不同的材料来。

比如，同样是一篇单位一把手的述职述廉材料，一个场景是在上级召开的大会上述职述廉，另一个场景是在本单位内面向全体干部职工述职述廉。这两份材料，虽然大体内容可以一致，但语气、表述方式都要进行一定的微调。向上级的请示汇报，就要在完成上级布置工作的情况、落实全年计划任务的情况等内容上加以重点阐述。相反，面向本单位的干部职工来述职，就要多贴近干部职工关心的问题，多讲讲为他们办了哪些实事好事，等等。

又比如，你要为同样一位领导准备两份稿子。一份是向上级汇报某项工作的汇报稿,一份是布置任务给下级的布置稿,那么就有很基本的要求需要把握。汇报稿,要精干,要突出重点,要让上级快速明了已经做了什么、还要做什么,不需要过多的解释说明。相反,对下级布置工作,就要不厌其烦、要具体。

所以这是第二个问题"对谁写",也很简单,即面向群体不同、场合不同,所以文章的角度要不同、谋篇布局也就不同。

三是"为何写",决定文章的尺度和力度。俗话说,文以载道,所以无论是公务员单位也好,国有企事业单位也好,每一份文件、每一份材料,几乎都有它的意图。换言之,我们在起草文稿的时候,就要多想一想,为什么要写这个文稿。

比如说,领导要你出一篇稿子,是为了介绍单位的好经验好做法的宣传稿,那你就要注意对某些人某些事详细刻画,做到生动具体、方便宣传、引导舆论;又比如说,领导要你出一篇稿子,是要争取上级对某项工作更大的支持,那你就要注意如实叙述,适当强调面临的困难,简洁明了列出需要上级帮助的事项;再比如说,领导要你出一篇稿子,为了提振干部队伍士气,那你就要在文中体现出为大家鼓鼓劲、加加油的意思,要让大家有感觉、有感动、有感情;还比如说,领导要你出一篇稿子,是为了对大家进行警示教育,那你就要严肃认真,甚至不妨上纲上线,才能起到当头棒喝的作用。

再举例来说,有时候作为工作人员,我们要为领导准备一些理论文章以供发表。有的领导主要想从理论上对上级要求做出进一步的诠释,你文章中就可以适当引经据典,体现领导深厚的理论素养;有的领导主要是向上级表决心外加推介本地的工作,那你文章中就不妨生动、贴近地气一些。

所以根据什么要求,要说什么话、说到何种程度,都是你要把握的。事实上,只要破解了"为何写"的问题,把握这些要求就成了一个很简单的事情。

在我看来，我们要想写好公文，就要把主要功夫用在动脑筋琢磨上。如果我们把"为谁写""对谁写""为何写"这些问题琢磨透了，那具体的怎么写就是细枝末节的雕虫小技了。"磨刀不误砍柴工，动脑想想最重要"，这14个字送给大家。

三、文章如何搭框架和起标题

在询问了领导意见，把握了文章的高度、角度、深度之后，就要着重在文本上做文章。那么具体来说，首先是框架，其次是内容，最后是语言。把握住这三个关键要素，就可以写出一篇不错的文章。

框架主要包括两部分，一个叫作结构，一个叫作标题。而所谓结构，又要从两个大方面说起。

一个叫作基本结构，也就是每一篇文章，或者说每一种文体，都有其内在的规范，这个属于不变的内容。

比如，一篇年度工作总结，往往就包括两个部分，或者说三个部分：今年工作内容、经验体会或存在问题、下一步工作思路。

一篇对照检查材料，往往包括存在问题、原因分析、下一步的整改措施三个部分。

一篇述职述廉报告，往往也包括学习、职责、廉政、不足和下一步方向等四部分内容。

一篇在××专项工作会议上的讲话，比如在安全生产工作会上的讲话，往往包括提出问题（肯定成绩，目前还存在的不足）、分析问题（思想上、行动上、作风上存在这些问题的原因）、解决问题（思想上、行动上、作风上如何行动）三个部分。

一篇调研课题，同样往往出现为什么要做（意义）、做什么内容（努力方向）、怎么去做（具体方法）等部分。

一篇学习心得，比如"两学一做讲奉献有作为"心得体会，就应该是从领会内涵、把握关键要求、推动落地生根等方面去着手。

所以在写材料之前，这一部分的基础工作要自己来做。也就是说，写文章不能够太过于叛道离经，不能够过于天外飞仙，尤其忌讳闭门造车。现在网络资源这么发达，基本功靠网络上多看文章多学习，就可以基本掌握。

这一部分就叫作掌握基本结构，以不变应万变。

第二部分呢，则是叫作千变万化，不离其宗。

第一种常见的结构方式，叫作递进式的结构。比如 ×× 工作的总结，就按照指导思想、步骤、方法、成效、不足、体会等一路顺下来；比如"两学一做"学习教育总结，就是如何制订方案、开展党课、交流研讨、实地教学，等等，这个就体现了层层递进的特点。

第二个常见的结构方式，就是并列式的结构。比如，机关事务局的工作总结，就是按照资产管理、财务保障、后勤事务、车辆管理、公共机构节能等等，每一块做了什么，有什么经验。体现出布局合理，前后对称。

第三种，就是前重后轻的结构。比如，写一个单位的抓党建工作总结，当然可以按照组织建设、思想建设等五方面来进行，也可以把自己单位的重点、亮点工作放在前面。例如，"两学一做"是今年最大的工作，那么就把开展好"两学一做"放到前面，要占较大篇幅，后面的队伍建设、廉政建设，就可以稍微少一些比例。这种叫作前重后轻，也就是说，重点工作放最前。

常见的结构逻辑关系就是这样。那么在文章中，是不是只能用一种呢？

比如，今年"两学一做"的总结，你可以按照递进式时间顺序，组织领导有力、党课开展认真、交流研讨深入，等等，这叫作递进式的总结。也可以用并列式，强化三个保障，强化组织保障、强化党课保障、强化理论保障，或突出三个重点，以行促学、以查促改、以活动促做等等。还可以按照前重后轻，开展网络教学大课堂、实现全员全参与等等。

就是说，同样的内容，你可以把它并列，也可以把它递进，也可以把它前后突出重点，文章是千变万化的。

第二个要说的，就是标题如何写。

写标题，看起来很难，但其实也很简单，只要掌握好小技巧。

第一个技巧，要把握标题之间的关系。

文章的题目是文章的眼睛，当然也可以直接用"××工作总结""政府工作报告"，大多数情况下则是"攻坚克难创一流，开拓进取当先锋——在××会议上的讲话"等等。但是一定要记住，题目是为文章服务的，题目要和文章的主体内容合二为一。

那么下面就是一级标题、二级标题、三级标题了，我们要牢记，三级标题是为二级标题服务的，二级是为一级服务的，一级是为了题目服务的。所以整个文章，要能够做到光看标题和题目，就能大概知道你的整个文章内容是什么。

第二个技巧，要把领导最想强调的东西放在小标题中。

小标题不需要非常复杂，不需要过多地讲究一些遣词造句的技巧。相反，我们把领导平时挂在嘴边的一些话语，稍加变化，就可以成为一篇讲话的小标题。

比如说，年终工作总结，往往就是××工作上了新台阶、××工作取得新进展。但是，如果领导平时经常强调转型升级，你整个文章中，标题都可以用转型升级这四个字。类似推动队伍转型升级、推动管理转型升级、推动党建转型升级，等等。

又比如，单位主要领导经常强调，共产党员是特殊材料制成的。那么，小标题里，就可以把原来的"加强理想信念，提高党性修养"，变成"熔炼特殊材料的纯度，把牢理想信念这个关键"；把"践行四个意识"变成"熔炼特殊材料的硬度，夯实四个意识这个基础"等等。

第三个技巧，要同样把握小标题之间的关系。

正如上面所说，文章的结构是并列也好，递进也好，标题同样要体现这个特点。并列式：加强组织建设、加强思想建设、加强作风建设、加强党风廉政建设，等等；递进式：把握世情、把握国情、把握党情、把握局情，等等。

第四个技巧，则是说标题的作用在于锦上添花，那么有没有什么简便方法呢？或者说有没有什么可操作的注意点呢？

注意排比。有许多类似的文档，比如新台阶、新进步、新气象，等等。这些叫作排比，当你想不出来的时候，建议找一找，比如务实、切实、夯实、扎实等等。

注意用好数字。标题用数字是最简单的，比如把握三个关键、创新三个要素；又比如一个中心，两个基本点；又比如五个一工程，做一个踏实肯干的干部、做一个勇于创新的干部等等。

善用一些比喻。比喻在标题中比较形象，比如树立风向标、吹响集结号，等等。

善用一些俗语。口语化的东西，写到标题中往往别有一番风味。比如，压担子、铺路子、结对子、搭梯子。

第五个技巧，则是标题的选择中，不能出现以下错误。

一是不能与内容不一致。比如这一段中明明说的是党性修养，标题里却是理想信念。

二是不能过大或者过小。比如这一段明明就谈了一项工作，就是加强制度建设，标题就不能用建章立制、执纪从严，因为没体现。也不能明明写的是加强制度建设、严格执行纪律，标题里只有推动建章立制。

三是不能啰唆。有的人写标题，动不动一行甚至两行，就显得累赘。字数一多，中间还不加标点，一口气读下来都很吃力，非常不合适。

第六个技巧，就是标题能出新固然很好，但有些情况下不出也没问题。比如我之前在××单位，工作总结常常就是在干部工作方面、在组织工作方面、在人才工作方面、在自身建设方面等等。所以，还是要请大家结合自己的实际，不要花里胡哨，要言之有物。

四、文章的内容、语言、修改要注意什么？

文章的内容要注意什么？

在内容方面，重点强调下，一篇文章想要显得比较充实，就不能过于空洞。每一句话要言之有物，要有东西支撑。正如我之前说的，很多人习惯性地大笔一挥，"财政局工作性质特殊，需要我们更加……"。那特殊在哪儿呢？应当是："财政局是政府的大管家，地位重要、性质特殊，我们是大管家里面的工作人员，身处管钱管账第一线，所以职责重大、受人关注，需要进一步……"这就叫作言之有物。

又比如说，在工作总结中常见的，"×××工作取得了新进展，××工作明显取得提高"。那就要注意，尽量用一些数字、数据，来作支撑，要让领导知道，你的工作取得新进展，是有实际依据的。比如，机关事务工作取得了新进步，那就要用今年得了××奖、领导有什么批示、机关经费运行下降多少、三公消费降低多少，等等一系列的东西来支撑。这是许多人最容易忽视的问题。

还有一条就是要保证全面，不能漏掉任何一项。比如一篇总结里面，各处室的工作几乎都提到了，就是没提到××处室，那绝对不合适。或者说，××单位做的工作，你随便删掉了一些，也不合适。但是全面又不代表要面面俱到，还是要注重详略得当，要把握住重点。想展现的，要多些；一般化的、常规的工作，可以简单写。

文章的语言要注意什么？

有些人写文章读起来朗朗上口、非常顺畅。有些人写个公文，感觉别别扭扭，其实就是没有把握好语言。语言方面，最基本的一个要求就是每一句要有每一句的样子、主谓宾要准确，同时句子要说完。

比如说，很多同志写了长长一句话，类似"××供电公司将员工队伍建设与教育实践活动紧密结合，坚持以人为本，内强素质、外树形象"，就有一种戛然而止的感觉。这句话说完了吗？并没有。应该这样写："××供电公司将员工队伍建设与教育实践活动紧密结合，坚持以人为本，内强素质、外树形象，取得了较好效果。"也就是说，不光要写做法，还要写成效。大家可以体会一下。

在语言风格上，大家还要注意语言风格的统一性。也就是说，所有的文章，从前到后，要在行文习惯、表达方式、遣词造句等方面保持一致的风格，不能给人以乱七八糟、拼拼凑凑的感觉。

一开始简洁明快，后面就不能啰唆；通篇都是通俗的语句，就不能引用一些拗口的词句；通篇文采飞扬，就不适合出现一些俗语；通篇都是短句居多，那么明显的长句子、组合句、复合句，都要把它改成短句。

文章写完后该如何检查修改？

任何一篇文章到了最后，都要认真检查、反复核对。这部分需要主要把握以下几点：

一是错别字和标点。错别字最常见的就是的、地、得三个字，标点符号则是顿号和逗号常常混用。还有就是不能轻易用感叹号。比如"妥否，请领导批示！"，不能是感叹号。

第二个要检查的，是不要出现政治错误。比如，写一篇文章，"加强与民革、民建、民进等民主党派的沟通联系"，结果文章中间出现的是民进党，这就是政治错误。还有就是把一些约定俗成的、已经提出的口号改掉。比如，"强富美高""三个定位两个率先"，就不能强高美富、三个率先两个定位。

第三个要检查的是格式。一级标题、二级标题用什么字体，不要不一致。

第四个要检查的，还是语言的风格。这里我们要注意，一定要避免生僻字、生僻句。

还要强调一条，引用古语的时候一定要注意，要浅显易懂。比如，"水可载舟亦可覆舟"，大家听了就懂。"千里之行始于足下"，也很好。"雄关漫道真如铁"，也不错。如果用"陟罚臧否，不宜异同"，大家可能听得云里雾里，所以尽量避免。

五、新人如何练写材料？

对于新人而言，怎么把文章练好呢？我个人认为，还是从政务信息开始练起。

政务信息，说到底就是一个"是什么、为什么、怎么办"的过程，这个结构清晰，比较容易学习。其次，因为政务信息篇幅偏短，所以文字要求简练、朴实。第三，政务信息不会堆积太多的辞藻，也要求准确，所以对于大家培养良好的文风很有好处。

写完政务信息后，可以尝试从基本的材料写起；还有就是给高手看很重要，多写、多改、多提高。